Psicoterapia do Amor

John Firman
Ann Gila

Psicoterapia do Amor

A psicossíntese na prática

Tradução
MARTA ROSAS

Editora
Cultrix
SÃO PAULO

Título original: *A Psychotherapy of Love.*

Copyright © 2010 State University of New York Press.
Publicado mediante acordo com State University of New York.

Copyright da edição brasileira © 2016 Editora Pensamento-Cultrix Ltda.

Texto de acordo com as novas regras ortográficas da língua portuguesa.

1ª edição 2016.

Todos os direitos reservados. Nenhuma parte desta obra pode ser reproduzida ou usada de qualquer forma ou por qualquer meio, eletrônico ou mecânico, inclusive fotocópias, gravações ou sistema de armazenamento em banco de dados, sem permissão por escrito, exceto nos casos de trechos curtos citados em resenhas críticas ou artigos de revistas.

A Editora Cultrix não se responsabiliza por eventuais mudanças ocorridas nos endereços convencionais ou eletrônicos citados neste livro.

Obs.: Este livro só poderá ser vendido no Brasil.

Editor: Adilson Silva Ramachandra
Editora de texto: Denise de Carvalho Rocha
Gerente editorial: Roseli de S. Ferraz
Produção editorial: Indiara Faria Kayo
Editoração eletrônica: Join Bureau
Revisão: Liliane S. M. Cajado

Dados Internacionais de Catalogação na Publicação (CIP)
(Câmara Brasileira do Livro, SP, Brasil)

Firman, John
    Psicoterapia do amor : a psicossíntese na prática / John Firman, Ann Gila ; tradução Marta Rosas. – São Paulo : Cultrix, 2016.

    Título original: A psychotherapy of love
    ISBN 978-85-316-1367-8

    1. Psicossíntese 2. Psicoterapia I. Gila, Ann. II. Título.

16-06330   CDD-616.89

Índices para catálogo sistemático:
1. Psicossíntese : Psicologia moderna e transpessoal   616.89

Direitos de tradução para o Brasil adquiridos com exclusividade pela
EDITORA PENSAMENTO-CULTRIX LTDA., que se reserva a
propriedade literária desta tradução.
Rua Dr. Mário Vicente, 368 – 04270-000 – São Paulo, SP
Fone: (11) 2066-9000 – Fax: (11) 2066-9008
http://www.editoracultrix.com.br
E-mail: atendimento@editoracultrix.com.br
Foi feito o depósito legal.

Dedicado a
ROBERTO ASSAGIOLI
e
CARL ROGERS

Sumário

Agradecimentos... 9

Introdução 15

1 A teoria da personalidade da psicossíntese......................... 29

2 Uma teoria do desenvolvimento na psicossíntese 61

3 Empatia espiritual.. 85

4 Morte e renascimento do terapeuta 103

5 Ressonância empática 129

6 Amor, poder e ética... 143

7 Estágio zero da psicossíntese: sobrevivência 155

8 Estágio um da psicossíntese: exploração 175

9 Estágio dois da psicossíntese: afloramento do "eu".............. 187

10 Estágio três da psicossíntese: contato com o Self 197

11 Estágio quatro da psicossíntese: reação ao Self.................... 215

12 A psicossíntese como uma psicologia do amor 233

Notas 241

Referências 277

Agradecimentos

É com imensa tristeza que eu, Ann Gila, informo aos leitores que John Firman, meu marido e coautor, faleceu em 23 de junho de 2008, quatro semanas após assinarmos o contrato com a SUNY para a publicação deste livro. John, que havia sido diagnosticado com câncer de pâncreas no fim de março, sobreviveu apenas três meses ao diagnóstico.

Ele era um apaixonado pela psicologia, principalmente pela psicossíntese de Roberto Assagioli. Em 1968, John teve uma experiência de pico que o levou a buscar uma psicologia que falasse dessas experiências. Descobriu a psicossíntese e, alguns anos depois, passou dois meses estudando com Assagioli na Itália. John se dedicava de corpo e alma ao desenvolvimento da teoria da psicossíntese, à investigação do papel do psicoterapeuta em relação a seu cliente e à compreensão do desenvolvimento e da cura da pessoa humana.

John e eu chegamos a trabalhar algum tempo juntos com a psicossíntese na década de 1970. Porém, em seguida, nos separamos e seguimos rumos diferentes na vida. Em 1987, quando voltamos a nos encontrar John trabalhava como terapeuta numa paróquia católica de Los Angeles e eu tinha um consultório particular em Palo Alto, na Califórnia. Nos primeiros dos muitos anos em que reatamos a amizade, íamos e vínhamos de nossas casas: passávamos os fins de semana conversando sobre nossas jornadas pessoais e espirituais, lendo muitas diferentes abordagens psicológicas e espirituais e discutindo a teoria da psicossíntese. Esse foi o começo de nossos vinte anos de trabalho conjunto, que nos levou a escrever nossos dois primeiros livros e, agora, este livro que você tem nas mãos. Após a separação, tendo em vista os rumos que tínhamos tomado, era improvável que voltássemos a ficar juntos. Mas o Espírito nos apresentou um chamado, e assim teve início o nosso trabalho juntos. Nossos livros nasceram do desejo comum de conhecer a verdade de nossa vida, de nosso amor à psicossíntese e à psicologia e de nosso empenho em compreender nossos clientes e em nos colocar a serviço deles.

Portanto, agora falo pelos dois de nosso reconhecimento diante das pessoas, lugares e criaturas que deram apoio a nós e ao nosso trabalho.

Os primeiros dessa lista são Chuck e Laila Millar, que me ampararam quando perdi John e me ajudaram nos momentos mais sombrios. Serei eternamente grata pelos muitos sacrifícios pessoais que fizeram por mim. Sem eles, este livro jamais teria sido publicado. Seu amor e seus conhecimentos na área de editoria e informática possibilitaram-me concluir as tarefas finais exigidas à publicação deste livro. Agradeço a vocês, Chuck e Laila, de todo o coração e sei que John também faz o mesmo.

Gostaria de agradecer também a Dal Miranda e Robin Dunaway, que passaram tantas horas a meu lado em alguns dos momentos mais difíceis, principalmente nos feriados. Seu dom de me ouvir sem pedir nada em troca ajudou-me a sobreviver. Obrigada também a Chris Meriam, pelo apoio e pela compreensão tão profunda de minha perda de John. Sou grata por seu amor a mim e a John, assim como por nossa troca de ideias ao longo dos anos.

Antes de morrer, John escreveu alguns agradecimentos. Ele gostaria de expressar seu reconhecimento a meu primo Gene Parodi e sua mulher, Bonnie, cuja presença empática durante uma viagem que fizemos todos juntos à Itália em 2003 representou para John uma motivação para abrir-se em níveis cada vez mais íntimos. Essa experiência o levou a restabelecer seu contato com a força e a presença de Roberto Assagioli, e esse redespertar nos permitiu lembrar que a presença terapêutica de Roberto dizia respeito essencialmente ao amor empático ou altruísta. Na época, decidimos então colocar esse amor empático, essa essência de

Roberto, no centro de nosso livro sobre a terapia da psicossíntese. Obrigada, Gene e Bonnie, por propiciarem o amor e a nutrição que permitiram que essa semente germinasse.

Nossos agradecimentos a Mark Horowitz, cujo brilhante estudo das feridas infligidas ao homem por sistemas socioeconômicos e políticos opressivos tanto informa este livro. Mark usou a psicossíntese para investigar o impacto devastador e disseminado dessa opressão e para explorar a resistência e o crescimento humanos diante disso. Obrigada, Mark, pelo amor e pelo apoio, e muito sucesso com seu trabalho. Philip Brooks merece nosso amor e nossa gratidão pela leitura do manuscrito deste livro, em diversos graus de desenvolvimento, coisa que havia feito também para ambos os nossos livros anteriores. Ao longo dos anos, sua sabedoria e sua considerável experiência clínica têm informado nossa forma de ensinar e escrever. Gostaríamos de agradecer ainda a Philip por oferecer-se para nos ajudar a concluir nosso programa anual de treinamento quando John ficou incapacitado de ensinar.

Muito obrigada a David ("Pope") Firman, irmão de John, que contribuiu não apenas concretamente para este livro com seus desenhos limpos e elegantes, mas também indiretamente, por ser um irmão amoroso e um amigo fiel. Com o passar dos anos, David e John tiveram o prazer de descobrir um ao outro além de seus padrões e papéis familiares e de ver que realmente se amavam e se respeitavam como pessoas.

Gostaríamos de manifestar nosso reconhecimento à filha de John, Catharine Elizabeth ("Cat") Firman, que tem o dom de descobrir seu próprio lugar no mundo e, ao mesmo tempo, permanecer em comunhão com os muitos amigos que fazem parte de seu círculo íntimo, algo que constitui um tema-chave deste livro. John havia ficado tão feliz e orgulhoso por ele e Catharine haverem se encontrado um ao outro, compartilhando a mesma paixão pelo trabalho e pela diversão e descobrindo em sua música um meio de abrir a alma.

Queremos agradecer também ao irmão de Ann, Bob Gila. Bob já se viu diante de alguns desafios significativos na vida e, mesmo assim, ressurgiu com a alma intacta. Ele tem sido em nossa vida uma inspiração, uma alegria e uma fonte de sabedoria e amor e, por isso, lhe somos eternamente gratos. Há muita coisa neste livro que ele nos ensinou com palavras e atos.

Gostaríamos de agradecer a Jane Bunker, editora-chefe da SUNY, que reagiu com tanta compaixão ao pedido de revisão imediata de nosso manuscrito para possível publicação. Sua boa vontade nisso e na oferta de um contrato antecipado dias após o recebimento do manuscrito permitiram que John soubesse da provável publicação de nosso livro pela SUNY antes de seu falecimento. A alegria estampada em seu rosto ao receber essa notícia será sempre lembrada.

Assim como nossos dois livros anteriores, este jamais teria sido escrito sem os clientes, alunos e estagiários que permitiram que participássemos de suas jornadas de vida. Eles foram nossos maiores mestres quando nos permitiram acompanhá-los às profundezas da angústia e do desespero humanos e aos píncaros da esperança, da alegria e do amor, em seu esforço de abarcar toda essa gama de experiência humana em suas vidas e, talvez o mais importante, em seu afã de descobrir e seguir a sabedoria de seus corações.

Finalmente, agradecemos o apoio e a inspiração de que nós e nosso trabalho fomos alvo, de tantas e tão diferentes maneiras, ao longo dos anos. Muitas foram as fontes desse apoio e dessa inspiração, entre as quais se incluem: Frank Haronian, Yoav Datillo, Massimo e Susie Rosselli, Skip Gibbs, Roger e Joan Evans, Karyl Hall, Sandra Sweet, Mai Gilleland, Berget Jelane, Rowan e Nila-Ann Nag, Irmã Carla Kovack, Padre Vincent Serpa, Erv e Miriam Polster, Abby Seixas, Didi Firman e Ted Slawski, Tom e Anne Yeomans, o Instituto de Psicologia Transpessoal e os Bornia Boys. E por último, mas não menos importantes, agradecemos a alguns dos animais e lugares que, de alguma forma, nos ampararam: nossos adorados animais de estimação, principalmente Abbey, Molly e Star; Palo Alto, Califórnia; e Cortona, San Feliciano, Spotorno e Magnone, Itália.

E este é meu agradecimento final: obrigada, John Firman, pelo amor incondicional com que me amparou como pessoa, colega e parceira todos esses anos. Você é uma pessoa que fez tudo o que pregou.

Introdução

---

*Enfatizando na teoria e na prática a importância
central e decisiva do fator humano, da relação interpessoal
e viva entre o terapeuta e o paciente.*

— ROBERTO ASSAGIOLI

Bem dentro, no fundo de cada ser humano, há um impulso inato para abraçar e atualizar tudo que ele é. Se receber o devido alimento, a pessoa se desenvolve com a força e o ímpeto de uma semente que cresce, sintetizando capacidades emergentes, habilidades adquiridas e experiências de vida em um todo, uma expressão coerente de si no mundo.

O reconhecimento desse impulso se deu já nos primórdios da psicologia profunda ocidental. Sigmund Freud (1948, pp. 394-95) viu que essa "psico-síntese" da personalidade era tão fundamental que não precisava ser tratada diretamente e funcionaria naturalmente se os obstáculos fossem removidos. Alfred Adler (1957) descreveu uma luta básica pela plenitude e uma "forma final ideal" presentes tanto no mundo natural quanto no mundo humano, e C. G. Jung (1960) escreveu sobre a unificação e a transformação da personalidade iniciada por um Self[*] mais profundo, além do ego consciente.

---

[*] Veja a discussão sobre "eu" e "Self" no Capítulo 3. (N.E.)

O psiquiatra italiano Roberto Assagioli (1965), contemporâneo desses pensadores, colocou o processo da síntese no próprio centro da psicologia que chamou de *psicossíntese*. Por psicossíntese, ele se referia a um movimento rumo à organização, coerência e harmonia na personalidade humana, entre indivíduos e entre grupos humanos. Como Jung, ele reconhecia num Self mais profundo a fonte suprema desse processo e, como Adler e posteriormente Carl Rogers, via esse processo operar também no mundo natural.

Os campos contemporâneos da psicologia humanista e transpessoal continuam a reconhecer esse profundo impulso do ser humano e o tornaram um dos focos de sua pesquisa, teorização e aplicações terapêuticas. Não importa se a pessoa em crescimento é descrita pela seminal "teoria organísmica" de Kurt Goldstein (Hall e Lindzey, 1978), pela "autoatualização" de Abraham Maslow (1954), pela "tendência atualizante" de Carl Rogers (1980) ou pelo estudo transpessoal do desenvolvimento humano em seu movimento rumo aos reinos que jazem além do ego pessoal (Boorstein, 1980; Scotton, Chinen e Battista, 1996; Walsh e Vaughan, 1980), essa pessoa é amplamente entendida como um ser que abraça e sintetiza um potencial humano em evolução.

Em resumo, há muito existe um consenso entre as principais escolas de psicologia quanto à ocorrência de um potente e profundo processo de síntese, plenitude e atualização no ser humano em desenvolvimento. Também é consenso que se pode respeitar esse processo, confiar nele e facilitá-lo, e que distúrbios psicológicos podem advir se esse processo natural sofrer obstrução ou distorção. Mas, então, quais são as condições que permitem esse desabrochar do ser humano? Qual o tipo de alimento que ampara essa força direcional natural que há na alma humana? Se olharmos bem, veremos que também aqui se está formando um consenso.

Um Tipo Especial de Amor

Nos últimos anos, as opiniões têm convergido quanto ao que facilita o desabrochar do ser humano. O estudo da pesquisa de bebês revela que o desenvolvimento saudável na tenra infância ocorre à medida que há uma reação sintonizada da parte de "outros autorreguladores" (Stern, 1985); na teoria das relações objetais, o "*holding*" e o "espelhamento" do cuidador permitem o afloramento do "verdadeiro self" (Winnicott, 1987); na psicologia do self, é a sintonia empática que catalisa o "self nuclear" (Kohut, 1984); na psicologia humanista, a "estrutura do self" e a "autoatualização" se desenvolvem à medida que as necessidades de segurança, aceitação, amor e respeito são atendidas (Maslow, 1962; Rogers, 1951); na teoria do apego, figuras de apego acessíveis e responsivas respaldam o crescimento de uma criança segura e confiante (Cassidy e Shaver, 1999); algumas correntes de pensamento recentes no campo da psicologia positiva ressaltam o caráter fundamental da compaixão para o desenvolvimento humano saudável (Cassell, 2005) e, finalmente, até a atual neurociência cita "a força fisiológica formadora do amor", descobrindo que as "relações de apego" e a "ressonância límbica" com os mais próximos modelam o "núcleo neural do self" (Lewis, Amini e Lannon, 2001; Siegel, 1999).

Aparentemente, partindo de pontos de vista bem diferentes, todas essas distintas abordagens percebem que o ser humano desabrocha na comunhão empática e respeitosa com os outros, comunhão essa que acreditamos poder chamar de "amor". Aparentemente, é o amor que facilita o impulso inato de síntese, plenitude e atualização; é o amor que respalda a jornada humana ao longo da vida; é o amor que permite ao espírito humano florescer. Porém, observando mais atentamente como esse amor funciona, vemos que se trata de um tipo específico de amor: é um amor que vê e abraça tudo aquilo que somos. Em resumo, é um amor empático.

Um amor que vê um bebê além dos temores e esperanças que ele nos inspira; que vê um filho além do orgulho ou decepção que nos dá. Um amor que não vê num amigo nossas próprias necessidades e expectativas; que vê o parceiro ou parceira, e não apenas a paixão ou a raiva que sentimos diante deles. E um amor que vê um cliente que está em tratamento psicoterápico além de nosso desejo de o curar, controlar, ensinar ou aconselhar. Esse amor não oblitera nenhuma dessas motivações em nós, mas se mantém livre delas, permitindo-nos transcendê-las.

Portanto, é um amor que pode nos atingir independentemente de qual seja nosso comportamento e aparência física, do que sentimos ou pensamos, da condição em que nos encontramos. Ele nos toca num nível mais profundo do que aquilo que sentimos ou pensamos a nosso próprio respeito, do que nossos dotes ou deficiências, do que nossos papéis sociais ou nosso ego pessoal. Convém lembrar mais uma vez que, embora nenhum desses aspectos de nós seja ignorado nem subestimado — na verdade, cada um desses aspectos de nós também pode ser amado —, nós não nos reduzimos a nenhum deles. Amados assim, nos vemos livres para ser como somos, para sentir o que sentimos e pensar o que pensamos. Livres para descobrir quem somos de verdade.

Na medida em que vivermos no abraço consciente desse amor, nossa jornada na vida se desenrolará de uma maneira natural e harmoniosa. Ganharemos respaldo para enfrentar cada estágio de desenvolvimento quando ele surgir, segurança para sintetizar nossos dons e as habilidades que queremos cultivar, e força para reunir os recursos que precisamos para absorver a alegria e o sofrimento, os sucessos e os fracassos que a vida nos traz. Amparados nesse amor, nos unimos aos outros e ao mundo, transcendendo qualquer sensação de separação dualística ou alienação entre self e outro. Assim, nos sentimos em casa com outras pessoas, com o mundo mais amplo e diante de nós mesmos. Há uma sensação básica de confiança e aceitação que nos convida a entrar no mundo para descobrir e seguir nossos mais profundos chamados.

Quando o Amor Está Ausente

Mas sem esse amor empático, quando somos vistos pelo que temos ou fazemos, quando somos usados como objetos para as necessidades e demandas do ambiente, essa base é solapada. Perdemos a sensação de ser sujeitos em comunhão com os outros e com o mundo e nos vemos como objetos separados e alienados dos outros e do mundo. E então precisamos empreender a desesperada tarefa de sobreviver como objetos separados no mundo para, de algum modo, nos tornarmos as pessoas que precisamos ser para encontrar segurança e aceitação; na verdade, para encontrar algum tipo de existência, seja ele qual for.

Em nível mais profundo, quando não somos vistos e amados pelo que somos, nos sentimos isolados, negligenciados e abandonados emocionalmente, podendo inclusive chegar a enfrentar, por fim, a possibilidade da própria não existência pessoal. Ameaçados com a aniquilação pessoal, não somos induzidos a abraçar e sintetizar nosso potencial que desabrocha. Somos forçados, em vez disso, a truncá-lo e distorcê-lo — em grande parte, de forma inconsciente e automática — para poder sobreviver no ambiente não empático. Desse modo, somos dominados pelas demandas do ambiente e, interiormente, entramos num estado profundo e geralmente oculto de alienação do self e do outro.

Vivendo sob ameaça de aniquilação, alienados do poderoso desabrochar de nosso potencial natural, podemos nos deparar com inúmeros distúrbios psicológicos: padrões penosos de raciocínio e ação, dependência de álcool e drogas, obsessão com o trabalho ou a diversão, compulsão no sexo ou nos relacionamentos, tormentos como a ansiedade e a depressão, falta de sentido e finalidade na vida ou talvez uma imersão anestesiante nas rotinas do dia a dia. Esse penoso turbilhão interior pode causar perturbações importantes que nos obriguem a buscar ajuda profissional ou continuar existindo silenciosa e insidiosamente como substrato oculto de uma vida aparentemente normal, levando-nos a "viver vidas de silencioso desespero", como disse Thoreau.

Talvez sacudidos por uma crise de vida ou experiência transformadora, os que se apercebem desse trágico e penoso estado de coisas podem, em algum momento, procurar um meio de enfrentar o vazio interior e dar vida aos aspectos perdidos de si mesmos. Talvez eles busquem uma forma de enfrentar a ameaça de não ser e recuperem sua base na jornada mais profunda do desabrochar, jornada essa que até então permaneceu oculta ou foi mal orientada ou distorcida.

Sem dúvida, uma psicologia baseada na certeza de que a presença desse amor empático alimenta a jornada humana e que sua ausência a paralisa seria um importante respaldo para essa tarefa. Além de uma compreensão coerente desse amor, tal psicologia poderia propiciar meios práticos e eficazes de permitir que ele cure e alimente o desabrochar do ser humano. O objetivo deste livro é justamente apresentar uma psicologia assim.[1]

RUMO A UMA PSICOLOGIA DO AMOR

Com essa descrição do amor empático, fica claro que esse amor é uma condição essencial ao crescimento e desenvolvimento do ser humano. A inelutável imposição do desabrochar humano, da "natureza" (o inato), exige o "alimento" do amor (o adquirido), assim como a bolota exige luz solar, terra e água para se tornar um germe e, por fim, um carvalho.

Entretanto, é preciso lembrar mais uma vez que esse é um amor muito específico. Não é um amor que veja no outro a realização de nossos sonhos e desejos ou algo que precisamos mudar ou administrar. Tampouco é ele um amor que se deixe cegar por ideias e imagens do outro (sejam elas positivas ou negativas). Assim, esse amor vital deve provir de algo que está além dos temores, esperanças e desígnios da personalidade ou ego pessoal — e, às vezes, a despeito de tudo isso. Embora ele seja um tanto fugidio e difícil de reconhecer, alguns psicólogos o descreveram bem.

O psicólogo humanista-existencialista Rollo May referiu-se a esse tipo de amor com o tradicional termo "ágape", que descreveu como "estima pelo outro, interesse pelo bem-estar do outro sem visar a nenhum ganho; amor desinteressado cujo exemplo típico é o amor de Deus pelo homem" (May, 1969, p. 319). E, evidentemente, o termo usado por Carl Rogers (1980) para algo como esse amor foi "consideração positiva incondicional": um carinho "não possessivo" pelo outro, o "apreço" pelo outro de "uma forma total, em vez de condicional".

Esse amor é também o que Roberto Assagioli chamou de "amor altruísta", proveniente de um Self mais profundo ou transpessoal, além da personalidade consciente. Segundo ele, esse amor também pode ser chamado de "caritas" ou "ágape" e envolve "uma sensação de identidade essencial com nossos irmãos [e irmãs] na condição humana" (Assagioli, 1973b, 94, p. 116). Além disso, para Assagioli:

> O amor altruísta não se limita aos membros da família humana. Ele também pode abarcar todas as coisas vivas dos reinos animal e vegetal da natureza. Essa inclusão é expressa no amor budista por todos os seres vivos e por São Francisco em seu "Cântico das Criaturas". Poder-se-ia dizer que há uma sensação cada vez mais consciente dessa fraternidade universal por trás da crescente tendência ao cultivo de relações harmoniosas com o meio ambiente. Esse é o mais amplo e sublime aspecto da ecologia (Assagioli, 1973b, p. 117).

Aqui há uma união amorosa além de qualquer senso de individualidade separada e isolada, que pode ser vivenciada como inclusiva de todas as coisas vivas e até de todo o cosmos. Nesse amor, a afirmação "Eu te amo" passa a ser "Todos nos amparamos no amor" ou mesmo "*Somos* o amor".

Nossa tese é que o tipo de amor que nutre a individualidade, o desabrochar natural do ser humano, é precisamente esse amor "desinteressado", "incondicional" ou "altruísta". Uma psicologia que inclua uma compreensão funcional desse amor altruísta e empático — e de sua ausência — estará, assim, bem equipada para abordar muitas questões da área, da psicopatologia ao potencial humano positivo e do crescimento pessoal a problemas sociais e ambientais mais amplos.

O Terapeuta e o Amor Empático

Além disso, daí decorre também que uma das principais tarefas, se não *a* principal tarefa, dos psicoterapeutas numa psicologia do amor é amar seus clientes desse modo altruísta e empático. Qualquer que seja a técnica ou método empregado, qualquer que seja a meta terapêutica buscada, sem esse amor empático não pode haver cura nem crescimento.

É por isso que, a nosso ver, as pesquisas mostram indubitavelmente que a relação terapêutica é um fator tão significativo na psicoterapia:

> A mensagem inequívoca de cinco décadas de pesquisas de resultados é que a relação entre o cliente e o terapeuta, juntamente com os recursos do cliente (variáveis extraterapêuticas), respondem por 30% e 40%, respectivamente, da variação na psicoterapia bem-sucedida. As técnicas respondem por 15% da variação do sucesso, o que é comparável à taxa de sucesso de 15% que cabe ao efeito placebo (Bozarth, 2002, p. 174).
>
> Tais conclusões sugerem a viabilidade de utilizar intencionalmente o sistema de referência do cliente, "cortejar" o cliente e seguir sua direção na terapia. (p. 176)[2]

Assagioli tinha uma posição definida também quanto à centralidade da relação terapêutica, como se depreende deste relato do terapeuta de psicossíntese e autor Piero Ferrucci:

Finalmente, um dia fui até Roberto [Assagioli] e disse-lhe que havia concluído que técnicas e diagnóstico não importavam. Tudo está na relação entre o cliente e o terapeuta. Roberto disse: "Eu estava esperando que você descobrisse isso!" (Ferrucci, 2005).

Talvez Assagioli estivesse sendo um pouco hiperbólico nessa declaração. Seu primeiro livro, *Psychosynthesis: A Manual of Principles and Techniques* (Assagioli, 1965),* aborda detalhadamente avaliação e técnica, entre outras coisas. Mas a mensagem de Assagioli para Ferrucci é inequívoca e enfática: comparadas à relação entre terapeuta e cliente, todas as demais questões terapêuticas devem claramente ocupar uma distante posição secundária.

Repetindo, a nosso ver, pelo fato de o amor empático ser o princípio operacional essencial da psicoterapia, a relação terapêutica é, de longe, o elemento mais importante na psicoterapia. O amor tem sido explicitamente afirmado em textos recentes sobre psicoterapia:

Dar nome a essas qualidades do coração e praticá-las permite que os clínicos restabeleçam o uso da palavra *amor* sem conotações excessivamente sentimentais, românticas ou sexuais. A psicoterapia é uma expressão do amor; amor como compaixão, alegria, equanimidade e bondade. Ele dá à nossa profissão a chance de renovar e restabelecer os elementos mais profundos da nossa própria prática e os elementos mais profundos da conexão e da cura (Germer, Siegel e Fulton, 2005, p. 98).

De uma perspectiva espiritual, acredito que essa é outra forma de dizer que o terapeuta alimenta a alma do cliente e, por meio desse alimento, a cura do cliente se processa. Nada como o amor para curar a alma

---

* *Psicossíntese — As Bases da Psicologia Moderna e Transpessoal*, 2ª edição publicada em 2013 pela Editora Cultrix, São Paulo. [*Obra anteriormente publicada com o título: Psicossíntese: Manual de Princípios e Técnicas.*]

sofrida e, na relação terapêutica, o amor assume a forma de empatia, respeito, honestidade, carinho e aceitação (Sperry e Shafranske, 2005, p. 140).

Curiosamente, se o amor altruísta de fato for essencial à psicoterapia e os terapeutas não o perceberem, a tremenda força desse amor pode ser confundida com outros tipos de amor, como o amor romântico (*eros*), a amizade (*philia*) e o amor parental (*storge*).[3] Ou seja, os terapeutas que não se aperceberem de estar vivendo o amor altruísta podem ser induzidos ao romance, à amizade ou ao amor paternal ou maternal com os clientes, e tudo isso constitui violação da relação terapêutica. É muito significativo que justamente esses tipos de "contratransferências do amor" constituam o grosso das listas disciplinares das entidades de licenciamento.

Assim, os terapeutas que buscam expressar o amor altruísta vão precisar de uma psicologia do amor que os ampare nisso. Eles precisam de uma teoria coerente e de uma práxis eficaz na afirmação de que o amor que eles têm é aquilo que é mais necessário no trabalho terapêutico; eles precisam saber por que e como amar seus clientes além do diagnóstico clínico, da técnica comprovada ou do objetivo terapêutico é algo crucial para a saúde e o bem-estar dos que estão a seus cuidados.

Acreditamos que a psicossíntese de Assagioli possa contribuir para uma psicologia do amor nesses moldes. O detalhamento e expansão de sua obra em nossos livros anteriores, *The Primal Wound* (1997) e *Psychosynthesis* (2002), revela a psicossíntese como uma abordagem profundamente embasada nos "métodos e na força do amor", para usar a frase do renomado sociólogo Pitirim Sorokin (1954), de Harvard. No presente livro, concentramos ainda mais o foco nesse amor empático, esboçando uma teoria da personalidade, uma teoria do desenvolvimento e, por fim, uma abordagem da prática psicoterapêutica segundo a qual tudo gira em torno do pivô central que é esse amor.

Mantendo esse foco, recorremos a aspectos de outras abordagens que também se voltam em direção a esse amor, entre as quais se incluem a pesquisa de bebês, a teoria das relações objetais, a psicologia do self, a psicologia profunda, a psicologia intersubjetiva, a teoria do apego, a neurociência, a psicologia positiva e a psicologia humanista e transpessoal. Embora não esbocemos uma tentativa de sintetizar essas abordagens díspares nem de apresentá-las na íntegra, por vezes ressaltaremos as relações mais significativas entre elas e a psicossíntese.

Escrevemos este livro para terapeutas, assistentes sociais, guias espirituais e psicoterapeutas, para os que estão em treinamento nessas áreas, para pais, educadores e líderes religiosos, para os que buscam, pessoal ou profissionalmente, entender a natureza do amor e para quem quer que busque uma psicoterapia do amor que o assista em seu caminho para a cura e o crescimento.

Aqui, o leitor encontrará teoria e modelos baseados na experiência, exemplos e aplicações práticas, técnicas e métodos, além de um convite à autorreflexão, ao trabalho interior e ao compromisso necessários a todos os que desejam amar e trabalhar nessa profundidade. A seguir, uma breve descrição dos capítulos.

O Capítulo 1 fornece um resumo da primeira e mais conhecida teoria da personalidade da psicossíntese: o diagrama oval (ou "ovo") de Assagioli, incluindo a natureza e a formação dos inconscientes médio, superior e inferior, a relação entre o "eu" e a fonte do amor altruísta, o Self, e os processos da psicossíntese pessoal, da psicossíntese transpessoal e da realização do Self.

O Capítulo 2 apresenta uma teoria do desenvolvimento na psicossíntese que se baseia no pensamento de Assagioli, mas é respaldada por pesquisas e *insights* de muitas outras abordagens. O desenvolvimento natural da personalidade ao longo da vida é visto como função do amor altruísta e empático, enquanto à ausência desse amor — à ferida primal — se atribui a formação da adaptável e defensiva *personalidade de sobrevivência*.

O Capítulo 3 e os capítulos remanescentes dedicam-se a uma teoria clínica da psicossíntese. Esse capítulo começa descrevendo como *empatia espiritual* o amor altruísta e empático que alimenta o ser humano e termina delimitando o impacto dessa empatia sobre a situação terapêutica real. Ele analisa também o que está envolvido, do ponto de vista do terapeuta, quando se dá esse amor empático ao outro.

O Capítulo 4 examina mais detidamente o mundo interior do terapeuta que opta por expressar empatia espiritual com os clientes. Veremos que eles precisam passar por um processo de morte e renascimento quando deixam seus próprios mundos de experiência para juntar-se aos clientes nos mundos deles. Será dada especial atenção à natureza e à função da *curiosidade empática* e ao que Assagioli chamou de "unidade mística" entre terapeuta e cliente (Kretschmer, 2000, p. 276).

O Capítulo 5 continua expandindo o tema da empatia espiritual ao explorar a profunda relação mútua, ou sintonia, que se desenvolve entre as pessoas num campo empático. Demonstra-se que essa *ressonância empática*, uma potente dinâmica da terapia, atua no sentido de expandir a experiência que os clientes têm de si mesmos e permite o afloramento e a cura das feridas da infância. Também se discute a *ressonância traumática*, o afloramento das feridas do terapeuta no campo empático.

O Capítulo 6 trata do poder e da ética na terapia, a começar pelo reconhecimento crucial do desequilíbrio de poder existente na relação terapêutica e pela necessidade de altruísmo numa terapia embasada na empatia espiritual. São discutidos os quatro usos do poder terapêutico que importam à empatia espiritual. Aqui também é abordada a relação entre a terapia e a opressão dos sistemas sociopolíticos mais amplos que cercam o esforço terapêutico.

O Capítulo 7 inicia a apresentação dos estágios da psicossíntese que podem se verificar num campo de amor altruísta e empático. Embora se baseiem nos estágios delineados por Assagioli, estes se estendem à situação clínica, recorrendo a exemplos de casos. Esse capítulo descreve o estágio zero, ou *estágio de sobrevivência*. Nele, a identidade autêntica da pessoa é substituída por padrões automáticos de raciocínio e ação, desenvolvidos desde a infância para sobreviver em ambientes nos quais falta amor e empatia. Discute-se o papel do terapeuta no sentido de facilitar a transição para a saída desse estágio.

O Capítulo 8 apresenta o estágio seguinte da psicossíntese: o estágio um, ou *estágio de exploração*. Despertando do jugo do estágio de sobrevivência graças à força do amor empático, a pessoa se liberta para explorar os píncaros e as profundezas de sua nova experiência e as esferas de sua personalidade. Aqui há uma busca da autenticidade perdida no desenvolvimento do modo de sobrevivência. É fornecida a descrição da natureza dessa exploração, um exemplo de caso e a tarefa do terapeuta.

O Capítulo 9 passa ao estágio dois da psicossíntese, ou *afloramento do "eu"*. Esse afloramento é entendido como o florescimento natural da individualidade autêntica da pessoa no campo amoroso e empático da situação terapêutica. Ele enseja a descoberta de um novo senso de autopercepção e liberdade que permite a expressão no mundo dos dons e habilidades próprios de cada um. Novamente, discute-se o papel do terapeuta nesse afloramento.

O Capítulo 10 descreve o estágio de *contato com o Self*, no qual o sujeito, amparado no amor empático, pode ir além da autoatualização e voltar-se para questões mais amplas, como o sentido da vida e o direcionamento para a realização do Self. Aqui, por meio de uma grande variedade de formas e amparada na empatia espiritual do terapeuta, a pessoa pode entrar em contato com um senso mais profundo de sabedoria pelo qual pode pautar as decisões de sua vida: o Self.

O Capítulo 11 detalha o estágio final da psicossíntese que pode aflorar em meio ao amor altruísta: o estágio de *reação ao Self*. Dando continuidade ao processo de realização do Self iniciado no estágio anterior, aqui a pessoa reage à sabedoria e à orientação com que travou contato, encontrando novos desafios ao viver a vida em relação ao Self mais profundo. Apresentam-se vários casos ilustrativos e descreve-se o papel do terapeuta.

O Capítulo 12 define a terapia da psicossíntese como quintessencialmente uma psicoterapia do amor, na qual há um profundo reconhecimento de nossa união compartilhada em Espírito. Encerramos com uma discussão do "caminho do terapeuta", o chamado de quem deseja ser um psicoterapeuta do amor.

> *Amar bem exige tudo aquilo que demanda a prática de qualquer arte e, na verdade, qualquer atividade humana, a saber: uma quantidade adequada de disciplina, paciência e persistência.*
>
> – ROBERTO ASSAGIOLI

Para finalizar, gostaríamos de relembrar que nossa tentativa aqui foi fornecer uma orientação teórica aplicada, prática, que visa à compreensão da psicoterapia como um ato de amor. Para isso, recorremos a correntes atuais de pensamento em psicoterapia. Esperamos que, ao ler e usar este livro, terapeutas e potenciais terapeutas encontrem respaldo para descobrir, lembrar e expressar seu amor pelos clientes porque esse amor, antes de mais nada, é a provável razão de terem se sentido atraídos pela área da psicoterapia.

Capítulo Um

A teoria da personalidade da psicossíntese

> *Essa concepção da estrutura de nosso ser nos oferece uma compreensão mais ampla e abrangente do drama humano apontando o caminho de nossa liberação.*
>
> — ROBERTO ASSAGIOLI

Em 1910, um jovem psiquiatra em treinamento chamado Roberto Assagioli (1888-1974) concebeu uma psicologia a que denominou *psicossíntese*. Por "psico-síntese", ele pretendia denotar a realização da plenitude ou síntese tanto em si mesmo quanto com o mundo, num contraponto à "psico-análise" de Sigmund Freud, que implicava a análise da pessoa em suas partes componentes.

Assagioli participou de maneira bastante ativa nos primeiros círculos psicanalíticos, tanto assim que C. G. Jung escreveu a Freud referindo-se a ele como "nosso primeiro italiano" (McGuire, 1974, p. 241). Porém, como Freud (1948) estava plenamente convencido de que a "psico-síntese" ocorria automaticamente à medida que a análise prosseguia, para ele não havia necessidade de se concentrar na síntese *per se*.

Para Assagioli, por outro lado, a síntese era fundamental à natureza humana; era um impulso intrínseco à integração, à plenitude e à atualização que merecia ser estudado em si mesmo. Embora aceitasse a necessidade de uma exploração analítica da personalidade, Assagioli buscava entender o movimento da síntese conforme se processa dentro do indivíduo, de casais e grupos (*psicossíntese interindividual*) e no mundo em geral. Ele entendia a síntese como uma poderosa evolução rumo à "ordem, harmonia e beleza", unindo todos os seres uns aos outros [...] pelos "laços do amor" (Assagioli, 2013, p. 45).

Assagioli subsequentemente desenvolveu a psicossíntese como um ponto de vista amplo, uma maneira de ver os seres humanos do ângulo dessa evolução rumo à integração, à relação e à plenitude. Conforme escreveu, a psicossíntese é, "em primeiro lugar e acima de tudo, uma concepção dinâmica, até dramática, de nossa vida psicológica" (Assagioli, 2013, p. 44). Portanto, a psicossíntese não é uma determinada técnica ou método, mas sim um contexto para a técnica e o método. Tampouco é uma psicoterapia, mas sim uma forma de praticar a psicoterapia. E também não é um caminho espiritual, mas sim uma perspectiva do terreno experiencial dos caminhos espirituais.

Este capítulo apresenta uma teoria da personalidade que reconhece a operação desse impulso para a síntese no próprio âmago do ser humano, enquanto o próximo investiga esse impulso em seu papel de formador do eixo do crescimento ao longo da vida humana. O restante do livro dedica-se a uma abordagem clínica da psicossíntese que pode ser chamada de *terapia da psicossíntese*. Aqui, o amor empático é visto como o alimento desse impulso para a síntese e, assim, a tarefa terapêutica e o papel do terapeuta consistem essencialmente em síntese, relação e amor.

O MODELO DA PESSOA DE ASSAGIOLI

O primeiro e mais conhecido modelo da personalidade humana proposto pela psicossíntese é o diagrama oval ou "ovo" de Assagioli, que ilustra aquilo que ele chamou de "uma concepção pluridimensional da personalidade humana" (Assagioli, 2013, p. 30). Esse modelo, inicialmente publicado na década de 1930 (Assagioli, 1931; 1934), viria a tornar-se parte integrante do seu livro *Psicossíntese* (2ª ed., 2013) e continua sendo até hoje uma parte integrante e vital da teoria da psicossíntese.[1]

Sem esquecer que o próprio Assagioli considerava que seu modelo tratava-se de "uma representação grosseira e elementar que só pode fornecer um quadro estrutural, estático, quase "anatômico" (Assagioli, 2013, p. 30), nós o apresentamos aqui com uma alteração: não representamos o Self (ou Self transpessoal) no diagrama. Embora o diagrama original de Assagioli representasse o Self no ápice do inconsciente superior, metade dentro e metade fora do oval, o diagrama a seguir não o faz. Na nossa versão, o Self não é atribuído a nenhuma esfera em particular, devendo ser imaginado como permeando não só *todas* as áreas do diagrama, como também as que estão fora dele. A necessidade dessa alteração será discutida depois. A Figura 1.1 é, portanto, uma versão do diagrama de Assagioli, com essa única modificação.

Um comentário geral sobre esse diagrama é que Assagioli entendia o oval como cercado pelo que C. G. Jung denominou de *inconsciente coletivo* (sem rótulos) ou "um substrato psíquico comum de natureza suprapessoal que está presente em cada um de nós" (Jung, 1969, p. 4). Esse reino, que subjaz aos níveis pessoais do inconsciente e os cerca, representa propensões ou capacidades inatas para determinadas formas de experiência e ação compartilhadas pela espécie e desenvolvidas ao longo da evolução. Passemos agora à descrição de cada elemento do diagrama.

O INCONSCIENTE MÉDIO

O inconsciente médio [...] é formado por elementos psicológicos semelhantes aos de nossa consciência em processo de acordamento e são-lhe facilmente acessíveis. Nessa região interior são assimiladas as nossas várias experiências, elaboradas e desenvolvidas as nossas atividades mentais e imaginativas comuns numa espécie de gestação psicológica antes de nascerem para a luz da consciência (Assagioli, 2013, p. 31).

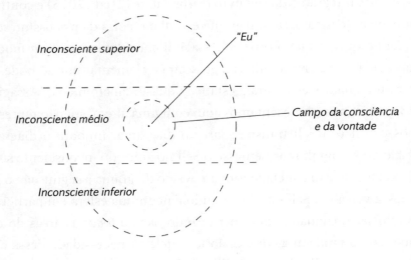

Figura 1.1

O inconsciente médio é representado no diagrama oval como circundando imediatamente o campo da consciência e da vontade. Isso objetiva simbolizar que essa área do inconsciente é imediatamente subjacente à nossa percepção e ao nosso comportamento diários e constantes. O inconsciente médio não é uma área da personalidade reprimida e dissociada da percepção, mas sim uma área inconsciente que está em associação direta com a percepção. O campo da neurociência dá ao termo "não consciente" praticamente esse mesmo sentido:

> Um imenso número de provas respalda a opinião de que o "self consciente" é, na verdade, uma porção muito pequena da atividade da mente. Aparentemente a percepção, a cognição abstrata, os processos emocionais, a memória e a interação social se processam em grande parte sem o envolvimento do consciente. A maior parte da mente é não consciente. Ao que tudo indica, esses processos que ficam "fora da percepção" não se opõem

ao consciente nem ao que quer que seja; eles criam a base para a mente nas interações sociais, no processamento interno e até na própria percepção consciente. O processamento não consciente influencia nossos comportamentos, sentimentos e pensamentos. Os processos não conscientes influenciam nossa mente consciente: vivemos intromissões repentinas de elaborados processos de raciocínio (como nas situações em que dizemos "A-ha!") ou de reações emocionais (como quando choramos antes de perceber que estamos tristes) (Siegel, 1999, p. 263).

A frase "intromissões repentinas de elaborados processos de raciocínio (como nas situações em que dizemos 'A-ha!')" repete uma citação anterior de Assagioli: as nossas atividades mentais e imaginativas comuns são "elaboradas e desenvolvidas numa espécie de gestação psicológica antes de nascerem para a luz da consciência". Aqui está um nível do inconsciente que não se opõe à consciência, mas que contém os complexos processos e estruturas com base nos quais atuamos no dia a dia. Ele está em associação direta com a consciência e respalda o funcionamento consciente de inúmeras maneiras.

Estruturação do Inconsciente Médio

Uma das maneiras pelas quais o inconsciente médio respalda a consciência e a vontade é permitindo que assimilemos o desenvolvimento de nossos dotes herdados e nossas interações com o ambiente para formar padrões de raciocínio, sentimento e comportamento por meio dos quais podemos nos expressar no mundo. Assagioli afirma a neurobiologia envolvida nesse processo, referindo-se a ela como promotora do desenvolvimento de "novos padrões neuromusculares":

Esse processo é evidente no trabalho exigido pela realização de uma façanha técnica como aprender a tocar um instrumento musical. A princípio, é necessário ter total atenção e direcionamento consciente da execução. Depois, aos poucos, vem a formação do que poderíamos chamar de mecanismos de ação, ou seja, novos padrões neuromusculares. O pianista, por exemplo, agora chega ao ponto em que não precisa mais prestar atenção consciente à mecânica da execução, isto é, ao direcionamento dos dedos para os locais desejados. Agora ele pode devotar toda a sua atenção consciente à *qualidade* da execução, à expressão do conteúdo emocional e estético da música que está executando (Assagioli, 1973b, p. 191).

Os "padrões neuromusculares" de Assagioli seriam entendidos na neurociência de hoje como neurônios que se acionam juntos e, assim, organizam-se em redes neurais: "Num processo chamado potenciação a longo prazo (LTP, Long-Term Potentiation), a excitação entre as células se prolonga, permitindo-lhes sincronizar-se em seus padrões de acionamento e organizar-se em redes neurais (Hebb, 1949)" (Cozolino, 2006, p. 42). Essas redes neurais podem então interconectar-se, "permitindo a evolução e o desenvolvimento de habilidades, capacidades e funções abstratas cada vez mais complexas" (p. 42).

Aprendendo a caminhar, falar ou tocar um instrumento, desempenhando papéis na família e na sociedade ou formando determinadas convicções filosóficas ou religiosas, nós criamos essas expressões complexas sintetizando nossos dons inatos e nossa experiência do ambiente em um todo maior. Desse modo, áreas daquilo que Assagioli (1973b; 2000) tão cedo e tão acertadamente chamou de "inconsciente plástico" se estruturam para formar o que ele denominou de inconsciente "estruturado" ou "condicionado".[2] Talvez uma das mais complexas expressões dessa estruturação seja a formação do que Assagioli chamava de *subpersonalidades* (Assagioli, 2013, pp. 87-90).

Subpersonalidades

Entre os padrões integrados mais sofisticados que estruturam o inconsciente médio estão as subpersonalidades. As subpersonalidades são como alguns dos "átomos" que compõem a "molécula" da personalidade ou os "órgãos" que compõem o "corpo" da personalidade.

As subpersonalidades são padrões de raciocínio, sentimento e comportamento desenvolvidos em relação a diversos ambientes que avançam a ponto de poder funcionar como entidades distintas, semi-independentes. Em termos neurocientíficos, elas são redes neurais distintas que funcionam como "selves especializados" ou "estados de self" nos quais "módulos diversos da mente se agrupam a serviço da atividade especializada" (Siegel, 1999, p. 230). O psiquiatra e autor Daniel Stern resume o pensamento atual acerca desses "múltiplos selves": "Agora se aceita amplamente a existência de selves múltiplos (contextualmente específicos) que podem observar uns aos outros e interagir e conversar uns com os outros fora da consciência. Isso é normal, não se restringe a estados dissociativos patológicos" (Stern, 2004, p. 128).

A percepção das subpersonalidades pode ocorrer, por exemplo, quando se notam raciocínios que "falam" interiormente ("Você se saiu muito bem mesmo", "Você não deveria fazer isso") ou atitudes características que surgem em algumas situações e não em outras ("Meu lado brincalhão aflora quando estou ao seu lado", "Quando estou com meu pai, volto a ser uma criança") ou talvez a sensação de um impulso forte e característico na direção de um tipo específico de comportamento ("Sempre que estou perto de uma figura de autoridade, sinto vontade de me rebelar", "Em dias como este, o que eu gosto mesmo é de ficar ao ar livre"). Também é comum as subpersonalidades aflorarem em conflitos íntimos, principalmente na terapia: "Uma parte de mim quer fazer isso e a outra, tem medo" ou "Estou ambivalente: uma parte de mim gosta e a outra, detesta".

Analisando cuidadosamente todas as experiências desse tipo, podemos descobrir que não se trata apenas de pensamentos e sentimentos passageiros, mas de expressões de complexos distintos, caracterizados por uma motivação e um modo de expressão específicos, por uma visão de mundo e uma gama coerentes de sentimentos e por uma história de vida própria, cujas raízes estão em nossa história pessoal.

Na maioria das vezes, as subpersonalidades não afloram à percepção porque normalmente elas trabalham em conjunto perfeitamente no inconsciente médio. Mas quando há um conflito entre elas — quando a criança medrosa encontra o crítico severo, a formiga encontra a cigarra ou o solitário encontra o extrovertido social, por exemplo —, logo nos damos conta do turbilhão interior que esse conflito produz.

Em casos de conflito íntimo, vale a pena trabalhar com as partes conflitantes de modo consciente e intencional, levando-lhes amor empático. O trabalho com subpersonalidades já foi descrito em detalhes em outros livros nossos (Firman e Gila, 1997; 2002). Esse tipo de trabalho tem sido um forte componente da terapia da psicossíntese desde a década de 1970 (Carter-Haar, 1975; Vargiu, 1974). Mais recentemente, ele foi discutido também por outras abordagens (Polster, 1995; Rowan, 1990; Schwartz, 1995; Sliker, 1992; Stone e Winkelman, 1985; Watkins e Watkins, 1997).

> O reconhecimento de vários "eus", na acepção que lhes foi dada por William James. Poderemos chamar-lhes subpersonalidades.
>
> – ROBERTO ASSAGIOLI

Assim, as subpersonalidades costumam ser a regra mesmo em pessoas psicologicamente saudáveis e, apesar de poderem gerar sofrimento e até sintomas psicológicos, seus conflitos em si não devem ser vistos como patológicos. Elas são simplesmente padrões distintos de sentimento, raciocínio e comportamento que funcionam muitas vezes fora da percepção, no inconsciente médio, e formam as "cores" da "paleta" com que pintamos a vida. Além disso, podem estar arraigadas nos inconscientes superior e inferior, e nos arquétipos do inconsciente coletivo (Firman e Gila, 2002; Meriam, 1994).

Estruturação Inconsciente do Self e do Mundo

Embora possa receber padrões formados conscientemente, o inconsciente médio também pode ser estruturado sem nenhuma intercessão do consciente (isso vale também para a formação de subpersonalidades). Tal aprendizagem inconsciente é função do que a neurociência chama de "memória implícita" (Cozolino, 2002; Lewis, Amini e Lannon, 2001; Siegel, 1999; Stern, 2004). Essa estruturação do inconsciente médio nos permite, por exemplo, aprender todas as complexas regras da gramática sem sequer termos consciência dessas regras. Ou seja, quando ouvimos uma frase gramaticalmente apropriada, simplesmente sabemos que ela "soa corretamente", embora possamos continuar não percebendo a complexa aprendizagem que subjaz a esse saber. Na verdade, essa estruturação começa antes de nascermos:

Banhado durante nove meses nas vocalizações da mãe, o cérebro do bebê começa a decodificá-las e armazená-las, não apenas no tom, mas também nos padrões linguísticos da mãe. Depois que nasce, o bebê se orienta conforme os sons familiares da voz e da língua materna da mãe, preferindo-os a quaisquer outros. Ao fazer isso, ele demonstra os indícios nascentes tanto do apego quanto da memória (Lewis, Amini e Lannon, 2001, p. 112).

Essa estruturação inconsciente nos permite reagir ao ambiente de forma rápida e automática, com base na experiência passada, ignorando a mais lenta, mais deliberada ou indisponível reação moderada pela consciência. Aqui formamos padrões baseados em nossa experiência de nós mesmos diante de nosso mundo, aprendendo inconscientemente modos de ser e de agir na interação com diferentes ambientes. Essa estruturação adaptável do inconsciente médio pode ser vista no conceito do "inconsciente adaptável" (Wilson, 2002).

Portanto, a estruturação inconsciente não é vivenciada como a recordação consciente de algo que aconteceu no passado. Em vez disso, ela é vivenciada simplesmente como "o jeito que as coisas são", a "realidade". Por meio de nossas conexões com o ambiente, nós criamos um mapa interior do mundo e de nós mesmos. E, seja isso bom ou mau, é com base nesse mapa que vivemos nossa vida (veja a discussão sobre os *centros unificadores internos* no Capítulo 2). Assim, nossa experiência do self e do mundo é profundamente condicionada pela estruturação do inconsciente médio. Sobre a memória implícita, Siegel diz que "Nós agimos, sentimos e imaginamos sem reconhecer a influência da experiência passada em nossa realidade presente" (Siegel, 1999, p. 29).

Essa compreensão do inconsciente médio torna-se crucial para a terapia da psicossíntese porque é para esse mundo do cliente que o amor empático leva o terapeuta. O terapeuta que procura a sintonia com o mundo do cliente precisa estar preparado para entrar num mundo idiossincrático e imprevisível, talvez radicalmente diferente do seu.

Além disso, o terapeuta precisa compreender que, como essa paisagem interior foi gradualmente construída por meio dos primeiros relacionamentos com os outros, só a sua presença e a sua ressonância na relação com o cliente permitem a transformação dessa paisagem. Por exemplo, o terapeuta não pode simplesmente dissuadir o cliente de uma autoimagem negativa; ele deve preparar-se para explorar, com o cliente, um mundo visto dessa autoimagem negativa. No linguajar da neurociência, "Quando uma conexão límbica estabelece um padrão neural, é necessária uma conexão límbica para revisá-lo" (Lewis, Amini e Lannon, 2001, p. 177).

Portanto, a técnica consciente, os exercícios indicados, as interpretações, os *insights* e o aflorar de lembranças não facilitam a cura e o crescimento nesse nível. A cura e o crescimento só podem advir quando o terapeuta se reúne empaticamente ao cliente no mundo único do inconsciente médio deste. Isso será discutido mais exaustivamente a seguir, na apresentação da teoria clínica.

A Faixa Experiencial

Essa estruturação interna do self e do mundo em relação aos que nos são mais próximos é uma formação do inconsciente médio, o qual é responsável também pela faixa normal de nossa experiência potencialmente consciente. Ou seja, ela demarca os tipos de experiência que são de fácil acesso à nossa percepção normal; é aquela faixa de experiência que reconhecemos como parte de nossa realidade vivida. Na neurociência, essa faixa de experiência é análoga ao que se chama de "janela de tolerância", isto é, a faixa que constitui a zona de conforto experiencial de uma pessoa (Siegel, 1999).

As experiências de vida que conseguimos integrar ao inconsciente médio nos permitem reagir com mais prontidão e capacidade quando voltamos a encontrar experiências do mesmo tipo. Se integrarmos experiências diversas de alegria e admiração, raiva e medo, sucesso e fracasso ou perda e pesar, por exemplo, seremos capazes de sentir e expressar essas experiências à medida que a vida as trouxer para nós. Gradualmente, juntas, essas integrações todas começam a formar a faixa de experiência para a qual normalmente estamos disponíveis no dia a dia. Em outras palavras, nossa *faixa experiencial* está se desenvolvendo. Por definição, as experiências ao longo dessa faixa não nos parecem estranhas nem perturbadoras. Tampouco são ameaçadoras ou excessivas para nosso senso de individualidade porque, sejam agradáveis ou não, são experiências que sabemos assimilar como parte da vida.

Assim, essa estruturação do inconsciente médio é como criar "olhos" experienciais, uma espécie de órgãos da consciência por meio dos quais percebemos o mundo e atuamos nele. Não é que atuemos ao longo de toda essa faixa o tempo todo, mas sim que somos sensíveis e responsivos ao longo de todo esse espectro enquanto deparamos com os eventos da vida: temos consciência de estar apaixonados ou de luto, felizes ou tristes, alegres ou temerosos, tensos ou relaxados, gregários ou isolados e podemos, da mesma forma, ser empáticos com quem estiver passando por essas experiências.

Então, com o tempo, vamos absorvendo e integrando nossas experiências de vida de modo que nossa faixa experiencial começa a se desenvolver. Vemo-nos capazes de ser conscientes e de reagir a todos os variados aspectos da experiência humana que se apresentarem a nós. Por outro lado, como veremos agora, a relação com ambientes não empáticos nos deixa com uma faixa experiencial constrita e incompleta.

A Ferida Primal

O inconsciente médio permite que os padrões de percepção e ação aprendidos (conscientemente ou não) permaneçam inconscientes para que possamos recorrer criativamente a eles quando vivemos nossa vida. Permanecendo inconsciente apesar de disponível, o inconsciente médio permite nosso funcionamento contínuo.

Porém o inconsciente tem outras camadas que não são simples e naturalmente inconscientes, mas sim ativamente reprimidas. Ou seja, esses são setores do inconsciente que permitem nosso funcionamento contínuo permanecendo inconscientes e *não* acessíveis. Mas será que se deve considerar necessário isolar e renegar áreas da experiência humana natural? Isso é feito em reação ao que podemos chamar de *ferida primal* (Firman e Gila, 1997; 2002):

A ferida primal provém de violações do senso de individualidade da pessoa, vistas mais claramente nos maus-tratos físicos, no abuso sexual e no assédio emocional. A ferida também pode decorrer da negligência involuntária ou deliberada dos que estão no ambiente (caso do abandono físico ou emocional), da incapacidade dos mais próximos de reagir com empatia à pessoa (ou a aspectos da pessoa) ou da indiferença generalizada do meio social circundante. [...] Todas essas feridas envolvem uma ruptura das relações de empatia pelas quais nos vemos como seres humanos; elas criam uma experiência na qual nos vemos, não como pessoas humanas intrinsecamente valiosas, mas como não pessoas ou objetos. Nesses momentos, nos sentimos mais "isso" que "tu", para usar os termos de Martin Buber (1958). Assim, a ferida primal produz experiências diversas associadas ao enfrentamento de nossa potencial não existência ou não ser: isolamento e abandono, desintegração e perda de identidade, humilhação e baixa autoestima, vergonha e culpa nocivas, sensação de prisão e opressão ou ansiedade e depressão/desespero (Firman e Gila, 2002, p. 27).

Para evitar essa aniquilação pessoal, renegamos as áreas da experiência consideradas inaceitáveis pelo ambiente. Retirando essas faixas de experiência de nosso funcionamento contínuo, formamos uma personalidade que nos permite sobreviver no ambiente não empático.[3] Mas, então, qual é a natureza desses aspectos renegados de nós mesmos, dessas redes neurais dissociadas, desses níveis perdidos de nossa faixa experiencial?

OS INCONSCIENTES SUPERIOR E INFERIOR

A primeira coisa que precisa ser renegada para que se possa sobreviver num ambiente não empático é o próprio fato de estarmos feridos. Nossa ferida não contará com empatia num ambiente assim porque, para aceitá-la, ele teria de reconhecer seu papel na formação dela e iniciar seu próprio processo de autoexame, cura e crescimento. (Como a amizade e a psicoterapia suficientemente boas, a parentalidade suficientemente boa busca reconhecer os fracassos passados e presentes da empatia para poder curar a ferida.)

Para sobreviver num ambiente não empático, desenvolvemos uma personalidade que elimina da percepção a ferida primal (veja no próximo capítulo a assim chamada *personalidade de sobrevivência*). Entramos num transe que de fato promove a ruptura de nossa percepção da ferida e de todas as experiências associadas à aniquilação e ao não ser, formando o que se chama de *inconsciente inferior* (veja a Figura 1.1).

Assim, o inconsciente inferior seria a faixa renegada de nossa experiência que normalmente nos sintonizaria com as experiências mais diretamente relacionadas com a dor da ferida primal, como a ansiedade e a desintegração; a ausência de sentido no self e no mundo; a sensação de estar perdido, preso ou enterrado; o isolamento, o abandono e o desterro; a sensação de opressão, desamparo ou desesperança; o vazio ou a desolação; o desespero, a vergonha e a culpa (veja o Capítulo 2). Sob ameaça de aniquilação pessoal, setores significativos de nossa capacidade de vivenciar a dor e o sofrimento são cindidos da percepção contínua.

A Ocultação dos Dons

Porém há mais uma coisa que não pode ser amparada pelo ambiente não empático e, por isso, deve ser renegada para permitir a sobrevivência nesse ambiente: os aspectos positivos de nós mesmos, nossos dons autênticos, que passam despercebidos no ambiente não empático ou são por ele rejeitados. Esses dons estão, com efeito, sob ataque no ambiente, e sua posse nos coloca sob ameaça constante de aniquilação.

Assim como acontece com a experiência das feridas, esses dons precisam ser ocultados naquilo que o psicoterapeuta de psicossíntese Frank Haronian (1974) chamou de "repressão do sublime". Portanto, fazemos basicamente o mesmo: rompemos com a faixa de nossa experiência que tiver relação com qualquer qualidade positiva do ser que esteja ameaçada pelo ambiente, seja ela a beleza, a compaixão, a coragem, a criatividade, a admiração, o humor, a alegria, o êxtase, a luz, o amor, a paciência, a verdade, a fé ou a sabedoria.[4]

> *É a fonte dos sentimentos superiores, como o amor altruísta; do gênio e dos estados de contemplação, iluminação e êxtase.*
>
> – ROBERTO ASSAGIOLI

Essas qualidades, chamadas em psicossíntese de *qualidades transpessoais*, são características do *inconsciente superior* (Figura 1.1). São esses os tipos de qualidades que são eliminados de nossa faixa experiencial, o que pode nos deixar em segurança no ambiente não empático, mas também nos deixa um senso empobrecido de nós mesmos e do mundo.

Cisão e Repressão

Assim, na ferida primal, se não houver um ambiente alternativo que ampare a pessoa (no amor empático) tanto nos dons quanto nas feridas, esses dois tipos de experiência bastante opostos — as experiências de deleite no ser e terror do não ser — não podem ser tomados como um todo, não podem ser sintetizados. Portanto, na verdade eles são dissociados um do outro e banidos do mundo experiencial do inconsciente médio.

Outra forma de dizer isso é: os dons e feridas sofrem uma *cisão* e, em seguida, uma *repressão*, formando os inconscientes superior e inferior. A pessoa vive então no mundo truncado do inconsciente médio, entre o "paraíso" do inconsciente superior e as profundezas do "inferno" do inconsciente inferior. Essa cisão em "bom" e "mau" é reconhecida há muito nos círculos psicanalíticos (Fairbairn, 1986; Kernberg, 1992; Klein, 1975; Masterson, 1981).[5]

Na cisão e repressão desses níveis de experiência, renegamos nossos altos e baixos e tudo aquilo que o ambiente não empático considera inaceitáveis em nós. Observe que, aqui, as faixas inaceitáveis não deixam simplesmente de ser reconhecidas pelo ambiente, como, por exemplo, quando os cuidadores não compartilham dos altos e baixos da experiência disponível para a criança; aqui, essas áreas da experiência permaneceriam disponíveis para a criança e poderiam facilmente ser alimentadas no relacionamento com outras pessoas. Em vez disso, a cisão e a repressão ocorrem apenas quando uma determinada faixa da experiência representa uma ameaça emocional ou mental aos cuidadores em decorrência de suas próprias feridas. Nesse caso, a criança que precisa assimilar esses níveis de experiência enfrenta, não o simples desconcerto ou curiosidade, mas sim raiva, humilhação e abandono emocional da parte dos cuidadores.

No próximo capítulo, exploraremos um pouco mais a natureza da ferida primal. Por enquanto, voltaremos ao modelo da pessoa de Assagioli e examinaremos o "eu", esse misterioso "sujeito" ao qual pertencem todos esses níveis do inconsciente.

O "EU" OU SELF PESSOAL

O "eu" ou *self pessoal* (com "s" minúsculo), com o campo auxiliar da consciência e da vontade, é representado bem no centro do diagrama oval (Figura 1.1). "Eu" também poderia ser dito "você". Quando é amado para além do conteúdo e do processo de sua personalidade, você aflora; é você quem pode vivenciar todos esses diferentes reinos interiores e exteriores, fazer escolhas a respeito dessas experiências e misclá--las em expressões significativas no mundo.[6]

Porém a natureza do "eu" é profundamente misteriosa e, de modo algum, evidente em si mesma. Como ressalta Assagioli, "o eu pessoal ou ego-consciência, desprovido de conteúdo, [...] não ocorre espontaneamente, mas é, outrossim, o resultado de uma experimentação interior bem definida" (Assagioli, 2013, p. 124). O "eu" precisa ser apontado, compreendido e amado; você precisa ser convidado a sair do conteúdo e do processo de sua personalidade. E uma psicologia do amor teria uma compreensão e um método para buscar, conhecer e amar você desse modo. Eis aqui um meio proposto por Assagioli:

> O procedimento para se obter a autoidentidade, no sentido da pura autoconsciência em nível pessoal, é indireto. O eu está presente o tempo todo; o que falta é uma percepção direta de sua presença. Portanto, a técnica consiste em eliminar todas as autoidentificações parciais. O procedimento pode ser resumido numa só palavra, a qual foi muito usada em épocas passadas na psicologia, mas tem sido mais ou menos negligenciada em tempos recentes: *introspecção*. Significa, como a sua terminologia claramente indica, dirigir o olho da mente, ou a função observadora, para o mundo dos fatos psicológicos, dos eventos psicológicos, de que podemos ter uma percepção consciente (Assagioli, 2013, p. 125).

Ele sugere ainda que tal introspecção contínua (um aspecto da meditação ou contemplação nas tradições espirituais) se concentre em três níveis de experiência: sensações físicas, sentimentos e pensamentos. E afirma, a respeito desse método, que "Essa observação objetiva produz naturalmente, espontânea e inevitavelmente, uma desidentificação de todo e qualquer conteúdo e atividade psicológicos. Em contrapartida, percebe-se a estabilidade, a permanência do observador (p. 127). Convidamos o leitor a conduzir essa experimentação interior à medida que prosseguirmos.[7]

Um Exercício de Desidentificação

Assagioli o convida a observar primeiramente o fluxo sempre diverso das sensações físicas: as flutuações de temperatura no organismo, as experiências passageiras de constrição ou relaxamento, as alterações na respiração, o desfile de sabores e odores. Você pode estar presente para cada uma e para todas essas sensações momentâneas; portanto, você é distinto, mas não separado, de suas sensações. Do contrário, não poderia estar plenamente presente para cada nova sensação que surgisse. Esse fenômeno pode ser chamado de *transcendência-imanência* (Firman, 1991; Firman e Gila, 1997; 2002). Algo naquilo que você é se distingue das sensações (as transcende), mas, no entanto, participa das sensações (é imanente a elas). No que se refere às sensações, você é transcendente-imanente.

Assagioli sugere que, em seguida, você se aperceba do "domínio caleidoscópico das *emoções* e dos *sentimentos*" (p. 126). Aqui, você observará o fluxo constante de diferentes emoções: tristeza, alegria, pesar, calma, excitação, felicidade, desespero, esperança. Porém, do mesmo modo, já que pode absorver todos esses sentimentos, permanecendo presente para cada um à medida que se sucede, aqui você também é de algum modo transcendente-imanente no que se refere a sentimentos. Ou, nas palavras de Assagioli, "Após um certo período de prática, acabamos por perceber que as emoções e os sentimentos tampouco são uma parte necessária do eu, do nosso eu, porque também são muito variáveis, fugazes e, por vezes, mostram ambivalência" (p. 126).

Por último, Assagioli o convida a conscientizar-se de seus pensamentos da mesma maneira: "a atividade mental é variada, fugaz e mutável demais; por vezes, não revela continuidade alguma e pode ser comparada a um símio irrequieto, pulando de galho em galho. Mas o próprio fato de que o eu pode observar, registrar e exercer seus poderes de observação sobre a atividade mental prova a diferença entre o eu e a mente" (pp. 126-27). Em nossos termos, o "eu" também é distinto, mas não separado, do processo de raciocínio: ou seja, é transcendente-imanente no que a ele se refere.

Nesse tipo de exploração interior, você pode começar a sondar a natureza misteriosa do "eu", de você. Repetindo, essa natureza não é evidente em si mesma e só é percebida quando você está amparado no amor empático. Você precisa ser visto, conhecido e amado como distinto, mas não separado, de sua experiência e, assim, livre para abrir-se para qualquer coisa que surja em você, num convite à autenticidade diretamente oposto à truncada faixa experiencial condicionada pela necessidade de sobrevivência num ambiente não empático.

Em outras palavras, você pode descobrir que "está no mundo, mas não é do mundo" do soma e da psique, do corpo e da mente, que é distinto e, ao mesmo tempo, participante de ambos. Você pode começar a perceber que é transcendente-imanente a toda e qualquer experiência que encontrar, que pode permanecer presente e volitivo em todas as experiências que a vida lhe trouxer.

Aparentemente, portanto, podemos referir-nos com precisão ao ser humano como um espírito transcendente-imanente. Esse uso da palavra "espírito" é útil caso se entenda que ela não se refere a outra "coisa" entre "coisas", nem a uma substância ou objeto dentro de nós, nem a um homúnculo que habita psique e soma, mas sim à nossa capacidade de permanecer distintos, mas não separados de toda e qualquer experiência de psique e de soma, ou seja, transcendentes-imanentes a essa experiência.

"Você" Não é Uma Experiência

Além disso, a *desidentificação* de conteúdos e formas de experiência pode estender-se também a estruturas mais profundas e mais amplas da personalidade, entre as quais podem incluir-se subpersonalidades, complexos, estados habituais de sensibilidade e até imagens e convicções de toda a vida sobre quem você é. Tudo isso são coisas que tendem a confundir-se com o "eu", coisas com que o "eu" pode se *identificar*. (A desidentificação nesses níveis mais arraigados pode exigir trabalho psicológico para

> *A experiência interior de autoconsciência pura, independente de qualquer conteúdo ou função do ego...*
>
> – ROBERTO ASSAGIOLI

expor e tratar das feridas que subjazem às identificações.)

Quando empreendida em profundidade, essa desidentificação significa que o "eu" transcende qualquer experiência do tipo "eu existo"! Quando nos desidentificamos de toda ideia de "eu" ou "self", descobrimos que nem mesmo esse "quem" que secretamente pensávamos ser, por trás de todas as identificações, é o que somos. Assagioli diz que "a última e talvez mais obstinada identificação é com aquilo que consideramos ser a nossa pessoa mais íntima, aquela que persiste mais ou menos durante todos os vários papéis que desempenhamos" (p. 132).

Portanto, note que o "eu" não é mais uma experiência entre outras. O "eu" é quem experiencia, e nunca a experiência. Embora um determinado momento de desidentificação possa produzir experiências do tipo "eu não existo" ou "não self", de liberdade e amplidão, de paz e imobilidade, de clara luz e consciência pura, de testemunho e observação, essas continuam sendo experiências que o "eu" *pode* ter ou *não*.[8]

Na verdade, é bem comum a desidentificação levar a experiências que confundem, e não à observação serena. Isso pode ser visto, por exemplo, no que chamamos de *crise de transformação* (Capítulo 7), quando a pessoa se desidentifica de uma identidade que existe há muito tempo e se sente desestabilizada pelas sensações, sentimentos e pensamentos que haviam sido reprimidos pela identificação.

Porém, ao longo de toda experiência que muda, você é você — "eu" —, não importa se identificado ou desidentificado, em paz ou em caos, centrado ou fora do centro. Observando mais atentamente, vemos que você não apenas tem a capacidade de permanecer presente nas experiências contínuas e consciente delas, mas também pode afetá-las ativamente. Ou seja, o "eu" tem não só *consciência*, como também *vontade*.

Consciência e Vontade

Segundo Assagioli, uma das duas funções do "eu" é a *consciência*. Essa ideia se baseia na observação de que, na desidentificação de estruturas de experiência limitadoras, sua consciência se liberta para assimilar uma faixa experiencial muito mais ampla. Ou seja, quando você está identificado com uma única parte de si, sua consciência é controlada por essa identificação, quase como se você visse o mundo através dessa única "lente". Caso se identifique com a parte paterna ou materna de si, por exemplo, você vivenciará o mundo como um pai ou mãe e talvez perca o contato com a criança ferida ou brincalhona, o adolescente que ama a diversão ou o lado artístico espontâneo que tem dentro de si. Nesse tipo de identificação, você pode se relacionar com filhos adultos (e outras pessoas) como se fossem crianças e adolescentes, e não conseguir levar outras partes de si mesmo ao relacionamento.

Porém, ao se desidentificar desse papel, sua consciência se liberta para incorporar essas outras partes suas; você se abre para toda a riqueza de sua identidade interior e pode vivenciar o mundo livre dos antolhos da identificação com uma só dessas partes. Aqui fica claro que a consciência participa da transcendência-imanência: ela se torna livre para absorver toda e qualquer experiência, de toda e qualquer parte de nós. Quando o "eu" se desidentifica, a consciência do "eu" se liberta, e você descobre um fato essencial sobre o que você é: "eu tenho percepção (ou consciência)".

Outra coisa que ocorre na desidentificação é que você se torna cada vez mais livre para fazer diversas escolhas diferentes, o que aponta para a segunda função do "eu": a *vontade*. Quando está preso a uma determinada identificação, você só pode fazer escolhas da perspectiva dessa parte sua. Caso se prenda a um papel que o constrange a agradar às pessoas, por exemplo, você só fará escolhas que agradem aos outros e talvez tenha dificuldade em adotar opções que sejam francas, espontâneas ou autoafirmativas. Na desidentificação, porém, você descobre que pode fazer escolhas que vão além de qualquer determinada identificação, que pode fazer escolhas que partam da totalidade do que você é, utilizando toda a "paleta" de seu rico potencial humano.

Como se passa com a consciência, você verá que sua vontade, sua capacidade de afetar os conteúdos e estruturas da consciência, se liberta de qualquer identificação limitadora com uma única parte sua. Como escreveu Assagioli, "Então, o observador dá-se conta de que pode não só observar passivamente, mas influenciar também, em vários graus, o fluxo espontâneo, a sucessão de diversos estados psicológicos" (p. 127).

Portanto, a vontade também é transcendente-imanente, potencialmente capaz de afetar todos os diversos conteúdos de experiência passageiros sem se deixar dominar por nenhum. Desse modo, um segundo fato importante em relação a quem você é seria: "Eu tenho vontade." Assim, o "eu" do diagrama oval é visto encerrado no campo da consciência e da vontade, representando essas duas funções mais íntimas do nosso self essencial.

Mas aqui também é preciso cuidado para não equiparar as *funções* da consciência e da vontade às *experiências* de ser consciente e volitivo. Essas funções do "eu" podem ser completamente eclipsadas se você estiver identificado, por exemplo, com uma parte forte de si que preencha sua consciência e domine sua vontade. Repetindo, você ainda é "você" nesse estado de identificação; você ainda tem as funções da consciência e da vontade, mesmo que no momento sua consciência e sua vontade estejam submersas na identificação e, de certo modo, possuídas por ela.

Amor Empático

Com o tempo, à medida que prossegue com esse tipo de observação interior, você verá que, como não é nenhuma experiência específica, pode abraçar toda e qualquer experiência que surgir. Entre essas experiências podem incluir-se momentos de êxtase, inspiração criadora e *insight* espiritual (*inconsciente superior*), sensações de ansiedade, desespero e raiva (*inconsciente inferior*), assim como a utilização contínua de vários padrões de raciocínio, sentimento e comportamento que você formou ao longo da vida (*inconsciente médio*). Graças à sua transcendência-imanência, diríamos que não há experiência que você não possa abraçar. Nas palavras de um dos primeiros autores da psicossíntese, "Não há elemento da personalidade cuja qualidade seja incompatível com o 'eu'. Pois o 'eu' não é *da* personalidade; ele *transcende* a personalidade" (Carter-Haar, 1975, p. 81).

Em outras palavras, você descobre que é um ser fundamentalmente empático e amoroso diante de todos os aspectos de sua personalidade. Você pode amar, aceitar e incluir uma vasta faixa de experiência, assumir a responsabilidade pela cura e crescimento dessa faixa e até, com o tempo, transformá-la numa expressão rica e coesa no mundo. Você é capaz de reagir com "amor desprendido" ou "ágape" diante de todos os aspectos de sua personalidade, sem tomar o partido de nenhum, compreendendo, respeitando e abraçando todos. A tremenda cura e crescimento da personalidade que decorre desse afloramento do amor empático — do afloramento do "eu" — é uma ocorrência comum na prática da psicossíntese; com efeito, está no centro da terapia da psicossíntese em geral. Como afirma Assagioli, "Sou um self dotado de vida, amor e vontade" (Assagioli, 1973b, p. 176).

Observe que o "eu" não implica uma experiência de si como um indivíduo separado, inflexível, como é geralmente o ideal implícito de boa parte da cultura ocidental. O afloramento do "eu" (veja o Capítulo 9) pode manifestar-se de muitos modos diferentes; o número varia conforme variem as culturas. Você pode se ver como um agente livre e independente em relação à sociedade mais ampla ou, pelo contrário, não como um "indivíduo", mas sim como expressão de sua ancestralidade, família e comunidade. Seja como for que se veja, você tem capacidade para entender e agir de dentro da subjetividade de seu próprio corpo, sentimentos e mente.

Finalmente, para concluir nossa discussão da teoria da personalidade da psicossíntese, consideremos a fonte desse espírito amoroso, empático, transcendente-imanente, volitivo e consciente, ou seja, o Espírito amoroso, empático, transcendente-imanente, volitivo e consciente, ou Self.

O SELF

Para Freud e Jung, contemporâneos de Assagioli, o ego era um composto ou complexo de elementos psicológicos diversos, formados no decurso do desenvolvimento. Enquanto, por exemplo, um freudiano ou junguiano poderia considerar que o ego provinha de uma gradual diferenciação do "id" ou de um des-integrar do "self", respectivamente, Assagioli afirmava que o "eu" era um "reflexo" ou "projeção" diretos do Self mais profundo, transpessoal ou superior.[9]

Assim, ao refletirmos sobre a natureza do Self, podemos começar por uma análise de seu reflexo ou imagem: podemos retornar a nosso *insight* sobre a natureza do espírito humano, do "eu". Como o "eu" não é o "ego", não é uma organização de conteúdo dentro da personalidade, não podemos postular logicamente uma fonte que se componha de conteúdo, nem mesmo a totalidade de todo conteúdo. Se o "eu" é espírito amoroso, empático, transcendente-imanente, seria de pensar que sua fonte fosse um Espírito (com "E" maiúsculo) amoroso, empático, transcendente-imanente maior e mais profundo.

Assim, podemos presumir logicamente que o Self seja simplesmente uma transcendência-imanência empática mais profunda que o "eu". Assim como o "eu" é distinto, mas não separado, do fluxo da experiência imediata, o Self pode ser imaginado como distinto, mas não separado, de todo e qualquer conteúdo e de toda e qualquer camada da personalidade, seja consciente ou inconsciente. Como é transcendente, o Self pode ser imanente em qualquer lugar, em qualquer momento, dentro e além de toda a personalidade.

Na prática, isso quer dizer que somos amparados no ser, não importa o tipo de experiências que possamos ter. Nossa conexão vital com o Self nada tem intrinsecamente que ver com nenhuma determinada experiência ou estado da consciência, mas nos ampara no ser para que possamos assimilar experiências ao longo de toda a nossa faixa experiencial.

Portanto, pode-se imaginar que um Self amoroso, empático, transcendente-imanente esteja presente e potencialmente ativo quando se vivencia uma lembrança traumática do inconsciente inferior ou uma experiência de pico no inconsciente superior, quando se trabalha com padrões do inconsciente médio, quando se assimilam questões existenciais como mortalidade e sentido ou quando se busca a autoexpressão no mundo. Como fonte direta e imediata do "eu", o Self sempre está potencialmente disponível para nós, para dialogar, apoiar e orientar, não importa qual seja nossa experiência, estágio de desenvolvimento ou situação na vida.

Essa profunda transcendência-imanência do Self é uma das razões para não termos seguido Assagioli, que o representou no ápice do inconsciente superior. Acreditamos que essa representação anterior do Self no diagrama oval possa levar ao pressuposto equivocado de que o Self de algum modo pertence a "reinos superiores" e não está tão diretamente presente para os "reinos inferiores".[10]

A ideia de que o Self é mais profunda ou amplamente transcendente-imanente nos permite também reconhecer a vasta gama de formas por meio das quais o Self pode expressar-se: desde indivíduos e grupos, práticas espirituais e formas religiosas, até o mundo natural e estruturas psicológicas internas. Como se poderia descrever a força empática e amorosa que se manifesta em todos esses contextos interiores e exteriores, animados e inanimados, para fortalecer o "eu" empático, amoroso e transcendente-imanente? Ela teria de ser uma presença empática que pudesse se expressar em todos esses contextos sem, no entanto, estar identificada com nenhum, uma Fonte transcendente-imanente que atuasse por meio de diferentes formas interiores e exteriores. Nesse sentido, a ideia de um Self amoroso, empático, espiritual, transcendente-imanente é bastante útil.

Mas, como na discussão sobre o espírito humano ou "eu", devemos ter em mente que, com "Self" ou "Espírito", não estamos postulando uma determinada "coisa" entre "coisas". O Self não é um objeto da consciência, mas a fonte da consciência. O Self não é "um ser", mas a Base do Ser. Portanto, jamais descobriremos um Self objetivo em formas diferentes, assim como jamais encontraremos um "eu" objetivo em meio a conteúdos da personalidade. Como o "eu" pode ser chamado de "não self", o Self pode ser chamado de "Não Self". Ambos são não coisa, nada.[11]

Finalmente, observe que, de um certo ponto de vista, "eu" e Self são um só: "Na verdade, não existem dois eus, duas entidades independentes e separadas. O eu é uno" (Assagioli, 2013, p. 34). Assagioli considerava essa unidade não dual um aspecto fundamental desse nível do ser humano, embora também entendesse que poderia e deveria haver uma relação significativa entre a pessoa e o Self. Albert Einstein pensava de modo semelhante:

> O ser humano é parte de um todo que chamamos de "universo"; uma parte que é limitada em tempo e espaço. Ele vivencia a si mesmo, seus pensamentos e sentimentos como algo separado do resto, numa espécie de ilusão óptica da consciência. Essa ilusão é como uma prisão para nós, restringindo-nos a nossos desejos pessoais e ao afeto pelas poucas pessoas que estão mais próximas. Nossa tarefa tem de ser libertar-nos dessa prisão ampliando nosso círculo de compaixão para que ele abarque todas as criaturas vivas e toda a natureza em sua beleza (citado em Levine, 1982, p. 183).

A Realização do Self

Além de Assagioli, muitos pensadores da psicologia reconheceram no ser humano um senso de sabedoria e orientação que age além, e muitas vezes a despeito, da personalidade consciente. Esse senso já foi chamado de "voz interior" e "Self" (Jung, 1954), "vontade de sentido" (Frankl, 1962; 1967), "forças do destino" (Bollas, 1989), "código do ser" (Hillman, 1996), "tendência atualizante" (Rogers, 1980) e "programa nuclear" (Kohut, 1984). Na psicossíntese, considera-se que a fonte desse ímpeto transpessoal seja o Self.

Então, a *realização do Self* tem que ver com nossa relação com essa sabedoria transpessoal e essa orientação mais profundas que estão dentro de nós, uma relação que se processa entre a *vontade pessoal* do "eu" e a *vontade transpessoal* do Self. A realização do Self é a história de nosso contato com o Self e de nossa reação ao Self, nosso esquecimento e nossa lembrança do Self, nossa união e afinidade com o Self, nosso movimento de alinhamento e desalinhamento com as correntezas mais profundas de nosso ser. A realização do Self é a relação contínua, vivida e amorosa entre nós e nossos mais caros valores, sentidos e finalidades na vida.

> Às vezes, ocorre um verdadeiro diálogo entre o "eu" pessoal e o Self.
> – ROBERTO ASSAGIOLI

E se o Self é transcendente-imanente ao longo e além de todos os níveis da personalidade, essa contínua relação amorosa bem pode nos levar a todo e qualquer nível da experiência humana. A relação com o Self mais profundo pode, por exemplo, levar-nos a um exame de nossas dependências e compulsões, aos píncaros da experiência criadora ou religiosa, aos mistérios do "não self" ou da experiência de união, a questões como mortalidade e sentido ou à luta com as feridas da tenra infância. Porém sempre, seja na união ou no diálogo, o que importa é a relação. A realização do Self não é um ponto de chegada, um determinado estado de consciência nem algo que precisamos buscar muito longe. Ela está bem aqui. Agora.

Portanto, a dinâmica da realização do Self tem que ver com nosso modo de perceber — ou ignorar — a verdade mais profunda de nossa vida e de reagir — ou não — a isso nas decisões práticas do dia a dia. É justo dizer que toda teoria e toda prática da psicossíntese tem que ver, em última análise, com descobrir, esclarecer e reagir à nossa própria noção de quem somos e do que é nossa vida.

Psicossíntese Pessoal e Psicossíntese Transpessoal

Entender a realização do Self como uma relação com o Self permite distinguir a realização do Self do crescimento psicológico ou espiritual. Embora esse crescimento possa ocorrer e, de fato, ocorra enquanto seguimos nosso caminho para a realização do Self, ele é um efeito secundário dessa jornada, e não seu objetivo. Por conseguinte, a realização do Self pode ser distinguida de duas importantes linhas de desenvolvimento humano discutidas por Assagioli: *a psicossíntese pessoal* e *a psicossíntese espiritual* ou *transpessoal*.

Assagioli afirma que a psicossíntese pessoal "inclui o desenvolvimento e a harmonização de todas as funções e potencialidades humanas em todos os níveis da área inferior e intermediária do diagrama da constituição do homem" (Assagioli, 1973b, p. 121). Ele se refere aqui ao diagrama oval e ao trabalho com os inconscientes inferior e médio, um processo que conduz a um senso mais claro de autonomia, integração da personalidade e força pessoal. O caminho da realização do Self bem pode nos levar a esse tipo de trabalho porque o Self é transcendente-imanente ao longo desses níveis e pode nos convidar a assimilá-los.

A tarefa da psicossíntese pessoal é distinta daquela que cabe à psicossíntese transpessoal: "chegar a um ajustamento harmonioso por meio da assimilação apropriada do influxo de energias superconscientes e sua integração com os aspectos preexistentes da personalidade" (Assagioli, 2013, p. 68). Portanto, a psicossíntese transpessoal é um processo que consiste em integrar os conteúdos e energias do inconsciente superior, em aprender a acessar e expressar qualidades transpessoais, *insights* espirituais e estados unitivos de consciência. Aqui também, nossa relação contínua com o Self pode nos levar a esse tipo de integração porque o Self é transcendente-imanente ao longo de todo esse nível também.[12]

A despeito de seu caráter fundamental, tanto a psicossíntese pessoal quanto a psicossíntese transpessoal têm uma limitação: uma pode deixar de fora a dimensão da outra. Por exemplo, um envolvimento exclusivo com a psicossíntese pessoal pode levar, por fim, à *crise existencial* (Firman e Vargiu, 1996) na qual há uma perda de sentido e finalidade na vida pessoal. Do mesmo modo, um envolvimento exclusivo com a psicossíntese transpessoal pode levar a uma *crise de dualidade* (Firman e Gila, 1997; 2002) na qual ocorre a constatação de que a experiência do inconsciente superior não conduz automaticamente a uma expressão estável e palpável desse potencial superior. Cada crise de transformação indica um desequilíbrio que costuma ser corrigido quando a dimensão que está faltando é incluída.

A jornada rumo à realização do Self geralmente envolve tanto o crescimento pessoal quanto o crescimento transpessoal em algum momento e, talvez mais frequentemente, inclui a ambos de maneira contínua. Porém a realização do Self se distingue de ambos os tipos de crescimento. Ou seja, se fizermos uma pergunta como: "Que tipo de crescimento me atrai neste momento de minha vida?", por exemplo, temos de recorrer ao nosso senso do que é certo para nós, à nossa relação com o Self, relação essa que é mais fundamental que qualquer dessas duas dimensões de crescimento. Para responder a essa pergunta, podemos consultar teorias e terapeutas, mestres e sábios. Mas, mesmo assim, caberá a nós seguir nosso caminho, com base em nossa própria noção do que é "certo", à medida que ele atravessa diferentes dimensões de crescimento.

Expansão do Inconsciente Médio

Com o tempo, é comum haver uma interação entre a psicossíntese pessoal e a psicossíntese transpessoal, de modo que o inconsciente superior e o inconsciente inferior começam a ser integrados. Nesse processo, podemos nos pegar desfrutando de experiências de criatividade, revelação espiritual e regozijo na prática artística ou espiritual; depois nos vemos entrando num programa de autoajuda para curar uma compulsão e, assim, aumentando nossa própria liberdade ou talvez iniciando uma terapia para descobrir e curar aspectos da experiência relacionados a feridas da infância.

Toda essa exploração promove a abertura e integração do inconsciente superior e do inconsciente inferior no inconsciente médio. Esses nossos píncaros e profundezas deixam de estar inacessíveis para nós e começam, como estruturas que respaldam nosso funcionamento contínuo, a encontrar seu devido lugar, ou seja, o inconsciente médio.

> *O desenvolvimento espiritual do homem é uma longa e árdua jornada, uma aventura em terras estranhas e cheia de surpresas, dificuldades e até perigos.*
> – ROBERTO ASSAGIOLI

Portanto, a expansão do inconsciente médio é também uma expansão de nossa faixa experiencial. Com isso, nos permitimos mais ser tocados pela beleza e pelas alegrias da vida, ficamos mais abertos à dor e ao sofrimento em nós e nos outros e também mais capazes de viver uma vida que abarque os altos e baixos da existência humana. Em outras palavras, nossa janela de tolerância se amplia.

Porém, mesmo assim, embora essa expansão do inconsciente médio geralmente seja decorrência de seguirmos nosso caminho rumo à realização do Self, os dois processos continuam sendo distintos. Repetindo, a realização do Self diz respeito à nossa relação com o Self, uma relação transcendente-imanente que prevalece independentemente de estarmos identificados ou desidentificados, em transe ou não, nas nuvens ou em profundezas abissais, ou agindo a partir de um inconsciente médio expandido ou não. A realização do Self diz respeito à nossa jornada amorosa com o Self, e não a nenhum dos terrenos que essa jornada nos faça percorrer.

Capítulo Dois

Uma teoria do desenvolvimento na psicossíntese

> *O conceito, ou melhor, o fato de que cada indivíduo está em constante desenvolvimento, está crescendo, realizando sucessivamente muitas potencialidades latentes.*
>
> — ROBERTO ASSAGIOLI

Embora Assagioli nunca tenha definido estágios de desenvolvimento humano, ele propôs uma forma de ver como esses estágios se processam no decorrer da vida. Para ele, o desenvolvimento humano consistia numa *psicossíntese das idades* (Assagioli, 1973c, 2013), segundo a qual nenhum estágio ou "idade" da vida é deixado para trás, mas sim incluído na personalidade em desenvolvimento. Como Assagioli disse a John Firman em 1973, "Veja, a criança permanece, o adolescente permanece, e assim por diante. Superar não quer dizer eliminar". Essa visão do desenvolvimento humano é diagramada na Figura 2.1 (veja também Firman e Gila, 1997; 2002).

O modelo de desenvolvimento humano baseado em anéis concêntricos visto na Figura 2.1 ilustra, como exemplo, que os estágios da tenra infância, infância, adolescência e vida adulta estão incluídos na personalidade madura (os estágios aqui selecionados são arbitrários).

O princípio é que nenhum dos estágios é abandonado; todos continuam presentes e funcionais na personalidade madura, total.[1]

Nesse modelo, o "anel" adulto não subsume nem integra os estágios anteriores. Em vez disso, a personalidade em crescimento pode ser vista como expandindo-se em meio às várias idades da vida, com a pessoa abraçando — ou amando empaticamente — o potencial humano que desabrocha a cada sucessivo estágio ou "anel". Desse modo, os seres humanos incluem e expressam toda a gama de seu potencial e, assim, podem descobrir seu próprio caminho na vida e reagir a ele. Essa é a personalidade que chamamos de *personalidade autêntica*.

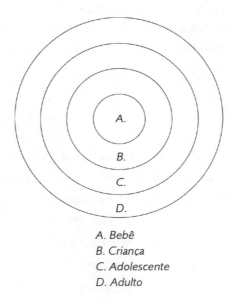

A. Bebê
B. Criança
C. Adolescente
D. Adulto

Figura 2.1

Personalidade Autêntica

A personalidade autêntica é uma expressão da identidade autêntica, essencial, por meio dos dons que herdamos e das habilidades que vamos acumulando no decorrer da vida. Além disso, ela pressupõe contato e obediência a nosso próprio senso de sentido ou orientação na vida, ou seja, à realização do Self. Portanto, aqui não estamos falando apenas da posse de nosso rico potencial humano, mas também da motivação para exprimi-lo de maneira *significativa* no mundo. Para usar termos da teoria do apego, um indivíduo que desenvolve "uma relação de apego seguro [...] pode explorar o mundo com arrojo" (Bowlby, 1988, p. 124).

> *Uma pessoa mais velha pode conscientemente evocar, ressuscitar e cultivar em si mesma as características positivas de todas as suas idades anteriores.*
>
> – ROBERTO ASSAGIOLI

O desabrochar das sucessivas camadas da personalidade obedecerá, evidentemente, a seu próprio conteúdo e tempo. Por exemplo, capacidades como bom desempenho físico, aprendizagem da língua ou pensar e perceber de certas maneiras serão condicionadas por programações genéticas inatas. Isso faz parte dos dotes da pessoa, do lado da "natureza" no processo de desenvolvimento. Nisso consiste o desenrolar da jornada de síntese, plenitude e atualização mencionada na introdução.

Porém, ao lado da "natureza" (o inato) está a "nutrição" (o adquirido), ou seja, a contribuição do ambiente de que necessitamos para poder incluir, desenvolver e expressar as camadas de potencial à medida que elas vão surgindo. E entre as contribuições mais cruciais do ambiente estão coisas como sermos vistos, compreendidos, encontrados e amados como realmente somos.

Como mencionamos na introdução, o psicanalista D. W. Winnicott (1987; 1988), entre outros, chamou esse tipo de relação empática de "espelhamento", ressaltando que ela permite o desenvolvimento do "verdadeiro self" da pessoa. De igual modo, o analista e fundador da psicologia do self, Heinz Kohut (1971; 1977; 1984), reconhecia esse papel da empatia (ou "introspecção vicária"), afirmando que ela promovia o desabrochar do direcionamento característico do "self nuclear".

Por fim, o psicólogo humanista Carl Rogers reiterou o que disseram esses dois psicanalistas: "O fato de sermos compreendidos com perspicácia por outra pessoa nos propicia um senso de individualidade, de identidade" (Rogers, 1980, pp. 154-55). Em resumo, ser visto, compreendido e amado pelo "que você é" permite que "o que você é" floresça e inclua todas as sucessivas camadas da personalidade, todas as idades da vida, à medida que elas forem aflorando.

Centros Unificadores Autênticos

Esse "ser visto pelo que você é", esse amor empático, é a nutrição do ambiente que permite o florescer da personalidade autêntica. Embora os provedores dessa empatia (ou sua função dentro da pessoa) tenham sido chamados de "objetos do self" por Kohut (1971) e de ambientes que propiciam "holding" por Winnicott (1987), na psicossíntese eles podem ser chamados de centros unificadores autênticos (Firman e Gila, 1997; 2002).

Um centro unificador autêntico o vê e ama pelo que você é e, assim, pode tornar-se um foco, um centro que lhe permite incorporar diferentes capacidades herdadas e aprendizagens adquiridas num senso unificado de identidade e autoexpressão. Esse amor empático, esse espelhamento, pode ser acrescentado ao modelo de desenvolvimento baseado em anéis, como ocorre na Figura 2.2.

Esse diagrama ilustra a pessoa sendo amada com empatia por um ou mais centros unificadores autênticos em cada estágio da evolução, tendo assim a capacidade de incluir cada um dos sucessivos estágios. Vendo e amando a pessoa em todas essas experiências evolutivas, o centro unificador autêntico facilita a inclusão de todas as sucessivas camadas da personalidade, permitindo assim a experiência de ser pleno, volitivo e contínuo ao longo do tempo.

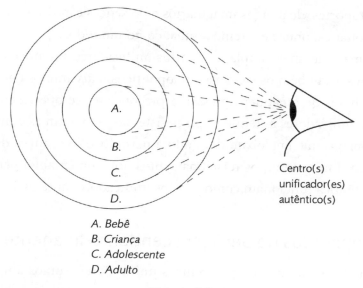

A. Bebê
B. Criança
C. Adolescente
D. Adulto

Figura 2.2

Essa experiência descreve o que Winnicott (1987) denominou "continuidade do ser", o que Kohut (1971) chamou de "coesão no espaço e continuidade no tempo" e o que Rogers (1980) classificou como "individualidade" ou "identidade".[2] A psicossíntese descreveria isso da seguinte maneira: em um campo estável, amoroso e empático, o "eu" pode abraçar todos os vários aspectos da personalidade em evolução e expressá-los de um modo que se alinha com valores mais profundos. Em outras palavras, o que se expressa é a personalidade autêntica.

Outra coisa que se deve entender acerca dos centros unificadores autênticos é que eles podem ser qualquer coisa ou qualquer indivíduo cuja presença permita que a pessoa se sinta vista, amparada, compreendida e amada. Em nosso trabalho com pessoas, verificamos uma gama tremendamente ampla de indivíduos, lugares e coisas que funcionam como centros unificadores autênticos: de pais e vizinhos a ursos de pelúcia e animais de estimação, dos grupos de colegas e da etnicidade a artes e esportes, de amigos imaginários e presenças espirituais a montanhas, pomares, praias e o reino animal como um todo.

Numa visão mais ampla, os centros unificadores autênticos podem e devem ser também os sistemas sociopolíticos mais amplos em que vivemos, livres de qualquer opressão e preconceito; se operassem como centros unificadores autênticos, esses sistemas apoiariam as comunidades humanas que englobam de modo a permitir o livre fluxo do amor empático. Em resumo, os relacionamentos que alimentam a personalidade autêntica funcionam como centros unificadores autênticos.[3]

Amparados no Ser Transcendente-Imanente

Amados com empatia por centros unificadores, somos amparados no ser; vivenciamos uma "continuidade do ser", uma "coesão do self" ou sentido de "eu sou" que permite nossa abertura para toda a nossa *faixa experiencial*, não apenas para as alegrias e as maravilhas da vida, mas também para seus desafios e seus sofrimentos. Podemos, por exemplo, nos abrir para o amor que sentimos por outras pessoas, mas também para a terrível angústia de as perder; podemos sentir emoção por adquirir a competência para dominar uma habilidade de desenvolvimento, mas também assimilar os muitos e difíceis fracassos que ela pode ensejar; podemos nos inebriar com o maravilhoso fluxo da expressão criadora, mas também enfrentar a inevitável aridez e o tumulto do processo criador; podemos explorar os píncaros da revelação espiritual, mas também suportar as escuras noites da alma. Você pode ser presente e responsivo

> *As possibilidades e características das idades anteriores estão latentes em todos; elas podem ser evocadas, atualizadas e tornadas funcionais.*
>
> – ROBERTO ASSAGIOLI

ao longo de todos esses altos e baixos se for amado com empatia e, consequentemente, amparado no ser.

Portanto, repetimos, essa conexão amorosa e empática com o outro não é, em essência, extática nem jubilosa, mas propicia outra coisa: um lugar em que estar para poder participar plenamente de tudo que a vida trouxer. Aqui, a pessoa é vista como espírito humano, como "eu" distinto de qualquer determinada experiência, não identificado com nenhum modo específico de ser e, por conseguinte, como alguém que pode participar plenamente de todas as experiências, que está presente em todos os modos de ser. Nas palavras de Rogers, "Quando são entendidas com perspicácia, as pessoas se veem mais perto de uma gama mais ampla de vivências" (Rogers, 1980, p. 156). [4]

O fato de ser distinto, mas não separado, é a paradoxal característica do "eu" que foi chamada no Capítulo 1 de *transcendência-imanência*, expressão que liga dois termos tradicionalmente usados para referência ao espírito. Ou seja, o "eu" é transcendente pelo fato de não poder ser identificado com nenhuma experiência ou estágio de desenvolvimento específico, mas, ao mesmo tempo, o "eu" sempre participa de cada experiência e estágio de desenvolvimento, pois é imanente a todas as experiências e estágios de desenvolvimento.

Observe que se o "eu" *não* fosse transcendente-imanente, as seguintes experiências seriam impossíveis: introspecção reflexiva, práticas de meditação de atenção plena, livre associação psicanalítica e monitoramento cognitivo-comportamental dos processos de raciocínio. Todas essas reconhecidas experiências humanas fundamentam-se no fato de que há alguma noção de identidade pessoal que é distinta dos conteúdos da experiência contínua e, portanto, pode observá-los e afetá-los.

Assim, essa transcendência-imanência do "eu", essa natureza espiritual, permite uma autoempatia amorosa, um "amor por si mesmo". O "eu" transcendente-imanente tem o dom da presença e da participação em toda e qualquer experiência que possa surgir na vida. No decorrer da vida, essa transcendência-imanência nos permite incluir cada camada de desenvolvimento que se apresenta, enquanto que, de momento a momento, ela nos permite a abertura para tudo aquilo que possa surgir em nossa experiência, e tudo isso sem a ameaça de dissolução ou aniquilação de quem essencialmente somos. Não há nenhuma ameaça à existência pessoal inerente a algum tipo de experiência, dos incríveis píncaros do êxtase espiritual, criador ou sexual às profundezas avassaladoras da vergonha, da raiva e da dor. Alguns afirmam que nem a morte física impõe essa ameaça.[5]

E o centro unificador autêntico atua com essa mesma transcendência-imanência: ele se distingue de qualquer objetivo, identificação ou papel (ou seja, é transcendente) e, ao mesmo tempo, está plenamente presente para toda e qualquer experiência (ou seja, é imanente). É esse espírito transcendente-imanente do centro unificador autêntico que fortalece a transcendência-imanência do "eu". Essa conexão empática com um centro unificador autêntico é uma comunhão espiritual transcendente-imanente; em outras palavras, é a expressão do amor altruísta, ou ágape, que estamos chamando de *empatia espiritual*.

Centros Unificadores Autênticos Internos

Até agora, a discussão limitou-se aos centros unificadores autênticos externos, ou ambientes externos amorosos e empáticos que facilitam o desabrochar do ser humano. Entretanto, também existem centros unificadores autênticos internos, presenças empáticas sentidas dentro da pessoa, em vez de — ou também — fora da pessoa.

O funcionamento de tais centros unificadores internos é um fator essencial ao desenvolvimento da autonomia pessoal. Como jamais a necessidade de centros unificadores é superada (Kohut afirmou que a necessidade de objetos do self é como a necessidade de oxigênio!), formam-se centros unificadores internos que propiciam essa mesma presença empática dentro da pessoa. A Figura 2.3 busca representar num diagrama a formação dos centros unificadores internos.

Figura 2.3

Podemos vivenciar os centros unificadores internos como verdadeiras presenças interiores, num processo semelhante ao que ocorre quando "ouvimos" dentro de nós o estímulo e o conselho de um amigo, pai ou mentor. A relação com uma presença interior assim, chamada pelo psiquiatra Daniel Stern (2000, p. 114) de "companheira evocada", é uma fonte perene de alimento para a personalidade autêntica. Porém esses centros internos também podem ser convicções, valores, representações do self e do outro e visões de mundo mais implícitas, desenvolvidas em relação com os centros externos ao longo da vida. Como tais, eles constituem um contexto ou matriz, um ambiente interno que propicia *holding* ao indivíduo e no qual ele obtém um senso de individualidade, sentido pessoal e orientação na vida.[6]

O Self Transcendente-Imanente

Após o exame da força amorosa e empática dos centros unificadores externos e internos para facilitar a realização desse "eu" amoroso, empático e transcendente-imanente, podemos acrescentar que a fonte suprema desse amor vital na psicossíntese não é o centro unificador em si,

> *A influência de tais "imagens" é maravilhosamente expressa no dito indiano: "O Ganges (o rio sagrado) purifica quando visto e tocado, mas os Virtuosos purificam quando são meramente recordados."*
>
> – ROBERTO ASSAGIOLI

mas o Self. Assagioli considerava o "eu" como seu "reflexo" ou "projeção" do Eu (Assagioli, 2013, pp. 33, 51). Em última análise, o ser da pessoa flui da Base do Ser, o Self.

Desse ponto de vista, o que de fato acontece na conexão empática com o centro unificador (quando se é amado com empatia) é que a conexão do "eu" com o Self, do "eu" com a Fonte do "eu", se consuma e, por conseguinte, o "eu" se torna mais presente e ativo. Nas palavras de Assagioli, o centro unificador externo "converte-se num elo indireto, mas verdadeiro, num ponto de conexão entre o homem pessoal e o seu Eu superior, o qual é refletido e simbolizado nesse objeto" (p. 39).[7]

> *O símbolo do Mestre Interior é particularmente útil porque introduz e é um instrumento de uma técnica muito importante e fecunda no estabelecimento de uma relação entre o eu pessoal e o Eu espiritual.*
>
> – ROBERTO ASSAGIOLI

Além disso, na psicossíntese, o Self é entendido como a fonte suprema do amor altruísta e da empatia: "o seu Eu espiritual, que já conhece seu problema, sua crise e sua perplexidade" (p. 213). Não sendo uma força inconsciente e irracional, o Self é, de um certo ponto de vista, um "tu" com o qual podemos nos relacionar de um modo significativo. A "Técnica do Diálogo Interior" proposta por Assagioli, na qual a pessoa dialoga com a imagem de um mestre interior que representa o Self, talvez seja o que melhor exemplifica isso. O Self é quintessencialmente empático e amoroso, a fonte suprema da empatia espiritual.

Assim, parece evidente que o amor altruísta, a empatia espiritual, do Self "flui" pelos centros unificadores, por assim dizer, dando vida ao "eu" amoroso, empático. A conexão espiritual é a nossa conexão com a Base do Ser, da qual obtemos nosso ser individual. Nas palavras de Martin Buber, "As extensas linhas de relações se encontram no eterno tu" (Buber, 1958, p. 75). Portanto, para completar o diagrama do modelo de desenvolvimento, podemos acrescentar o Self, como ocorre na Figura 2.4.

Figura 2.4

A fonte suprema do "eu" empático e amoroso, imaginada como presente e ativa em todas as camadas da personalidade autêntica, é o Self empático e amoroso. Os centros unificadores são um "elo verdadeiro" com o Self que permitem o florescer do sentido de "eu sou". E, com o florescer do "eu", o indivíduo pode incluir todas as sucessivas camadas da personalidade numa expressão autêntica do "eu". Afinal, é o Self que está presente para a pessoa por meio de todos os centros unificadores, sejam eles pessoas, lugares ou coisas, tanto interiores quanto exteriores.

Essa ideia do Self como fonte suprema do ser humano nos ajuda a entender o fato desconcertante de tantas coisas diferentes poderem funcionar como centros unificadores autênticos. Ou seja, aqui o Self atua com transcendência-imanência: apesar de distinto de qualquer centro unificador, manifesta-se por meio de todos eles. De que outro modo se poderia explicar a possibilidade de um ser humano ou um urso de pelúcia, um animal doméstico ou selvagem, uma montanha ou um céu estrelado, um símbolo ou imagem interior, uma arte ou filosofia fortalecer o "eu" transcendente-imanente? Assim como o "eu" é distinto, mas não separado, de todos os aspectos da personalidade, o Self é distinto, mas não separado, de todos os centros unificadores.

Além disso, se o "eu" é transcendente-imanente, seria lógico deduzir que a fonte do "eu" também seja transcendente-imanente. Isto é, se for transcendente-imanente, o "eu" não pode ser o produto de um conteúdo ou processo, a diferenciação de um *id* primordial, um complexo criado com elementos psicológicos, o "des-integrar" de um todo anteriormente integrado nem a emanação de uma unidade original. O "eu" só pode ser um reflexo ou projeção diretos de uma Fonte transcendente-imanente, de uma "imagem de Deus", para usarmos um termo religioso. (Veja a discussão sobre "eu" e Self no Capítulo 3.)

Em suma, facilitado por centros unificadores autênticos, o amor altruísta, ágape ou empatia espiritual que emana do Self transcendente-imanente permite o afloramento do "eu" amoroso, empático e transcendente-imanente e a expressão da personalidade autêntica. Como veremos, essa ideia do Self como móvel principal da jornada humana tem implicações tremendas para a prática da terapia da psicossíntese.

Mas o que acontece quando o ambiente não propicia empatia espiritual? O que acontece quando esse fluxo de empatia do Self é distorcido ou interrompido por centros unificadores não empáticos? Nesse caso, em vez da personalidade autêntica, que é a expressão natural e espontânea do "eu", desenvolvemos aquilo que chamamos de *personalidade de sobrevivência* (Firman e Gila, 1997; 2002), um *modus operandi* destinado a sobreviver às feridas de um ambiente não empático.

A FERIDA PRIMAL E A SOBREVIVÊNCIA

Quando não é visto e amado como a pessoa singular que é, quando é tratado como objeto, em vez de sujeito, como "isso", em vez de "tu", você não vivencia a continuidade, mas sim uma disrupção do ser, não a coesão, mas sim uma fragmentação do self. Nessas circunstâncias, você não é convidado a ser nem a realizar o sentido de "eu sou", mas sim a enfrentar o não ser e a aniquilação. Com efeito, "aniquilação", ou interrupção da "continuidade do ser", é precisamente a palavra usada por Winnicott (1987) para descrever o encontro com a não empatia do outro.

A essa aniquilação, sensação de não ser e de vazio, causada pelo fracasso da empatia chamamos de *ferida primal* (Firman e Gila, 1997; 2002). "Primal" não porque a ferida seja primitiva ou antiga, mas sim por constituir uma interrupção vivenciada na conexão primal com o Self. É como se a linha de oxigênio que nos envia o Espírito se cortasse, nosso alicerce na Base do Ser se perdesse e despencássemos no não ser.[8]

Entre as experiências estreitamente associadas à ferida primal estão, por exemplo, a ansiedade, a vergonha e a culpa, a desintegração, o vazio e o abandono, a falta de sentido, o desamparo e a raiva, a baixa autoestima e a sensação de inutilidade (Firman e Gila, 1997; 2002). A ferida primal aponta para um nível universal do sofrimento humano, nosso encontro inevitável com forças que não reconhecem nossa condição humana e, por ignorância ou maldade, tentam destruí-la e nos lançar no não ser.[9]

Abuso e abandono na infância, apego a cuidadores que magoam, cultura preconceituosa (discriminação de sexo, raça ou idade, por exemplo), pobreza e violência são algumas das causas mais ostensivas da ferida primal. Porém há situações mais camufladas, nas quais parecemos, tanto para nós mesmos quanto para observadores externos, estar recebendo alimento saudável quando, na verdade, somos apenas objetos valorizados que se conformam a um papel necessário ao ambiente.

Nesse tipo mais dissimulado de ferida, é possível que os pais vibrem com o sucesso do filho ou apoiem seus esforços com entusiasmo. Porém, como estão consciente ou inconscientemente identificados com seus próprios objetivos implícitos, tratam o filho como objeto e, assim, infligem-lhe a ferida primal.

Esse tipo de parentalidade "positiva" pode ser motivada pela necessidade que os pais sentem de ter um filho bem-sucedido, talentoso ou inteligente para que eles mesmos se sintam bem e consigam afugentar os sentimentos secretos de vazio, vergonha e baixa autoestima (decorrentes de suas próprias feridas primais). Ou talvez, em reação às feridas de sua própria criação, os pais resolvam "não fazer isso com meus filhos" e assim, por ironia, tornem esses filhos objetos desse programa, em vez de os ver como são. Ser tratado como objeto, *ainda que um objeto amado e valorizado*, acarreta feridas primais.

O Centro Unificador de Sobrevivência

E nossa reação instantânea e inevitável à ferida primal geralmente ocorre sem nossa percepção: começamos a pensar e agir de modo que evite a todo custo o não ser e as experiências a ele associadas. Começamos a formar uma personalidade que, em vez ser uma expressão de nossa autenticidade, destina-se a nos fazer sobreviver a essa ferida. E assim nos perdemos, nos tornamos aquilo que precisamos nos tornar e somos aquilo que precisamos ser para poder sobreviver no ambiente que fere. Veja a seguir uma impressionante carta anônima, apresentada por Karen Horney e citada por Maslow, que se refere a essa perda do self como "nossa morte psíquica secreta na infância":

Como é possível perder um self? A traição, desconhecida e inimaginável, começa com nossa morte psíquica secreta na infância, se e quando não formos amados e se nos isolarmos de nossos desejos espontâneos... Ele não foi aceito pelo que é, como é. "Ah, eles o 'amam'", mas esperam, querem ou o obrigam a ser diferente! Portanto, ele *deve ser inaceitável*. Ele mesmo aprende a acreditar nisso e, no fim, até já parte desse princípio. Realmente desiste de si próprio. Agora não importa se ele lhes obedece, se ele se apega, se rebela ou se retrai: o comportamento dele, seu desempenho, é a única coisa que interessa. Seu centro de gravidade está "neles", não em si mesmo. No entanto, mesmo que ele chegasse a perceber isso, acharia tudo muito natural. E a coisa toda é totalmente plausível; tudo é invisível, automático e anônimo! (Maslow, 1962, p. 49).

Esse tipo de ambiente não empático, que fere, esse "eles", pode ser chamado com precisão de *centro unificador de sobrevivência*. Assim como os centros unificadores autênticos convidam à expressão autêntica do sentido de "eu sou", o centro unificador de sobrevivência obriga, sob ameaça da ferida primal, à capitulação a suas exigências: "Realmente desiste de si próprio."[10]

Como o centro unificador autêntico, o centro unificador de sobrevivência também pode assumir muitas formas diferentes. Na medida em que nos obrigam a ser quem não somos, pais e professores, irmãos e colegas, governo e instituições sociais, empresas e meios de comunicação de massa, religião e cultura constituem, todos eles, centros unificadores de sobrevivência. Então passam a constituir sistemas de opressão; cegados por seus próprios interesses e quase sempre influenciados pelo narcisismo, sexismo, racismo, heterossexismo, classismo e qualquer outro "ismo", eles atuam não para fomentar uma individualidade cada vez maior, mas para dominar a individualidade. Os sistemas entrelaçados e onipresentes dos centros unificadores de sobrevivência do mundo podem, com toda a razão, ser chamados de "a cultura da imposição" (Quiñones Rosado, 2007).

Mark Horowitz, experiente professor e consultor empresarial de psicossíntese, faz uma excelente análise desses centros unificadores de sobrevivência autocentrados mais amplos e aponta a contínua objetificação e a ferida criadas pela opressão desses sistemas:

Quase todos os sistemas humanos se dedicam a uma meta divorciada da preocupação com o Todo maior. (Uma empresa, por exemplo, geralmente só se interessa pela própria sobrevivência no sistema econômico de que faz parte, e não por seu impacto sobre algo além disso.) Por isso, o sistema precisa que as pessoas adotem seus valores e atuem como agentes na obtenção de suas metas. Para tanto, o sistema "inconscientemente", inadvertidamente, pressiona as pessoas a acreditar e agir como se a principal relação na vida fosse a que há entre o self e a organização, em vez de ser entre o self e os outros ou entre o self e o Todo maior. Portanto, como agentes de um sistema feito pelo homem, as *pessoas* costumam se tornar *objetos* para o sistema e umas para as outras, tratando-se e sendo tratadas como "isso", nunca como "tu". Elas jamais são refletidas de verdade, a ferida se exacerba e suas personalidades negativas tendem a se evidenciar (Horowitz, 2005, pp. 2-3).

Para existir em algum nível no seio de centros unificadores de sobrevivência, devemos então negar e renegar vastos setores de nossa experiência autêntica; devemos ocultar as partes de nós que não se encaixam no ambiente não empático, cuja posse, por isso mesmo, se torna perigoso admitir. Essa é a "nossa morte psíquica secreta na infância [e posteriormente]". Na verdade, devemos ocultar esses setores da experiência também de nós mesmos — "Ele mesmo aprende a acreditar nisso e, no fim, até já parte desse princípio" — para evitar que eles sejam vistos de algum modo pelo mundo exterior. Pode-se observar esse desenvolvimento da personalidade de sobrevivência ao longo de três dimensões: (1) apego ao centro unificador de sobrevivência, (2) identificação com a personalidade de sobrevivência e (3) entrada no transe da sobrevivência. Analisemos agora essas três dimensões da sobrevivência.[11]

Apego ao Centro Unificador de Sobrevivência

Enquanto o centro unificador autêntico nos vê e nos convida à expressão autêntica, o centro unificador de sobrevivência nos vê apenas como um objeto útil às suas necessidades e objetivos, ditando quem devemos ser para sobreviver na relação. Devemos nos tornar quem ele quer que sejamos ou arriscar-nos a ser expelidos da relação e cair na aniquilação e no não ser, ou seja, na ferida primal. Quanto mais dependermos desse ambiente, não importa se na condição de crianças, na família, ou adultos, em sistemas mais amplos, tanto com mais força e inconsciência funciona essa opressão.

E, do mesmo modo que desenvolvemos um centro unificador autêntico interno com base nos outros empáticos que existem em nossa vida, desenvolvemos também um centro unificador de sobrevivência interno quando sofremos o impacto de outros não empáticos. No primeiro caso, desenvolvemos um *holding* interior que nos possibilita a expressão de nossa autenticidade; no segundo, formamos uma autoridade interior que nos diz como ser e como agir para sobreviver no ambiente não empático.

Essa é, então, a primeira dimensão da sobrevivência, *o apego ao centro unificador de sobrevivência (externo e interno)*, que nos permite a conformidade às expectativas do ambiente, evitando transgressões que nos exporiam ao risco de ser excluídos da relação diretamente para a não existência. Mas, nesse processo, "Seu centro de gravidade está 'neles', não em si mesmo".

Assim como o centro unificador autêntico interno, o centro unificador de sobrevivência interno também permite uma certa independência do ambiente imediato (uma "separação-individuação"). Mas, na sobrevivência, a independência é simplesmente a capacidade para seguir automática e inconscientemente os ditames do ambiente abusivo ou negligente sem nenhuma orientação de fora. Trata-se de uma "internalização da opressão" (Proctor, 2002; Quiñones Rosado, 2007) que não depende mais da presença exterior do opressor. Repetindo, isso é uma defesa contra a ameaça e a realidade da ferida primal que permeia o ambiente não empático, a qual permite que a pessoa sobreviva a essa ferida.

O centro unificador de sobrevivência interno pode ser vivenciado, por exemplo, como uma voz interior crítica que atua para fazer-nos aceitar seus ditames ou, mais implicitamente, como um pano de fundo crônico de ansiedade, desespero e baixa autoestima. De modo oposto, mas igualmente pernicioso, o centro unificador de sobrevivência interno pode idealizar o indivíduo, criando uma experiência contínua de arrogância, excesso de confiança e grandiosidade. Nesse caso, o indivíduo ainda é um objeto, só que agora é o objeto valorizado, inflacionado. Mas, com deflação ou inflação, a ferida primal está em ação: ou a pessoa vive conforme as ordens do centro unificador de sobrevivência ou enfrenta rejeição, aniquilação e não ser.

Também se observa a ação da deflação e da inflação da ferida primal sobre populações inteiras quando a própria sociedade funciona como centro unificador de sobrevivência, uma cultura de imposição. Por exemplo, as minorias oprimidas geralmente manifestam o lado deflacionado do centro unificador de sobrevivência cultural, como a homofobia internalizada, o patriarca interior e o ódio pela própria raça. E a classe opressora de uma sociedade assim costuma manifestar o lado inflacionado do centro unificador de sobrevivência cultural, assumindo inconscientemente um papel privilegiado, de *status* mais alto. Contudo, *tanto a inflação quanto* a deflação são posições feridas; ambas são internalizadas em cada população e ambas nos cegam para nossa semelhança e nossa singularidade como reflexos do Espírito.[12]

Identificação com a Personalidade de Sobrevivência

Com esse apego a um centro unificador de sobrevivência vem a segunda dimensão do modo de sobrevivência: a *identificação com a personalidade de sobrevivência*. O centro unificador de sobrevivência dita o papel que temos de desempenhar na relação, e nós nos identificamos com esse papel para poder sobreviver — o "eu" mergulha nele ou é possuído por ele —, formando um senso de individualidade ou identidade pessoal. Essa identificação é a personalidade de sobrevivência em si; é "quem" precisamos ser para existir no ambiente não empático. Nas palavras de Winnicott: "O falso self se constroi sobre a base da conivência" (Winnicott, 1987, p. 133).

A forma da personalidade de sobrevivência pode ser praticamente qualquer uma, desde todo o leque de distúrbios psicológicos reconhecidos a papéis familiares disfuncionais, rebeldias contrarreativas, deflação, inflação e personalidades conhecidas como de "alto funcionamento" e até de "funcionamento superior". Independentemente da forma da personalidade de sobrevivência, a pessoa se identifica com ela para manter alguma espécie de existência no mundo do centro unificador de sobrevivência.

Portanto, não se trata de um papel que assumimos como fazem os atores, com autorreflexão e intenção, mas sim de um papel que *nos tornamos* e, assim, esquecemos quem realmente somos. Charles Whitfield, especialista nas áreas de abuso e dependência, descreve isso da seguinte forma: "Gradualmente, começamos a pensar que *somos* o falso self" (Whitfield, 1991, p. 5). Em nossos termos, o "eu" na verdade se perde, enterrado na personalidade de sobrevivência. Nós nos tornamos quem precisamos nos tornar para sobreviver no meio não empático: "Ele mesmo aprende a acreditar nisso e, no fim, até já parte desse princípio. Realmente desiste de si próprio."

Podemos reconhecer a personalidade de sobrevivência nos momentos em que sentimos estar sendo falsos e pretensiosos com os outros, quando deixamos de ser nós mesmos, quando temos uma alarmante sensação de vazio interior, como se nossa vida não tivesse nenhum sentido, ou quando nos pegamos pensando e agindo de modo completamente distinto e contraditório em diferentes situações. A personalidade de sobrevivência também pode ser vista em comportamentos compulsivos íntimos e exteriores: padrões crônicos de dependência que atuam para evitar que sintamos o desespero, o vazio e a inutilidade subjacentes à ferida secreta.

Entrada no Transe da Sobrevivência

A terceira dimensão da sobrevivência pode ser chamada de *entrada no transe da sobrevivência*. Lembre-se que, na relação com um centro unificador autêntico, somos convidados a exprimir toda a nossa faixa de experiência; somos amparados no ser transcendente-imanente e, assim, podemos assimilar os altos e baixos da existência humana. Porém, apegados a um centro unificador de sobrevivência e identificados com a personalidade de sobrevivência, nossa faixa experiencial se restringe ao ambiente não empático. Hipnotizados, nos dissociamos de vastas esferas de nossa experiência autêntica, fascinados pelo que podemos chamar de *transe da sobrevivência* (Firman e Gila, 1997; 2002).

No transe, é como se nos tornássemos sujeitos hipnóticos em relação ao hipnotizador do centro unificador de sobrevivência. A diferença é que esse hipnotizador está dentro de nós, de modo que nosso transe hipnótico se perpetua como nossa forma habitual de ser. O transe limita nossa faixa de experiência, mantendo-nos despercebidos da realidade mais ampla que existe dentro e fora de nós. Citando o trabalho da neurofisiologia e da psicologia cognitiva, Bowlby (1980) chamou de "exclusão defensiva" o fenômeno no qual as informações do íntimo da pessoa e do mundo exterior ("bloqueio perceptual") são seletivamente excluídas da consciência.

Talvez a maneira mais fácil de perceber o transe seja atentarmos para nossas reações às experiências que nos levam além de nossa zona de conforto, além do que a neurociência chama de nossa "janela de tolerância" (Siegel, 1999). Sentimos-nos subjugados e intimidados por certos sentimentos positivos ou negativos? Ficamos pouco à vontade ao escutar as pessoas falarem de seu amor e sua alegria, achando que elas estão sendo excessivamente entusiásticas ou efusivas? Menosprezamos os que sentem constante tristeza ou dor profunda, acreditando que isso seja melodrama ou sinal de fraqueza? E alguma vez já deixamos de entender as motivações dos outros, pensando: "Como é que alguém *pode* fazer isso? É inconcebível. Eu jamais poderia fazer algo assim!", por mais abomináveis que fossem essas motivações? Pense melhor.

Assim, o vislumbrar de realidades além de nossa constrita faixa experiencial ameaça nossa personalidade de sobrevivência e toca em nossa ferida primal, podendo acarretar todas essas reações. Nossa zona de conforto fica ameaçada, e nós podemos reagir com veemência e até violência a quem revelar os espectros de experiência que, consciente ou inconscientemente, nós nos proibimos. Esse truncamento de nossa faixa experiencial, esse transe, é essencial-

> *Potencialmente, existem em cada um de nós todos os elementos e qualidades do ser humano, os germes de todas as virtudes e todos os vícios.*
>
> – ROBERTO ASSAGIOLI

mente uma limitação da empatia e do amor por nós mesmos e pelos outros. Nas palavras de Assagioli, o homem "não consegue entender a si mesmo nem entender os outros" (Assagioli, 2013, p. 34). O transe pode, por fim, levar a preconceitos e abusos de toda espécie.

Em resumo, com a constrição de nosso senso de quem somos, aprendemos a pensar, agir e sentir de um modo que nos permite existir no ambiente não empático e, assim, nos defender da ferida primal. Essa ferida e essa sobrevivência podem ser diagramadas como ilustra a Figura 2.5.

As listras negras da Figura 2.5 indicam áreas de ferida primal, áreas que não são aceitas pelo ambiente externo e, portanto, ficam na escuridão, na inconsciência. Aqui, o fluxo empático do Self é bloqueado e distorcido de tal modo que nosso senso de existência, nossa conexão com o ser, se torna função de nossa conformidade com o centro unificador de sobrevivência. Se quisermos ter algum senso de individualidade, será apenas o permitido pelo centro unificador de sobrevivência, um senso de identidade dominado pelo transe da sobrevivência.

Evidentemente, a ferida primal é mais grave quando estamos em contato constante com um centro unificador de sobrevivência crucial, como pais não empáticos na infância. Num caso assim, diante do centro unificador de sobrevivência dominante, são poucos os centros unificadores autênticos que podem ajudar-nos a manter viva toda a nossa faixa de experiência. Porém é de se esperar que, mais tarde, mesmo quando nos virmos diante de outros não empáticos, tenhamos suficientes centros unificadores autênticos internos e externos para continuar a expressar nosso senso autêntico de individualidade. Com o tempo, conseguimos manter a autenticidade desenvolvendo uma "carteira diversificada" de centros unificadores autênticos.

Figura 2.5

A Sobrevivência como Normal

Observe, mais uma vez, que a sobrevivência é uma condição de nossa personalidade que não é necessariamente disfuncional ou patológica no sentido habitual. Na verdade, esse tipo de personalidade pode participar da sociedade de maneira convincente e ser muito bem-sucedida no mundo exterior. Muita gente pode nem sequer perceber que elas estão no modo de sobrevivência enquanto não surgir alguma experiência desestabilizadora, como uma doença grave, uma perda arrasadora ou um contato com a morte, que perturbe esse sistema inconsciente de sobrevivência (veja "Crises de transformação" no Capítulo 7).

Esse modo inconsciente e automático de viver já foi chamado de "sono acordado" (deRopp, 1968), "transe do dia a dia" (Deikman, 1982) e "transe consensual: o sono do cotidiano" (Tart, 1987).[13] Dado o caráter não empático do mundo sociopolítico mais amplo — mundo já chamado de "ciclone da opressão", "matriz da dominação" e "cultura da imposição" (Quiñones Rosado, 2007, pp. 78, 79, 82) —, parece seguro dizer que todos nós estamos, em graus variáveis, presos ao modo de sobrevivência. Nas palavras de Maslow, "Do ponto de vista que esbocei, seria a normalidade o tipo de doença ou aleijão ou raquitismo que compartilhamos com todo mundo e, por isso, não percebemos" (Maslow, 1971, p. 26).

Embora não tenha usado o conceito de "sobrevivência", Assagioli resumiu bem o modo de sobrevivência naquilo que chamou de "esse problema central da vida humana" e "essa enfermidade fundamental do homem". Na verdade, ele dedica seu sistema, a psicossíntese, à cura dessa enfermidade fundamental. Diz ele:

Em nossa vida cotidiana, somos limitados e atados de mil maneiras — presas de ilusões e fantasmas, escravos de complexos irreconhecidos, empurrados de um lado para outro por influências externas, ofuscados e hipnotizados por aparências enganadoras. Não admira que, num tal estado, o homem se mostre frequentemente insatisfeito, inseguro e variável em seu estado de espírito, em seus pensamentos e ações. Sentindo intuitivamente que é "uno" e, no entanto, descobrindo que está "dividido em si mesmo", ele fica perplexo e não consegue entender a si mesmo nem entender os outros. Não surpreende, pois, que o homem, não se conhecendo nem se compreendendo, não tenha autocontrole e esteja continuamente envolvido em seus próprios erros e fraquezas; que tantas vidas sejam fracassos ou, pelo menos, estejam limitadas e entristecidas por doenças do corpo e do espírito, ou atormentadas por dúvidas, desânimo e desespero.

Não admira que o homem, em sua busca apaixonada e cega de liberdade e satisfação, se rebele violentamente, por vezes, e outras vezes tente sustar seu tormento interior, jogando-se de cabeça numa vida de atividade febril, excitação constante, emoção tempestuosa e temerária aventura (Assagioli, 2013, pp. 34-5).

E todos nós vivemos tanto em autenticidade quanto em sobrevivência. Mesmo quando somos em grande parte uma ou outra, alguma sempre está presente e, além disso, pode haver flutuação entre os dois modos de ser. Por exemplo, podemos ser autênticos com amigos íntimos num minuto e depois entrar rapidamente em modo de sobrevivência se de repente nos virmos diante de uma figura de autoridade crítica. Essas alternâncias entre sobrevivência e autenticidade podem ocorrer diariamente e até mesmo de momento a momento. Talvez seja mais útil pensarmos em termos de percentagens continuamente flutuantes de sobrevivência e autenticidade.

Em nossa apresentação da terapia da psicossíntese, exploraremos a natureza da recuperação da sobrevivência. Por enquanto, basta dizer que, como a ferida primal subjacente é causada pela falta de amor empático, na verdade há apenas uma "cura" para as condições que cercam a sobrevivência: amor empático. Só o amor empático pode fluir até os lugares vazios, perdidos, criados em nós pelos ambientes não empáticos de nossa vida.

Tendo analisado a teoria da personalidade e a teoria do desenvolvimento na psicossíntese como componentes de uma psicologia centrada no amor empático, podemos agora atentar para o modo como esse amor funciona na relação entre terapeuta e cliente. O restante do livro será dedicado à teoria clínica e a técnicas experienciais práticas que expressem esse amor e sirvam para respaldar o reconhecimento e o funcionamento desse amor para que se possa alimentar o desabrochar autêntico do cliente. Começaremos pelo exame mais detido de uma expressão particular desse amor: a empatia espiritual.

Capítulo Três

Empatia espiritual

O treinamento em empatia não apenas nos ajuda a adquirir uma verdadeira compreensão dos outros, mas também nos infunde um caráter mais humano. Ele nos permite perceber as maravilhas e os mistérios da natureza humana.

— ROBERTO ASSAGIOLI

Como dissemos antes, o desabrochar ideal do ser humano é função da profunda união entre "eu" e Self, uma união do amor altruísta e do empático ou ágape, como revelam os centros unificadores autênticos. Essa unidade permite não só o nascimento da identidade pessoal ("eu"), mas também a expressão dessa identidade no mundo por meio dos dons e pendores próprios de cada um (o florescer da personalidade autêntica e a jornada de realização do Self).

Vimos como essa jornada do espírito humano pode ser interrompida por uma ruptura na relação eu-Self — ou seja, pela ferida primal —, promovendo a formação da personalidade de sobrevivência. Nessa situação, os centros unificadores deixam de expressar o amor empático do Self e, assim, em vez de um senso de existência, passam a fomentar uma experiência de não ser e aniquilação. Por conseguinte, não somos convidados a nos expressar de forma autêntica, mas sim a viver uma vida destinada a sobreviver e a administrar essa ferida primal.

A teoria clínica na psicossíntese respalda o potente impulso de realização do Self que provém do amor altruísta e reconhece que esse impulso foi em grande parte escondido pela ferida e pela formação da personalidade de sobrevivência. A personalidade de sobrevivência eclipsa a jornada de realização do Self, e a ferida subjacente está envolvida em muitos, se não em todos os distúrbios psicológicos que se apresentam ao clínico (veja Firman e Gila, 2002).

Dada a centralidade do amor empático no afloramento da identidade pessoal e o efeito devastador da perda vivenciada desse amor, a terapia da psicossíntese busca essencialmente propiciar um centro unificador autêntico por meio do qual o amor do Self volte a consumar-se. *Se a ferida foi criada por uma falência do amor, é apenas por meio do amor que a cura pode ocorrer.* O psiquiatra Scott Peck expressa isso de uma maneira bem simples:

> Em sua maior parte, a doença mental é causada por uma falta ou defeito do amor que um determinado filho necessitava de seus determinados pais para o sucesso de seu amadurecimento e crescimento espiritual. É óbvio, portanto, que, para curar-se por meio da psicoterapia, o paciente deve receber do psicoterapeuta pelo menos uma parte do amor genuíno do qual foi privado. Se o psicoterapeuta não conseguir amar genuinamente o paciente, a cura genuína não ocorrerá (Peck 1978, p. 175).[1]

Estamos chamando a atuação como uma personificação do amor altruísta e empático de expressão da empatia espiritual, que é o trabalho fundamental do terapeuta de psicossíntese. Isso significa que o terapeuta se reúne aos clientes em sua jornada de realização do Self. Ele presume um impulso, por mais oculto que possa estar, para a realização do Self em seus clientes e tem fé em que, permanecendo centrado na união espiritual com eles, esse caminho começará a se revelar, por mais vagamente que seja. Assim como na teoria da personalidade e na teoria do desenvolvimento, a empatia espiritual é fundamental à teoria clínica da psicossíntese. Este capítulo analisará a natureza da empatia espiritual e começará a explorar a tarefa do terapeuta em seu provimento.

A NATUREZA DA EMPATIA ESPIRITUAL

Antes de discutirmos a empatia espiritual, vale a pena discutirmos o que se pretende dizer só com o termo "empatia".[2] A palavra deriva do alemão *einfulung* (May, 1980, p. 75) ou *einfühlung* (Margulies, 1989; Shlien, 1997), que significa "sentimento interior" ou "sentir por dentro". Esse "sentir por dentro" pode ser visto na definição de empatia proposta por Martin Buber: "deslizar com o próprio sentimento para dentro da estrutura dinâmica de um objeto, um pilar, um cristal ou o galho de uma árvore, ou até um animal ou homem e segui-lo por dentro, por assim dizer" (Buber, 2002, pp. 114-15).

Portanto, a pessoa que sabe manobrar com destreza um automóvel está usando de empatia para, com efeito, "tornar-se" o automóvel; o cavaleiro exímio "torna-se um" com o cavalo, conhecendo e entendendo a experiência do animal; "sentimos por dentro" a arte, a música e o teatro quando estamos absortos neles (Adler, 1957; Jung, 1971); o amante da natureza se sente unido à vida da floresta e à dor de sua destruição.[3]

Como muitos já ressaltaram, a empatia assim definida é uma capacidade neutra que pode ser usada para o bem ou para o mal (Kohut, 1991; Moursund e Erskine, 2004; Shlien, 1997). Por exemplo, um uso destrutivo muito comum da empatia consiste em aplicar o conhecimento de uma vulnerabilidade alheia para fazer justamente aquele comentário mesquinho que vai provocar irritação e outras reações fortes. Ou, como disse Kohut, "Imagino onde seus pontos fracos estão para poder enfiar-lhe a faca" (Kohut, 1985, p. 222). Portanto, a capacidade de "sentir por dentro" pode ser usada para ajudar ou prejudicar. Essa é uma razão importante para a terapia da psicossíntese não se interessar tanto pela empatia pura e simples, preferindo concentrar-se na empatia *espiritual*.

A empatia espiritual denota "sentir por dentro" o *espírito* que é o outro. Não se trata essencialmente de conhecer a experiência física, as reações emocionais ou os padrões de raciocínio da outra pessoa; não é simplesmente saber o que o outro está experimentando, sentindo ou pensando. Em vez disso, a empatia espiritual é um reconhecimento do outro como "eu": distinto, mas não separado, de nenhum conteúdo ou forma de experiência.

Para poder estabelecer contato nesse nível — para amar nesse nível —, os terapeutas precisam reconhecer que eles também são distintos, mas não separados, de conteúdo, ou seja: eles precisam abandonar os papéis, objetivos, técnicas, diagnósticos e tudo mais que os deixe cegos para o outro. É nesse nível que a solidariedade e até a união se consumam: uma conexão na Base do Ser, o Self, e por meio dela. Em outras palavras, a empatia espiritual é uma sensação de amor incondicional, uma expressão do ágape, do amor altruísta.

Carl Rogers (1961) abordava essa compreensão da empatia espiritual incluindo, juntamente com a empatia, a "consideração positiva incondicional" e o "apreço pelo outro" entre as condições necessárias à terapia.[4] Entretanto, Assagioli acreditava que a empatia em si desse lugar ao amor, à compaixão e à comunhão:

> O treinamento da empatia não apenas nos ajuda a adquirir uma verdadeira compreensão dos outros, mas também nos infunde um caráter mais humano. Ele nos permite perceber as maravilhas e os mistérios da natureza humana [...] induzindo-nos a abandonar a atitude habitual de julgar os outros. Em vez disso, somos invadidos por uma vasta sensação de compaixão, companheirismo e solidariedade (Assagioli 1973b, pp. 89-90).

A "vasta sensação de compaixão, companheirismo e solidariedade" indica que, para Assagioli, a empatia não é uma capacidade neutra que pode ser usada para o bem ou para o mal. Sua empatia é uma empatia espiritual, a consumação de uma união profunda com outras pessoas em Espírito, a união do amor altruísta. A expressão desse amor na empatia espiritual é uma das principais tarefas do terapeuta de psicossíntese.[5]

A EMPATIA ESPIRITUAL EM AÇÃO: CINDY E PHILIP

Portanto, a empatia espiritual não é essencialmente "sentir por dentro" a experiência do outro, mas sim "sentir por dentro" o espírito, o sentido de "eu sou", que é o outro. Para sermos mais precisos, é o reconhecimento intencional de uma união com o outro com um amor altruísta. Mas o que isso realmente significa na prática?

A dificuldade em descrever a empatia espiritual é que não estamos falando sobre tipos específicos de intervenções, mas sim de uma atitude ou postura, uma forma de ser, que exprime o amor altruísta. Assim, as formas de empatia espiritual são praticamente infinitas; tudo depende dos indivíduos em questão e de sua relação. Isso posto, tentaremos descobrir como funciona a empatia espiritual numa interação entre Cindy, uma agitada adolescente de 19 anos que se prepara para estudar medicina, e seu terapeuta, Philip.[6]

> *A psicossíntese interindividual pode expressar-se como amor em seus vários aspectos e, em particular, como "ágape", amor altruísta, "caridade", fraternidade, comunhão, participação.*
>
> – ROBERTO ASSAGIOLI

CINDY: Sabe, prova é uma coisa que realmente me deixa em pânico. Logo começo: "Vou ser reprovada." Fico totalmente estressada, o coração dispara. Como se fosse o fim do mundo. É desproporcional demais.

Escutando Cindy falar, Philip sentia que já estava se preparando para tratar o diagnóstico "Fobia específica, tipo situacional" e, assim, se sair bem como novo empregado do centro de terapia. Em rápida sucessão, pensou em dessensibilização sistemática, em abordar as cognições negativas, em concentrar-se na experiência das sensações e do corpo, em explorar as origens do medo do fracasso na infância ou em recomendar uma prática de meditação.

Porém, amparado na prática espiritual contínua e em sua própria terapia pessoal, Philip conseguiu permanecer desidentificado de qualquer dessas opções. Em vez de agarrar-se a alguma delas, ele simplesmente as deixou passar pela cabeça. Assim, permaneceu ancorado em sua conexão empática com Cindy e curioso acerca de aonde *ela* queria chegar:

PHILIP: Como você *gostaria* de ser enquanto enfrenta suas provas?

A reação de Philip mostra claramente que ele não está voltado simplesmente para a experiência de Cindy; ele está muito mais voltado para a própria Cindy. É óbvio que ele está se dirigindo àquela que tem consciência e vontade, àquela que está tendo a experiência (e essa é apenas uma dentre a infinita variedade de reações que poderiam expressar essa atitude, inclusive o silêncio; ela depende completamente da relação singular em questão). Consequentemente, Cindy pode analisar um pouco mais profundamente aquilo que está buscando:

CINDY: Hum, não sei... Calma, você sabe, tranquila. Um pouco menos "vida ou morte".

PHILIP: E como seria isso?

CINDY: Incrível. Eu poderia relaxar, descansar, não ficar tão hiperativa. Seria totalmente incrível. Mas aí...

Aqui vemos Cindy inicialmente procurar o que realmente quer para si nessa situação: sua própria direção, um movimento de realização do Self. Isso é voltar-se para um nível mais profundo de si mesma, um nível de valor e sentido ao qual ela aspira, o qual a chama nessa situação. Porém, enquanto tenta aprofundar-se nessa direção, ela encontra algo inesperado e diz: "Mas aí..." Philip reage a isso:

PHILIP: Aí?

CINDY: É... hum. É tão esquisito.

PHILIP: O quê?

CINDY: Senti uma coisa no estômago. Fiquei com medo.

PHILIP: É?

CINDY: Hã-hã. Sabe, se as provas me deixassem "diferente", talvez eu não estudasse tanto. E, aí, talvez fosse reprovada mesmo! *Isso* me dá medo.

PHILIP: Então relaxar lhe daria medo?

CINDY: Eu acho que sim; daria, sim. É esquisito demais. Eu realmente *preciso* me desestressar. Para não ser reprovada!

[Ambos ficam em silêncio.]

Então, aqui Cindy percebeu que sua presente experiência do estresse era a característica superficial de um padrão mais profundo, uma identificação ou subpersonalidade interna que havia sido condicionada a usar esse estresse para funcionar, se sair bem e sobreviver. Nesse ponto da sessão, ela ainda está livre para escolher qualquer direção que venha de seu próprio senso de sentido, e não do de Philip. Por exemplo, ela poderia sentir vontade de analisar o próprio medo do fracasso, o aperto no peito ou a ideia de fim do mundo. A questão é que o modo de ser de Philip dá a ela espaço para se tornar consciente e volitiva no processo. Observe que, apesar disso, Philip é ativo, embora toda a sua atividade busque apoiar o senso de orientação da própria Cindy. Vejamos para onde ela vai.

CINDY: Então, vamos ver, na verdade eu *preciso* de meu nervosismo. Nossa, que viagem. Só que isso é um saco. Dificulta demais as coisas para mim. Tem que haver outra maneira de fazer eu me mexer.

PHILIP: Outra maneira?

CINDY: Sim, sei lá. As pessoas que admiro aparentemente não precisam se aterrorizar para fazer as coisas!

PHILIP: Quem, por exemplo?

CINDY: Hum, minha melhor amiga, Clara, talvez. Ou Schweitzer. Eleanor Roosevelt. Todos eles têm uma paixão, um propósito.

PHILIP: E você?

CINDY: É, é verdade. Ser médica é uma coisa realmente importante para mim, sabe? Desde pequena, sempre quis ajudar as pessoas. Essa é a única razão para eu estar na faculdade.

PHILIP: Você se lembra da primeira vez em que sentiu vontade de ser médica?

CINDY: Com certeza, lembro sim, foi quando minha mãe ficou doente e eu conheci o Dr. Levenson, o médico dela. O jeito que ele tratava minha mãe era incrível. Eu adorava o Dr. Levenson e soube na hora que queria fazer o mesmo que ele. Esse era o meu sonho; ainda é.

PHILIP: Se você se concentrar nisso, nesse sonho, como imagina que poderia ser em relação a seus trabalhos e provas?

CINDY: Hum. É, bastaria eu pensar nisso o tempo todo. Eu saberia que estava indo em busca de meu sonho. Seria como ter o Dr. Levenson a meu lado o tempo todo. Talvez assim eu não sentisse tanto medo de ser reprovada.

PHILIP: Pare um instante e imagine como seria isso.

CINDY: [Fechando os olhos.] É, muito mais tranquilo, mas, ao mesmo tempo, apaixonante. Até escuto o Dr. Levenson dizer: "Você pode, você vai conseguir." É como se eu sentisse que há essa coisa bem maior por trás e não precisasse me descabelar por bobagens. Pensando assim, as provas nem me metem tanto medo.

Então, na empatia espiritual, Philip trata ativamente da pessoa, e não apenas dos conteúdos da consciência, do processo ou da experiência. Ele a vê como alguém com potencial para acessar a própria orientação e sabedoria interior. Com amor e respeito, ele está "sentindo por dentro" o espírito e o caminho dela rumo à realização do Self. A consciência e a vontade de Cindy, por sua vez, afloram; seu sentido de "eu sou" floresce. Quando isso acontece, ela começa a restabelecer o contato com uma motivação mais profunda que havia de certa forma esquecido, assim como com um centro unificador autêntico (o Dr. Levenson) que respalda essa motivação.

No decorrer da terapia, Cindy acabou descobrindo que as raízes desse medo de fracassar estavam no relacionamento com um pai emocionalmente distante e reprovador. Trabalhando as sensações relacionadas de abandono e pesar, além de usar técnicas de relaxamento e visualização, ela conseguiu enfrentar as provas da faculdade com mais calma. Mas devemos manter o foco no papel da empatia espiritual nesse ponto crítico da terapia.

O Papel da Empatia Espiritual

No diálogo acima, Philip resistiu à tentação de reagir com base em seus próprios objetivos terapêuticos — o que teria transformado Cindy em um objeto de suas próprias conclusões e planos — e preferiu sintonizar-se com ela como um ser que "está" nessas experiências, mas não "é" essas experiências. Assim, amparada com segurança no amor, Cindy ficou livre para explorar sua experiência do padrão e aos poucos desidentificar-se dele, descobrindo a dinâmica nuclear que a viera controlando. Em termos técnicos, o "eu" aflorou com consciência e vontade, transcendente-imanente no âmbito dos conteúdos da experiência.

A empatia espiritual facilitou não apenas o afloramento do "eu", mas também a motivação para a realização do Self. Ou seja, a descoberta do desejo de enfrentar suas provas com calma e paz sustentou-se em seu próprio senso de orientação e sentido, num apelo ou convite de algo mais profundo nela. A reação a esse apelo a levou ao subsequente encontro com o medo — o obstáculo a essa orientação — e ao trabalho com esse medo. Sem dúvida, o caminho da cura e do crescimento de Cindy desabrochava no interior do campo empático entre ela e Philip. O encontro deles está no diagrama da Figura 3.1.

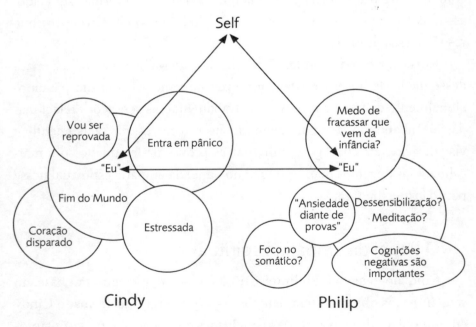

Figura 3.1

Essa figura mostra Philip e Cindy dentro de um campo de empatia espiritual, amparados no amor altruísta. Por meio de sua própria conexão com o Self, uma conexão com a verdade mais profunda da vida, para além de suas identificações e papéis, Philip permaneceu desidentificado dos desígnios de seu ego profissional. Por isso, podia ver através de sua própria experiência e também da de Cindy, podia voltar-se para Cindy e não apenas para o conteúdo da experiência dela. Estabelecendo com ela um contato eu-tu, permitiu-lhe encontrar uma "base segura" (Bowlby, 1988) de onde poderia descobrir e seguir seu caminho: a consciência e a vontade do "eu" afloraram e a realização do Self desabrochou.

Podemos considerar o triângulo que consta na ilustração como fundamental à terapia da psicossíntese. O trabalho do terapeuta é permanecer em contato consciente com o Self e, assim ancorado nessa "base empática" (Blackstone, 2007), encontrar recursos para ver, entender e amar os clientes nesse nível espiritual, como eles mesmos e não como objetos que devem ser diagnosticados e tratados. Com isso, os clientes ganham a oportunidade de despertar e de trilhar seu caminho rumo à realização do Self mais conscientemente. O terapeuta parte desse "triângulo amoroso" para criar o contexto da terapia, mesmo que esse triângulo esteja oculto para os clientes que lutam com seus problemas.

CONTINUIDADE DO SER, RESISTÊNCIA E REALIZAÇÃO DO SELF

Como Philip estava inteiramente com Cindy em cada passo que deu, ela vivenciou uma "continuidade do ser" (Winnicott, 1987), ou seja, ela se sentiu presente e volitiva ao longo de cada momento de sua autoanálise. Continuamente amparada no ser, teve espaço e tempo para se ouvir, ouvir suas correntezas mais profundas e começar a seguir seu próprio senso do que era certo para ela: sua realização do Self.

Entretanto, se Philip tivesse decidido unilateralmente tratar do estresse dela, sua continuidade teria sido perturbada. Philip teria passado por cima da sequência de passos que Cindy precisaria dar em seu caminho, perdendo, no caso, o passo da descoberta de estar usando o estresse como motivação. *Os subsequentes esforços terapêuticos de Philip seriam então incompatíveis com o caminho que despontava para Cindy: ele tentaria tratar o estresse enquanto ela inconscientemente se aferraria a ele.* A Cindy restaria então a opção de capitular ou resistir.

Cedendo ao Terapeuta

Se Cindy resolvesse ceder a Philip e trabalhar imediatamente com o estresse, o faria com um senso diminuído da própria consciência e vontade; ela estaria seguindo a agenda de Philip, e não o próprio senso de orientação. Philip teria assumido o papel do especialista responsável por compreender e administrar a experiência emergente dela. Lançado desse modo no mundo do terapeuta, o cliente se torna o objeto dependente do terapeuta — como — deus.

Além disso, se tivesse sido levada à ferida primal subjacente a partir dessa posição empobrecida, Cindy bem poderia chegar prematuramente a sentimentos penosos sem saber direito como isso aconteceu, sem entender bem como eles se relacionavam a seus problemas e com menos poder pessoal para assimilar e integrar a experiência. Um salto experiencial assim pode causar confusão e até levar a pessoa a se sentir subjugada, bombardeada e mais uma vez traumatizada.

Esse tipo de capitulação à autoridade do terapeuta pode levar, por fim, ao que já se chamou de "pseudoaliança", uma relação "baseada na identificação dócil do paciente com o ponto de vista do analista para manter a relação terapêutica a salvo" (Stolorow, Brandchaft e Atwood, 1987, p. 11). Numa pseudoaliança, o cliente forma uma personalidade de sobrevivência que busca agradar ao terapeuta como centro unificador de sobrevivência, exatamente como já fez antes para sobreviver a ambientes não empáticos. Aqui o cliente troca um centro unificador de sobrevivência por outro.

> *Um indivíduo "é como é" e, de certo modo, tem direito a ser o que é.*
>
> – ROBERTO ASSAGIOLI

Porém, por ironia, ceder ao terapeuta também pode produzir experiências positivas. Por exemplo, Philip poderia unilateralmente ter levado Cindy ao abandono e ao pesar subjacentes, ter se concentrado em sua experiência somática ou ter abordado os pensamentos negativos e, com isso, propiciado a ela algum alívio para sua aflição. Mas o que teria se perdido seria *Cindy*. Cindy teria deixado de se ver como um "eu sou" responsável, dotado de sabedoria e vontade para encontrar o próprio caminho com os recursos que *ela* preferisse. Em resumo, a continuidade do ser dela seria interrompida, mesmo que ela tivesse algum *insight* e encontrasse algum alívio.

Por mais positivo que possa parecer seu efeito, tais intervenções são fracassos da empatia e redundam em opressão: o cliente é induzido a ceder. Essa não é a libertação do "eu" que antecede a personalidade autêntica, mas sim a criação de outro tipo de personalidade de sobrevivência. *Por isso, por mais que possam parecer benéficas*, intervenções não empáticas como essa não apenas são antiterapêuticas, mas, como acreditamos, constituem uso antiético do poder do terapeuta (veja o Capítulo 6).

Resistindo ao Terapeuta

Por outro lado, Cindy poderia ter se recusado a ceder às intervenções não empáticas de Philip. E poderia então ser considerada uma cliente "resistente". Talvez esse seja o termo certo a usar aqui, se entendermos que aquilo a que o cliente está resistindo não é o processo em si, mas sim à *insistência* do terapeuta no processo. Ou seja, Cindy não estaria resistindo a enfrentar o medo do fracasso e do abandono, mas sim à perda de sua própria sequência, ritmo e *timing* ao lidar com ele. Ela estaria resistindo à violação de seu mundo, à ruptura da continuidade de seu ser, a uma nova traumatização da ferida primal.[7]

Os terapeutas que não sabem estimar devidamente a força da ferida primal, que acreditam que as defesas são meras ilusões ou véus que podem ser rasgados, podem ser tentados a lidar com a resistência simplesmente como apego equivocado do cliente a seu anterior condicionamento. Aqui os padrões de sobrevivência são vistos como meros problemas de percepção, como um perder-se em ilusões que precisam ser dissipadas a todo custo. Quando essa compreensão superficial se alia ao poder do terapeuta (ou mestre espiritual) diante do cliente, tem-se a receita para colocar o cliente justamente nesse opressivo dilema entre resistência e capitulação.[8]

A resistência à autoridade do terapeuta pode levar, por fim, a um impasse no qual a terapia sofre uma paralisação "misteriosa" e o cliente pode chegar a interrompê-la definitivamente. E o tempo todo, sem perceber, o terapeuta pode culpar inteiramente a "resistência do cliente" e, assim, continuar ignorando seu papel central na criação dessa resistência. Há um livro-texto muito sábio que adverte os terapeutas: "Caso se atenha demais a seus próprios objetivos e se preocupe demais em apressar o processo ou em provar que sabe o que está errado e o que deve ser feito para corrigi-lo, é bem provável que você acabe criando esse tipo de impasse" (Moursund e Kenny, 2002, p. 92).

Mas, no caso de Cindy, o amor empático de Philip amparava a percepção pessoal e as escolhas dela (sua vontade) a cada passo do caminho. Essa continuidade do ser implica que ela estava consciente de cada passo incremental momento a momento e, por isso, podia manter-se em contato com a própria força, sentido e orientação o tempo todo. Ela foi estimulada a continuar a jornada, tanto na terapia quanto fora dela. Foi seu senso de individualidade e de sua própria verdade, e não Philip, o que guiou sua cura e crescimento, facilitando portanto sua jornada de realização do Self.

Observe, mais uma vez, que o trabalho de Philip não consistia essencialmente em seu papel profissional (técnicas terapêuticas ou percepção diagnóstica), mas sim no fato de saber que *ele* próprio era mais profundo que tudo isso. Como Philip não se deixou enredar nas maquinações de seu próprio mundo interior, Cindy teve de fato uma tábua de salvação para chegar ao mundo interior dela. E a usou para encontrar gradualmente o próprio caminho. Sua desidentificação, seu desprendimento e seu amor possibilitaram os dela. Com efeito, trilhando a própria jornada, Philip facilitou a jornada de Cindy rumo à realização do Self.

> *Cada paciente é considerado, investigado e tratado mais do ponto de vista de sua constituição individual e situação específica do que como membro de uma classe.*
>
> – ROBERTO ASSAGIOLI

A TAREFA DO TERAPEUTA DE PSICOSSÍNTESE

Assim, a empatia espiritual envolve a consumação de nossa conexão com o outro para além de qualquer condição da personalidade, embora se manifeste em todas as condições da personalidade. Isso é um ato de amor, um reconhecimento da unidade essencial existente entre nós e o outro no Self, no Espírito. Nas palavras de Assagioli, esse é um amor altruísta que deriva de "uma sensação de identidade essencial com nossos irmãos [e irmãs] na condição humana" (Assagioli, 1973b, p. 94).

O conhecimento dessa união permite ao terapeuta expressar empatia espiritual e, por conseguinte, atuar como um centro unificador autêntico, como "um elo indireto, mas verdadeiro, um ponto de conexão entre o homem pessoal e seu Eu superior" (Assagioli, 2013, p. 39). É como se o ser "fluísse" do Self "por meio" do terapeuta, alimentando o sentido de "eu sou" do outro. Ou, mais precisamente, a consumação pelo terapeuta de uma comunhão em Espírito — amor empático — permite ao cliente aceder também a essa união e, por isso, uma relação com o Self pode aflorar para o cliente.

Independentemente de como a conceitualizemos, a empatia espiritual oferece ao cliente mais autoempatia, desidentificação, poder pessoal e senso de orientação e sentido: o "eu" aflora e a realização do Self desabrocha.[9]

Internalizando o Terapeuta

Além disso, conforme a teoria do desenvolvimento descrita no Capítulo 2, a atuação do terapeuta como centro unificador autêntico permite ao cliente formar um centro unificador autêntico interno e, assim, começar a funcionar como centro unificador autêntico para si mesmo. Na verdade, o cliente internaliza a presença empática do terapeuta. O psiquiatra e psicanalista Willard Gaylin (2000, p. 284) diz isso de uma maneira tocante: "Qualquer que seja o sintoma, o paciente já não está sozinho com ele. Ele tem um aliado secreto e silencioso que está sempre a seu lado. Uma das facetas mais profundas da terapia é a internalização do terapeuta" (citado em Moursund e Kenny, 2002, p. 109). E, dito da perspectiva da neurociência:

> O paciente não fica mais saudável em termos gerais; ele fica, sim, mais parecido com o terapeuta... A pessoa do terapeuta vai determinar a forma do novo mundo que o paciente provavelmente conhecerá; a configuração de seus atratores límbicos fixa a dos atratores límbicos do outro. Daí a necessidade urgente para o terapeuta de pôr sua casa emocional em ordem. Seus pacientes estão vindo para ficar e talvez tenham de viver ali o resto da vida (Lewis, Amini e Lannon, 2001, pp. 186-87).

Assagioli escreve bem explicitamente sobre esse processo, afirmando que o terapeuta "representa ou constitui um modelo ou um símbolo, e é introjetado, em certa medida, pelo paciente" (Assagioli, 2013, p. 20). Prosseguindo, ele diz que essa internalização permite ao terapeuta tornar-se para o paciente um vínculo menos importante com o Self e, assim, o terapeuta vai sendo gradualmente "substituído pelo Self, com o qual o paciente estabelece uma relação cada vez mais estreita, um 'diálogo' e uma identificação crescente (apesar de jamais completa)". Em outras palavras, os clientes começam a discernir e seguir seus próprios valores e sua orientação na vida: seu próprio caminho para a realização do Self aflora (como mostram as Figuras 2.3 e 2.4).

Como Ser um Centro Unificador Autêntico

Se cura e crescimento são função da internalização do amor empático do terapeuta, é crucial que ele atue como centro unificador autêntico de modo coerente ("a necessidade urgente para o terapeuta de pôr sua casa emocional em ordem"). O que isso significa?

Como vimos no trabalho de Philip e Cindy, um fator essencial à atuação como centro unificador autêntico é a capacidade de desistir do próprio sistema de referência. Só assim podemos ficar livres para amar os clientes em seus sistemas de referência, em seu mundo de experiência e sentido. Essa capacidade de se desidentificar do próprio mundo experiencial é uma responsabilidade essencial do terapeuta de psicossíntese (e também de pais, amantes e amigos, sim, mas isso é tema para outros livros). Assagioli abordou essa desidentificação quando falou de desistir do "egotismo que impede a compreensão dos outros":

> Embora menos cru e óbvio que o egoísmo, ele [o egotismo] também é um grande empecilho devido à sua tendência para referir tudo ao self pessoal, a considerar tudo do ângulo da própria personalidade, a concentrar-se unicamente nas próprias ideias e reações emocionais. Ele pode estar bem escondido, já que pode coexistir com um sincero apego aos outros e a atos

de sacrifício. O indivíduo autocentrado pode não ser, e muitas vezes não é, nem um pouco *egoísta*. Ele pode ser altruísta e querer sinceramente fazer o bem. Mas ele quer fazer isso *a seu próprio modo*... Por isso, mesmo com a melhor das intenções, pode acabar fazendo o mal, como o macaco da história, que, ao ver um peixe na água, apressa-se em salvá-lo do afogamento, colocando-o no galho de uma árvore (Assagioli, 1973b, pp. 87-6).

Assim, nossas melhores intenções para com nossos clientes, nosso verdadeiro carinho e amor e nossas mais hábeis intervenções terapêuticas podem ser mal direcionados e até prejudiciais se nos centrarmos em nossas "próprias ideias e reações emocionais", em nosso próprio sistema de referência e em nosso próprio mundo experiencial. Sem dúvida, se tivesse permanecido centrado no próprio mundo, por mais bem-intencionado e amoroso que fosse, Philip não teria conseguido amar Cindy como amou. Por isso, os terapeutas precisam se perguntar sempre se estão se reunindo ao cliente no mundo do cliente ou em seu próprio mundo. Só a primeira opção permite amor empático, amor altruísta e empatia espiritual.

Portanto, isso se resume ao seguinte: propiciar amor altruísta em empatia espiritual, atuar como centro unificador autêntico, exige nossa morte para nosso próprio sistema de referência, para nosso próprio mundo experiencial. A empatia espiritual não consiste fundamentalmente em conhecer a experiência do cliente, em sentir simpatia e amor pelo cliente nem em ter a sincera intenção de ajudar o cliente (embora tudo isso possa estar envolvido). Essencialmente, no caso do terapeuta, ela consiste muito mais em "morrer para o self". Essa talvez seja a mais difícil tarefa do terapeuta de psicossíntese, como veremos no próximo capítulo.

Capítulo Quatro

Morte e renascimento do terapeuta

Isso, por sua vez, exige a intenção de
compreender e também a desistência do egotismo que impede
a compreensão dos outros.

— ROBERTO ASSAGIOLI

No capítulo anterior, vimos que, para reunir-se a Cindy em seu mundo de experiência, Philip de fato precisou morrer para seu próprio mundo. Ou seja, ele precisou abrir mão de seu próprio sistema de referência e entrar em comunhão com Cindy enquanto ela assimilava sua própria experiência singular. Essa é uma capacidade essencial à expressão do amor altruísta como empatia espiritual. Muito mais que o conhecimento de teoria e métodos, de diagnóstico e técnica, essa capacidade de "morrer" é crucial para o terapeuta de psicossíntese. Essa morte para nosso próprio mundo é clara nas palavras de Rogers:

[O terapeuta deve] deixar de lado a preocupação com o diagnóstico e com sua perspicácia diagnóstica, deve interromper os esforços para formular um prognóstico preciso, deve renunciar à tentação de guiar sutilmente o indivíduo... O terapeuta efetivamente diz: "Para poder ser-lhe útil, deixarei de lado a mim mesmo — o self da interação comum — e entrarei em seu mundo de percepção da maneira mais completa que puder. Eu me tornarei, de certo modo, outro self para você — um *alter ego* de suas próprias atitudes e sentimentos —, uma oportunidade segura para você discernir a si mesmo com mais clareza, para vivenciar-se mais verdadeira e profundamente, para fazer escolhas mais significativas" (Rogers, 1951, pp. 30, 35).

O terapeuta precisa *deixar de lado o diagnóstico*, *parar de fazer prognósticos*, *renunciar à tentação de guiar* e, por fim, *deixar de lado o self* para entrar no mundo do cliente, numa morte do self pelo outro.

Rollo May, outra voz respeitada em psicoterapia, foi mais sucinto: "empatia significa um estado muito mais profundo de identificação de personalidades no qual uma pessoa se sente dentro da outra de tal maneira que perde temporariamente a própria identidade" (May, 1980, p. 75). Com a frase "perde a própria identidade", May indica claramente uma profunda renúncia ao mundo do terapeuta, uma morte.

Falando do ponto de vista neurobiológico, alguns psiquiatras recentemente expressaram basicamente a mesma percepção como sendo função da "ressonância límbica":

Um terapeuta competente tem muito em comum com um bom leitor: ele deve dispor-se a suspender a crença nas regras que conhece e aproximar-se de um universo pessoal cujo funcionamento é inimaginável para os não iniciados. Se puder atingir um estado de suficiente receptividade, o terapeuta conseguirá deixar que a outra mente de repente surja em cena, "numa surpresa mais ou menos chocante".

O terapeuta que não puder participar dessa aventura aberta de exploração vai deixar de apreender a essência do outro. Todas as suas ideias preconcebidas sobre como alguém *deve se sentir* põem em risco sua percepção de como a pessoa *de fato se sente*. Quando parar de sentir com o cérebro límbico, o terapeuta fatalmente será capaz de trocar a inferência pela ressonância.

Os terapeutas propensos a ceder à visão límbica vêm de escolas que oferecem soluções pré-fabricadas (Lewis, Amini e Lannon, 2001, p. 183).

Aqui vemos novamente a morte do terapeuta: a suspensão voluntária do mundo conhecido do terapeuta para entrar no universo "inimaginável" do outro. É isso que permite ao terapeuta "apreender a essência do outro" e estabelecer uma "ressonância límbica" empática. Finalmente, "a morte para nosso próprio mundo" pode ser vista na rica descrição da empatia feita por Assagioli:

Independentemente da compreensão intelectual que se possa ter, a compreensão existencial genuína não é possível sem *empatia*, isto é, a projeção da consciência na consciência de outro ser. Seu desenvolvimento e uso requerem uma atitude de impersonalidade e autoesquecimento; ela pode ser atingida com o despertar ativo de, ou um deixar-se impregnar por, um interesse humano absorvente pela pessoa que se *quer compreender*. Ela implica abordá-la com solidariedade, respeito e até admiração, como um "tu", e assim estabelecer uma relação interior mais profunda.

Essa abordagem pode aprofundar-se até se tornar, primeiro, um contato vivo e, depois, uma identificação momentânea ou temporária. É possível então imaginar haver se tornado, ou ser, aquela pessoa (Assagioli, 1973b, pp. 88-9).

O fato de Assagioli ter usado frases como "impersonalidade e autoesquecimento", "projeção de uma consciência" e "identificação temporária" indicam uma morte do mundo do terapeuta para que se possa entrar no mundo do cliente. Mas como se pode fazer isso?[1]

A MORTE PARA O SELF: CLAIRE E ROBERT

No capítulo anterior, vimos Philip "morrer para o self" no trabalho com Cindy. Ele precisou abrir mão de alguns objetivos terapêuticos para estar com ela e ajudá-la a descobrir aonde queria ir. Mas essa morte para o self é ainda mais difícil quando o cliente entra em territórios que energizam ou mobilizam muito a personalidade do terapeuta. Por isso, o terapeuta pode precisar de muito trabalho interior para ficar longe das próprias reações e, assim, estar presente para o cliente. Vejamos um exemplo desse trabalho interior que pode se deparar ao terapeuta. Esta é a descrição que a terapeuta, Claire, faz de uma sessão com um cliente, Robert:

À medida que Robert dizia o quanto se sentia desanimado e preso na vida, eu podia me sentir resistindo a ele. Mesmo que ele afirmasse que queria explorar isso, eu não conseguia aceitar que as coisas fossem tão irremediáveis e queria desesperadamente mostrar todos os lugares da vida dele em que o copo estava mais "meio cheio" que "meio vazio". Será que eu não deveria confrontá-lo? Será que não estou sendo conivente com sua negatividade? Permitindo-a? Minha irritação com ele e com sua atitude ficou palpável. Eu pensava comigo mesma: "Será que ele está preso ao papel de vítima?"

À medida que ele prosseguia, eu queria cada vez mais arrancá-lo dessa sua experiência ou fazer perguntas que o levassem a uma visão mais otimista até que, por fim, cheguei ao pior: tive medo de que, se eu não conseguisse mudar de algum modo aquela desesperança, ele acabaria cometendo suicídio (mesmo que o suicídio nunca tivesse sido um de seus problemas).

Pensei em contestar sua atitude, em focar na sua experiência física, em fazer algumas visualizações com ele, em trazê-lo para o aqui e agora, em contar-lhe o que eu estava sentindo, em propor interpretações da causa de seu desânimo, em ensiná-lo a lidar com a ideação negativa, enfim, em mil coisas...

Por fim, minha espiritualidade entrou em ação. Vi que tudo isso provinha de meu próprio medo egocêntrico. E que esse medo estava me impedindo de estar presente para ele. Em vez de aceitar sua realidade, eu estava tentando manipulá-lo a sair dela. Em vez de estar com ele, eu estava presa a coisas minhas.

Então vi que precisava dar uma demonstração de fé e estar com ele na escuridão em que ele estava. Respirei, fiz uma prece em silêncio, renunciei à minha medrosa necessidade de controle e comecei a simplesmente escutar Robert. Foi assustador. Consegui sentir o desespero da situação dele, sua sensação de estar aprisionado. Era difícil. Eu imaginava seu desânimo, por estar preso, pela falta de sentido. Eu estava lá com ele, sabendo que meu trabalho era este: reunir-me a ele lá sem o pressionar com minhas próprias coisas.

Lembro-me de ter-lhe dito coisas como: "Fale-me dessa sensação de estar aprisionado", "Você poderia falar mais sobre essa desesperança?" e "O que está acontecendo agora?" Aos poucos fui relaxando e aí, para minha surpresa, ele relaxou também. O desespero deixou de nos inspirar tanto medo e nós dois ficamos presentes para ele e o exploramos juntos. Fiquei mesmo interessada nesse desespero, curiosa a seu respeito.

O que aflorou nas sessões seguintes foi um nível mais jovem e mais apaixonado dele que estava desesperado porque sua autoexpressão fora massacrada por uma infância opressiva. Conseguimos explorar esse seu aspecto perdido usando diálogo interior, visualização, expressão criadora e caixa de areia, entre outras coisas, todas elas agora aparentemente bastante naturais para ambos, em linha com o fluxo dele.

Aprendi uma grande lição. Minha aceitação da realidade de Robert o ajudou a gradativamente aceitar essa parte de si, a descobrir aquela paixão suprimida e a tentar reavivá-la. Depois eu pensei: "E se eu tivesse me recusado a seguir com ele nessa exploração e só tentasse mudar sua experiência? Eu teria sido apenas mais um fator de opressão entre os muitos que havia em sua vida."

Esse é um exemplo de empatia espiritual porque Claire manteve-se ciente de sua conexão com Robert enquanto ele explorava seu mundo experiencial. Ela reconheceu isso, morreu para seu "egocentricismo" e, assim, sintonizou-se com ele, em vez de deixar-se levar pelos próprios pensamentos e medos. Por isso, conseguiu seguir com Robert enquanto ele explorava essa experiência difícil. Em outras palavras, ela *o* amou.

> *Até mesmo por meio de uma mistura, por intuição, empatia, compreensão e identificação.*
>
> – ROBERTO ASSAGIOLI

Sem dúvida, havia aspectos fortes da experiência interior de Claire que clamavam por sua atenção e vontade. Mas todas essas reações representavam potenciais objetivos que, se fossem identificados e motivassem a ação, teriam tornado Robert um objeto a serviço de seus propósitos; ele teria se tornado "isso", algo que deveria ser consertado ou mudado, um meio para Claire se sentir melhor, um objeto de seus medos, coadjuvante de uma subpersonalidade salvadora ou auxiliar. Isso constituiria uma ruptura empática com Robert: na melhor das hipóteses, falta de sintonia; na pior, ferida primal.

Porém seu trabalho aqui era morrer para todas essas potenciais distrações e permanecer em comunhão empática com Robert no mundo experiencial dele (se a reação de distração fosse um problema crônico, Claire poderia abordá-la em sua própria terapia). Como Claire o atendeu como sujeito vivo e volitivo de sua própria experiência, Robert não se tornou um objeto da necessidade dela (baseada no medo) de fazê-lo mudar essa experiência. Assim, seu sentido de "eu sou" floresceu e ele avançou em sua jornada de realização do Self. A interação de Claire e Robert também poderia ser ilustrada com o triângulo da realização do Self, como mostra a Figura 4.1.

Nela, vemos Robert profundamente imerso em sua experiência penosa e Claire cercada por suas muitas reações ao mundo experiencial dele. Porém o contato de Claire com o Self permaneceu consciente porque ela vinha alimentando essa relação em sua prática espiritual contínua. Em última análise, foi essa espiritualidade que lhe permitiu não se enredar nos conteúdos de seu mundo interior (ela tinha conhecimento do fato de ser transcendente-imanente) e, assim, ficar disponível para consumar sua união com Robert no Self.

À medida que essa empatia espiritual começou a fluir, o verdadeiro Robert começou a aflorar e a encontrar seu rumo, isto é, sua conexão com o Self começou a atuar. O trabalho interior de Claire permitiu que esse triângulo da realização do Self aflorasse e começasse a atuar no âmbito da relação deles.

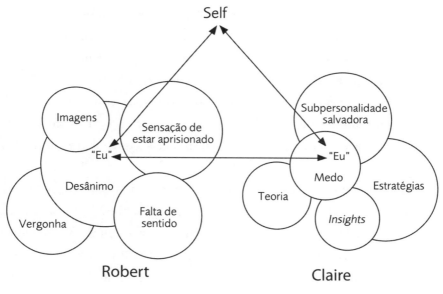

Figura 4.1

A ARTE DE MORRER

Portanto, parece evidente que a empatia espiritual exige que se morra para o próprio mundo para entrar no mundo do outro. É necessária uma renúncia radical ao sistema de referência normal para podermos consumar uma comunhão amorosa com o outro. Essa morte é um processo pelo qual todos já passamos em algum momento. Ele pode ser visto mais claramente nas mudanças de identificação que ocorrem durante grandes transições de vida, como:

> O caso de um atleta que perde a força física, uma atriz cuja beleza física está se apagando, uma mãe cujos filhos cresceram e saíram de casa ou um aluno que precisa deixar a escola e enfrentar novas responsabilidades. Tais situações podem produzir crises sérias e geralmente muito penosas. Elas podem ser mais ou menos consideradas "mortes" psicológicas parciais. O apego frenético à velha "identidade" não surte mais efeito. A verdadeira solução só pode ser um "renascimento", ou seja, entrar numa identificação nova e mais ampla. Isso às vezes envolve toda a personalidade e exige e induz um despertar ou "nascer" para um estado novo e mais sublime do ser. Esse processo de morte e renascimento era representado simbolicamente em vários ritos de mistérios e foi vivido e descrito em termos religiosos por muitos místicos. No presente, ele vem sendo redescoberto em termos de percepções e experiências transpessoais (Assagioli, 1973b, p. 213).

Conscientizar-nos dos momentos de nossa vida em que passamos pessoalmente por essas mortes pode ter um valor tremendo para compreendermos como podemos morrer para nossos clientes. Portanto, uma pergunta útil para os terapeutas que buscam morrer para seu mundo é: "Como morrer?" Eis aqui um breve exercício para explorar essa pergunta.

1. Tire uns minutos para lembrar das vezes em que já morreu na vida, ou seja, das vezes em que sua experiência de si mesmo mudou de um modo fundamental. É possível que lembre de tempos tumultuados de crises e grandes transições, tempos de partida e perda, tempos de novos amores e expansão de perspectivas,

tempos de abertura para novas culturas, tempos em que você e seu mundo se transformaram.

2. Agora analise mais detidamente essas ocasiões em que "morreu". Você teve de enfrentar algum medo, o medo de não ser nada ou o medo da aniquilação pessoal, por exemplo? Como administrou esses momentos? Que empecilhos encontrou? Nesses momentos houve algum centro unificador autêntico interior ou exterior que o tenha amparado? Você faria alguma coisa diferente hoje?

3. Por último, observe o que fez para transformar esse período de morte numa nova experiência de si mesmo e de seu mundo. O que facilitou ou dificultou essa jornada? Quais os novos comportamentos e atitudes que adotou? Em outras palavras, qual a natureza de seu renascimento?

Tudo indica que morrer e renascer são coisas que todos já fizemos em um momento ou outro, talvez bem mais do que imaginamos. Como terapeutas que enfrentamos a morte para o self por nossos clientes, é extremamente importante entendermos esse processo natural e lembrarmos, primeiro, que a parte mais profunda dessa jornada é possível e, segundo, que houve coisas que facilitaram nossa jornada para o renascimento. Os recursos internos ou externos que nos serviram então bem podem ser pistas para os recursos que podemos utilizar enquanto buscamos possibilitar essa morte — e esse amor — em nosso dia a dia.

A Prática da Morte

As tradições espirituais, tanto orientais quanto ocidentais, sempre consideraram a contemplação da morte parte integrante do caminho espiritual, seja o asceta cristão meditando sobre uma caveira humana (o *memento mori*, lembrete da morte) ou o monge tibetano com uma flauta feita de osso humano (Marlin, 1989, p. 155). Dois dos maiores textos espirituais que tratam dos desafios da morte, o *Inferno* de Dante (veja Schaub e Schaub, 2003) e o *Tibetan Book of the Dead*, de Rinpoche (Rinpoche, 1975), falam não só de uma vida além-túmulo como da superação de obstáculos à morte para o self enquanto estamos fisicamente vivos. O trabalho com a morte como símbolo também foi considerado por Assagioli potencialmente útil para "ver se o desencadeamento de certas forças inconscientes" produz uma "transformação da personalidade exterior" (Assagioli, 2013, p. 191).

> *Elas podem ser mais ou menos consideradas "mortes" psicológicas parciais.*
> – ROBERTO ASSAGIOLI

A contemplação da morte envolve uma constatação da impermanência, da natureza transitória da vida humana. O princípio é que perscrutar as profundezas dessa impermanência e mudança vai revelar a vida mais profunda do espírito, que prevalece a despeito da mudança e da passagem dos conteúdos da experiência. Em vez de aniquilação e não ser, trata-se de uma revelação de nossa identidade essencial em Espírito. Scott Peck expressou isso da seguinte maneira: "É na renúncia ao self que os seres humanos podem encontrar a mais extática, sólida e duradoura alegria da vida. E é essa morte que dá à vida todo o seu sentido. Esse 'segredo' é a sabedoria central da religião" (Peck, 1978, p. 72).

> *A última e talvez mais obstinada identificação é com aquilo que consideramos ser a nossa pessoa mais íntima, aquela que persiste mais ou menos durante todos os vários papéis que desempenhamos.*
> – ROBERTO ASSAGIOLI

O "segredo" dessa morte e renascimento é um tema fundamental deste livro: saber experiencialmente que somos distintos, mas não separados, de todos os conteúdos e formas de experiência e descobrir a união de amor no Self que nos ampara no ser. Isso não é uma negação da experiência, mas sim uma constatação de que nós somos transcendentes-imanentes em relação à experiência. Só que isso envolve uma morte, uma renúncia ao fluxo mutável da experiência, a autoimagens caras e repugnantes, à identificação com a personalidade como um todo, e pode parecer acima de nossas possibilidades. Por quê?

O abandono do conhecido mundo da identificação com todas essas coisas pode trazer consigo o fantasma da aniquilação, o não ser, a não existência, que é inerente à ferida primal. Lembre-se que as personalidades de sobrevivência se destinam a evitar a qualquer custo essa experiência da ferida; é essa aversão que subjaz a nossos desejos, nosso apego ao egotismo e à identificação com nossa personalidade separada. Portanto, arriscar abrir mão da personalidade, amar, é arriscar vivenciar a ferida oculta do não ser que está por trás dela.

O Medo da Morte

Surpreendentemente, a experiência da morte em si na verdade não tem intrinsecamente nada que ver com não ser, não existência ou aniquilação. Como já vimos, a morte é a dissipação da ilusão de que você é idêntico à sua personalidade, constatação que produz exatamente o oposto do não ser: a abertura para ser com mais plenitude.

Portanto, talvez o medo "existencial" da morte e sua negação problemática subsequente não digam respeito à morte em absoluto, mas sim à ferida primal. *O medo que sentimos não é de um não ser que espreita no futuro, mas de um não ser que nos espreita do passado: a aniquilação da alma em nossa vida pregressa.* Essa experiência anterior do não ser é então projetada em todas as grandes transições que enfrentamos, inclusive a morte física.[2]

Por isso, além de uma aspiração espiritual a esse nível mais profundo de união no Self, muitas vezes é necessário um trabalho com as origens de nossas identificações e apegos na infância — a ferida primal subjacente — para que possamos aprender a morrer para nosso mundo e a amar com altruísmo. Evidentemente, isso não quer dizer que precisemos resolver todas essas reações para ser terapeutas suficientemente bons. Simplesmente podemos, pelo menos, impedir que elas bloqueiem nossa comunhão com o outro em Espírito.

Morte do Terapeuta, Morte do Cliente

Porém essa morte do terapeuta pode parecer uma meta muito difícil. De fato, parece que é demais pedir a alguém que confie, desista do controle, enfrente a aniquilação, renuncie ao mundo conhecido e se abra para o que quer que possa surgir. *Mas é exatamente a isso que a psicoterapia convida nossos clientes!* A terapia não respalda os clientes na morte para a experiência penosa ou insatisfatória do self e do mundo para que possa surgir outra? E, na verdade, não é encontrar um meio de administrar essa transição *o* problema com que os clientes lutam? Como poderíamos então exigir de nós mesmos algo menos que isso?

É claro que, nessa morte, nada de real se perde, seja para o cliente ou para o terapeuta. A única coisa que se perde é a ilusão da separação, função da influência da orientação de sobrevivência sobre ambos. Na verdade, o terapeuta e o cliente são imagens da mesma fonte: o Self. E, assim, estão em profunda união um com o outro e com o mundo. O analista junguiano e pensador transpessoal Bryan Wittine descreve essa dinâmica essencial como postulado básico da psicoterapia transpessoal:

Mais que qualquer outra coisa, nossos clientes precisam ser vistos e sentidos como o Self que verdadeiramente são, que não é diferente do verdadeiro Self que nós somos. A meu ver, através desse reconhecimento da verdadeira identidade do cliente e da nossa verdadeira identidade, adotamos uma visão mais ampla de quem o cliente é e do que ele é capaz. Se tivermos um arcabouço amplo para amparar o cliente, ele terá auxílio para desistir de algumas das prejudiciais e egoicas convicções e conceitos de mundo e de self que estão por trás de seus interesses presentes e perenes e para ampliar seu senso de identidade. O reconhecimento da verdadeira natureza, da luz interior e da beleza, criatividade, força e dignidade do cliente, com olhos que aceitam, valorizam e amam incondicionalmente — enfim, de tudo aquilo que Assagioli afirma serem atributos do Self — constitui o coração da cura na psicoterapia transpessoal (Wittine, 1993, p. 169).

Embora o terapeuta e o cliente possam consumar essa união no Self em graus variáveis, é tarefa do terapeuta consumá-la sistematicamente. Nas palavras de outro perceptivo autor transpessoal, Brant Cortright, "São a intenção e a aspiração espiritual do terapeuta que mais contam, o trabalho interior ativo de buscar o contato em um nível mais profundo do Ser que apenas o nível da personalidade" (Cortright, 1997, p. 57). Vimos essa intenção e essa aspiração antes no trabalho de Philip e Claire, que morreram para seus mundos a fim de amar seus clientes, permitindo que Cindy e Robert morressem para seus mundos e renascessem em novos mundos.

Se os terapeutas não conseguirem morrer para seus mundos e consumar essa união (em outras palavras, se não conseguirem expressar empatia espiritual), é pequena a chance de que os clientes consigam morrer para seus mundos. Quando essa união subjacente constitui a base dos próprios terapeutas, os clientes podem encontrar seu próprio caminho para ela do modo que mais lhes convier.

O RENASCIMENTO DO TERAPEUTA

Como vimos, essa união com o cliente não envolve a fusão do terapeuta com o cliente nem requer que ele presuma as sensações, sentimentos ou pensamentos do cliente. Os terapeutas Philip e Claire não esqueceram a própria experiência nem assumiram a experiência dos clientes. Mais uma vez, Rogers vai direto ao ponto:

A vivência com o cliente, o sentir suas atitudes, não se dá em termos de identificação emocional por parte do terapeuta, mas sim de uma identificação empática, na qual o terapeuta percebe os ódios, as esperanças e os medos do cliente por meio da imersão em um processo empático, *mas sem que ele, como terapeuta, vivencie esses ódios, esperanças e medos* (Rogers, 1951, p. 29, itálico nosso).

> *A verdadeira solução só pode ser um "renascimento", ou seja, entrar numa identificação nova e mais ampla.*
> – ROBERTO ASSAGIOLI

Como diz Rogers, não se trata de uma "identificação emocional", mas sim de uma "identificação empática". A teoria da psicossíntese pode ajudar a explicar essa distinção: a identificação emocional é uma união entre terapeuta e cliente que se baseia no fato de o terapeuta compartilhar da mesma experiência emocional que o cliente. Nela não há lugar para experiências do terapeuta que sejam diferentes das do cliente, de modo que a individualidade do terapeuta está comprometida. O imperativo da identificação emocional também pode pressionar o terapeuta a esforçar-se interiormente para conjurar a mesma experiência do cliente, tarefa que bem pode desviá-lo de atentar plenamente para o cliente e causar uma ruptura empática.

Porém, a psicossíntese argumentaria que a identificação empática, ou empatia espiritual, não se baseia na união durante a experiência, mas sim na união em Espírito, na percepção de que terapeuta e cliente compartilham da mesma fonte espiritual, o Self. Por ser uma união que existe além (embora dentro) da sensação, sentimento ou pensamento, ela não exige que se compartilhe da mesma experiência. Ao morrer para seu mundo, o terapeuta não se perde, se encontra: ele renasce para a união subjacente que inclui tanto o cliente *quanto ele mesmo*. Rogers se expressa dessa maneira: "Os dois selves de algum modo se tornaram um, embora continuem sendo dois" (Rogers, 1951, p. 38).

Portanto, embora permita ao terapeuta reunir-se intimamente ao cliente no mundo deste, essa união não exige ao terapeuta uma experiência idêntica desse mundo. Consumando essa união em Espírito, o terapeuta mantém a posse de sua experiência individual, mas essa experiência agora é a do mundo do *cliente*; o terapeuta continua ativo e responsivo, mas agora no mundo do *cliente*. Arthur Bohart e Karen Tallman falam disso:

> As reações e respostas do terapeuta podem estar em harmonia com o estado experiencial do cliente, mas não ser idênticas a esse estado, isto é, as reações do terapeuta se alinham com a trilha de sentido que o cliente está seguindo ou são paralelas a ela. Além disso, elas podem ampliar empaticamente aquilo que o cliente disse. As reações e respostas do terapeuta podem complementar, acompanhar ou propor implicações ao sistema de referência do cliente. Essas respostas não precisam ser simples paráfrases ou resumos do que o cliente disse. Em vez disso, elas podem refletir a perspectiva do próprio ouvinte, contanto que incluam o ponto de vista do outro e se coordenem com ele (Bohart e Tallman, 1997, p. 403).

Portanto, as respostas do terapeuta são dele, mas "se alinham com a trilha de sentido que o cliente está seguindo ou são paralelas a ela" e "inclu[e]m o ponto de vista do outro e se coorden[a]m com ele". A experiência do terapeuta continua sendo inteiramente dele, seja ela semelhante à do cliente ou não e, em nossos termos, a experiência do terapeuta é a do mundo do cliente. Vamos tornar esses conceitos mais práticos referindo-nos mais uma vez ao trabalho de Claire com Robert.

Claire no Mundo de Robert

Lembre-se que Claire morrera para seu mundo e renascera no de Robert, de maneira que suas respostas espontâneas estavam fundadas no mundo dele. A experiência que naturalmente surgira para ela não era tanto a do medo e a do desespero, suas respostas iniciais dentro de seu próprio mundo, quanto a do interesse, admiração e respeito que sentia à medida que assimilava o mundo de Robert. Essas foram as respostas *dela* ao mundo *dele*. Além disso, depois que entram no mundo do cliente, os terapeutas se tornam mais capazes de ter respostas pessoais que estejam em sintonia com o cliente e descobrem que seus conhecimentos profissionais também ficam disponíveis de uma forma sintonizada. O fascínio de Claire pelo mundo de Robert a levou naturalmente a usar técnicas terapêuticas — diálogo interior, visualização, expressão criadora e caixa de areia — como meios de auxiliá-lo na exploração que *ele próprio* queria fazer.[3]

Se Claire tivesse intervindo com as mesmas técnicas em reação ao medo e ao desespero que inicialmente sentira, o cliente teria se sentido em algum nível objetificado, transformado numa ferramenta com a qual Claire estava buscando acalmar os próprios sentimentos, configurando um fracasso da empatia, um fracasso do amor. Mas não, as técnicas surgiram do próprio mundo de sentido do cliente e poderiam ter sido empregadas por ele mesmo, se as conhecesse. Ela colocou sua experiência profissional a serviço de Robert, apoiando o interesse dele e auxiliando a jornada dele.

> *Não concordamos inteiramente com ele em sua abordagem puramente não diretiva, pois achamos que as técnicas ativas são necessárias.*
> – ROBERTO ASSAGIOLI

Portanto, observe mais uma vez que Claire não estava sendo passiva, não estava cerceando a própria individualidade e iniciativa nem estava agindo a partir de seu próprio mundo. Antes de mais nada, ela estava se certificando de estar centrada no mundo de Robert e, com essa base, suas respostas espontâneas pessoais e profissionais entraram naturalmente em sintonia com Robert. Tais respostas empáticas fluem diretamente pelo fato de ela estar dentro do mundo do outro e são vivenciadas por ambos como naturalmente provenientes desse mundo.

De tudo isso, decorre que o terapeuta precisa ouvir atentamente os clientes para entender como eles vivenciam seu mundo e, assim, estar prontos quando for preciso. Essa dependência da visão experiencial do cliente coloca em jogo outra atitude que é fundamental para o amor altruísta e a empatia espiritual: *a curiosidade empática*.

CURIOSIDADE EMPÁTICA, A ARTE DE NÃO SABER

Ao contrário de outras formas de empatia, a empatia espiritual não implica nenhum tipo de conhecimento direto, intuitivo, do mundo interior do cliente. A empatia espiritual não consiste principalmente em saber o que está acontecendo no mundo interior do outro; *ela consiste em conhecer quem vive nesse mundo*. O fato de o terapeuta saber intuitivamente que há raiva, desespero ou alegria no mundo interior do cliente, por exemplo, é secundário diante do interesse inabalável pela *pessoa* e pela experiência que possa surgir no momento para a *pessoa*.

Outra maneira de dizer isso é afirmar que a empatia espiritual consiste mais em *não* saber que em saber. Desistimos de nosso saber, de nossas ideias e percepções, de nossos palpites e intuições — morremos — para conhecer o outro. Costuma-se exigir esse desapego ao saber de todos os que buscam um caminho espiritual, seja por meio da ideia zen da "mente de iniciante" (Suzuki, 1970) ou da "nuvem da ignorância" cristã (Anônimo, 1973). Daniel Stern aborda essa ignorância do ponto de vista clínico:

> O terapeuta não pode saber exatamente o que o paciente vai dizer em seguida e menos ainda o que vai fazer em seguida enquanto ele não o disser ou fizer. E o mesmo vale para o paciente. Mesmo quando sabe de antemão que logo o paciente vai ter de falar sobre um determinado assunto, o terapeuta não pode saber quando esse assunto virá à baila nem a forma

exata que assumirá. Muitas vezes, o tema em questão é bem conhecido. Mas, mesmo assim, não se sabe o que vai acontecer em seguida. (*Se o terapeuta achar que sabe, estará tratando uma teoria, e não uma pessoa.*) Por esse motivo, a psicoterapia (quando vivenciada de dentro) é também um processo muito "desorganizado" (Stern, 2004, p. 156, itálico nosso).

Morrendo para nosso saber, somos forçados a voltar-nos para o outro e a escutar atentamente com todo o nosso ser. Se quisermos conhecer o mundo de nossos clientes, devemos estar sumamente interessados neles, atentos a eles ou, como diria o terapeuta gestaltista Erv Polster (1987), "fascinados" por eles.[4]

> *Deixar-se impregnar por um absorvente interesse humano pela pessoa...*
> – ROBERTO ASSAGIOLI

Entretanto, essa não é uma simples curiosidade, mas sim curiosidade *empática* ou, mais precisamente, *curiosidade espiritualmente empática.* Como a atenção do terapeuta, essa curiosidade empática se volta para o cliente e não deriva para outras questões. Por exemplo, Philip, o terapeuta do primeiro caso, poderia ter ficado curioso a respeito da experiência somática de Cindy (coração disparado), da cognição negativa ("Vou ser reprovada") ou do arcabouço da experiência ("Como se fosse o fim do mundo"). Do mesmo modo, Claire poderia ter ficado curiosa a respeito de todas as coisas boas que Robert estava desconsiderando em sua vida ou das origens de sua desesperança na infância. Mas esses são exemplos de curiosidade autocentrada; eles provêm do mundo do terapeuta e, por isso, não levam em conta a outra pessoa.

Empatia pela Consciência e pela Vontade

Para ser empaticamente curiosos, ficamos curiosos em saber como o outro está vivenciando seu mundo (consciência) e aonde, nele, o outro deseja ir (vontade). Nosso interesse é então guiado pelos sentidos e opções do cliente, e não por nosso próprio desejo de informação. Esse foco pode fortalecer o outro para expandir a própria consciência de seu mundo e para explorar possíveis opções dentro dele, como quando Philip perguntou: "Como você *gostaria* de ser para enfrentar suas provas?" e quando Claire perguntou: "Você poderia falar mais sobre a desesperança?" Eis aqui mais um exemplo de curiosidade empática:

Quando chegou para a sessão, meu cliente se desculpou por estar alguns minutos atrasado, pois tivera dificuldade em encontrar um lugar para estacionar e, a propósito, estava animado porque havia comprado um carro novo. Ele se sentou e continuou falando sobre o tal carro. Fiquei um tanto interessado e lhe fiz mais perguntas a respeito.

Mas, enquanto falávamos sem parar sobre o carro, eu me perguntava quando iríamos voltar à terapia. Toda aquela conversa era tangencial, não era? Era puro acaso estarmos falando do carro. Não podíamos passar o tempo todo falando nele! Será que estou desperdiçando o dinheiro dele? Será que ele está evitando alguma coisa? Qual é meu dever aqui?

Mas percebi que todos esses pensamentos eram distrações, que me afastavam do meu cliente como ser humano. Abandonei-os todos e me permiti estar com nossa conversa. Deixei-me prender no interesse dele pelo carro e nosso papo foi ficando mais profundo.

Ele comentou circunstancialmente que estava se sentindo constrangido por ter gastado tanto num carro — a família iria pensar que era uma condescendência egoísta — mas, com um carro tão bem-feito, era a primeira vez, desde que se tornara um deficiente físico, que ele se sentia seguro o bastante para dirigir sozinho, inclusive à noite. Sentia que esse carro não quebraria fácil como o velho e, por isso, estava saindo para encontrar os amigos, indo à praia, fazendo mil coisas. E estava até pensando em oferecer-se para trabalhar como voluntário no hospital durante a noite! Fiquei surpreso e feliz por ele.

Começando por uma conversa superficial fortuita, de algum modo havíamos chegado ao espelhamento de um maravilhoso passo em seu crescimento. Ele estava indo além da passividade desamparada que sentia desde seu acidente e estava se lançando com toda a força no mundo. Fiquei gratíssimo por não ter interrompido nossa conversa para fazer "terapia"!

Esse é o caso de um terapeuta que está empaticamente curioso, fascinado com a pessoa e o que ela está fazendo. Aqui podemos ver claramente a morte do terapeuta: ele desistiu das próprias preocupações e pensamentos, reunindo-se ao cliente no mundo deste. Assim, o espírito do cliente foi apoiado e enriquecido, e isso o levou a um compromisso mais profundo com sua jornada.

Curiosidade Empática e Desprendimento

Porém observe que, mesmo que a conversa anterior não tivesse se aprofundado como se aprofundou, o terapeuta fez seu trabalho ao permanecer com o cliente desse modo empático. Não ficamos curiosos para que o cliente fique mais profundo, curado ou qualquer outra coisa. Ficamos curiosos, atentos e fascinados porque o amamos. Você se interessa por quem ama só para que ele ou ela faça alguma coisa? Não. Isso não é ágape, amor incondicional nem empatia espiritual.

A curiosidade empática não é condicionada por objetivos. Se houver influência de algum objetivo, o fracasso da empatia é inevitável porque o cliente está sendo objetificado. Não ficamos empaticamente curiosos para que algo determinado aconteça. Estamos amando a pessoa, fascinados pelo outro e pela história que está se desenrolando. Isso basta. Sim, nossa teoria afirma que isso fortalece o sentido de "eu sou" do outro e, como tal, vai facilitar a jornada de realização do Self. Se isso for um objetivo, que assim seja. Mas é um objetivo sem nenhum fim concreto específico, nenhum apego a um determinado desfecho, nenhuma expectativa de que, por isso, o cliente fique deste ou daquele jeito.

Portanto, como terapeutas, nós não somos especialistas que precisam entender tudo para então intervir e "curar" os clientes. Não, nós nos reunimos aos clientes no mistério de sua jornada, acrescentando nossa presen-

> *Uma característica distintiva do tratamento psicossintético é o uso sistemático de todas as técnicas psicológicas ativas existentes.*
> *– ROBERTO ASSAGIOLI*

ça à deles para que eles possam tornar-se cada vez mais conscientes e livres para encontrar o próprio caminho. A serviço dos clientes e não de nossos próprios problemas, nossa curiosidade se transforma numa poderosa força ativa da empatia espiritual.

Repetindo: a postura empática que surge da morte e renascimento do terapeuta não é uma diminuição da individualidade do terapeuta, não é uma postura passiva diante do cliente, não é um abandono da técnica. Ela pode ser expressa ao longo de todo o *continuum* ativo/receptivo, direcional/não direcional, passando do silêncio e da escuta ativa a comentários e perguntas, a interpretações e técnicas, a aprendizagem e autorrevelação, a *feedback* direto. O que torna qualquer intervenção uma expressão da empatia espiritual não é seu lugar nesse *continuum*, mas sim seu fundamento na experiência vivida pelo próprio cliente, em seu mundo e em sua jornada.

Quando Mundos Colidem

Você bem poderia estar pensando agora: "Essa morte para meu mundo e essa entrada no mundo do cliente estão muito bem, mas o que acontece se eu discordar do mundo do cliente?" Essa é uma pergunta importante que pode surgir em diferentes situações.

Uma delas, evidentemente, é quando o terapeuta simplesmente não pode, por qualquer que seja o motivo, morrer para o próprio mundo para entrar no mundo do cliente. Pode ser que o mundo do cliente seja demasiado alheio (pela cultura ou pelo comportamento), demasiado intimidador (por ser violento ou confuso, por exemplo) ou entre em conflito com algum valor muito caro ao terapeuta (preconceito ou tortura, por exemplo). É certo que, nesses casos, os terapeutas podem precisar trabalhar as próprias reações para consumar sua conexão empática com o cliente. Por outro lado, os terapeutas também devem ficar à vontade para encaminhar tais clientes; é importante que eles conheçam seus limites e os respeitem sem sentir vergonha por isso, para seu próprio bem e para o dos clientes.

Outra situação pode surgir quando os desejos ou o comportamento do cliente divergem da necessidade do terapeuta de manter um ambiente sustentável e propício ao seu trabalho, que lhe permita atuar como centro unificador autêntico. Há momentos em que os clientes, agindo com base em seus próprios sistemas de referência, podem querer transgredir os limites desse espaço definido.

Aqui é fundamental que, desde o início da terapia, o terapeuta comunique esses limites ao cliente: remuneração, horário, política de cancelamento, parâmetros de confidencialidade, código de ética e eventuais objetivos institucionais. Isso é descrever o receptáculo, ou ponto de confluência, em que o terapeuta — e, portanto, o cliente — decide trabalhar. A concordância quanto a esses limites funciona como uma ponte entre os dois mundos, que idealmente permite que os terapeutas estejam com os clientes quando encontrarem tais limites no decorrer da terapia.

Sem essa concordância, a terapia pode degenerar em opressão do cliente pelo terapeuta. Mas *com* essa concordância, há oportunidade de ambos enfrentarem juntos os limites do receptáculo terapêutico. Mesmo que precise manter esses limites, o terapeuta pode entrar no mundo do cliente e estar lá enquanto este explora suas reações pessoais a eles.

Essa aliança entre terapeuta e cliente é especialmente benéfica quando o cliente está compulsoriamente em terapia, por exigência de um tribunal, pai, professor ou cônjuge, por exemplo. Desde que não se identifique com o objetivo compulsório, o terapeuta poderá, com a anuência do cliente, reunir-se a este enquanto ele assimila esse objetivo: "Pelo que entendi, você está aqui porque querem que você mude de comportamento; sendo assim, há alguma coisa que você queira obter em nosso tempo juntos?" Nos melhores casos, terapeuta e cliente podem afastar-se dos aspectos obrigatórios e potencialmente coercivos da relação e ver o que querem fazer juntos, consumando uma conexão empática que seja transcendente-imanente em relação à situação.

UNIÃO NO SELF

Para encerrar este capítulo sobre a morte para o próprio mundo e a consumação da união com outra pessoa, paremos um instante para analisar essa união em si, chamada por Assagioli de "unidade mística" entre terapeuta e cliente (Kretschmer, 2000, p. 276). Poderíamos perguntar como é possível que ocorra uma união "não dual" tão íntima entre duas pessoas que, apesar disso, preserva e respeita a individualidade de ambas. Qual a natureza desse "nós" que vai além dos sentidos de "eu sou" (apesar de os incluir) que estão em comunhão?

Como já dissemos, a união íntima entre "eu" e "eu" na empatia espiritual não pode se fundamentar em conteúdos de personalidade, isto é, não pode se basear em características físicas semelhantes, tendências emocionais afins nem convicções intelectuais comuns. Embora certamente possa haver experiências compartilhadas em diferentes momentos, condicionar uma relação a ter as mesmas experiências seria uma tentativa de fusão, uma mistura que eclipsa a individualidade das pessoas em questão. Entretanto uma união em espírito, uma união transcendente-imanente ao conteúdo, pode se consumar a despeito de expressões físicas, reações emocionais e convicções intelectuais bem diferentes. Em resumo, essa é uma união na Fonte do Ser chamada Self que compartilhamos. Nas palavras de Assagioli:

De fato, o indivíduo isolado não existe; toda e qualquer pessoa tem relações íntimas com outros indivíduos, o que os torna todos interdependentes. Além disso, todos e cada um deles estão incluídos e são parte integrante da Realidade espiritual supraindividual (Assagioli, 2013, pp. 44-5).

É sintomático que tanto Alfred Adler, um dos primeiros pensadores da psicanálise, quanto o psicólogo humanista Carl Rogers considerassem que o encontro humano autêntico estivesse relacionado a uma conexão transpessoal, uma sensação de algo maior que incluísse as duas pessoas. Assim diz Adler:

A empatia ocorre no momento em que um ser humano fala com outro. É impossível entender outro indivíduo se, ao mesmo tempo, a identificação com ele for impossível... Se buscarmos a origem dessa capacidade de agir e sentir como se fôssemos outra pessoa, nós poderemos encontrá-la na existência de um sentimento social inato. Ele é, na verdade, um sentimento cósmico e um reflexo da inter-relação de todo o cosmos que vive em nós; ele é uma característica inescapável do ser humano (Adler, 1957, pp. 59, 61).

Esse "sentimento cósmico" e essa sensação de "inter-relação de todo o cosmos" é claramente uma referência ao que Assagioli chamaria de Self, a fonte mais profunda de nossa conexão com os outros e com o cosmos. Estas palavras de Rogers apontam justamente na mesma direção:

quando posso relaxar e ficar perto do meu âmago transcendental, [...] meu espírito interior buscou e tocou o espírito interior do outro. Nossa relação transcende a si mesma e se torna parte de algo maior. Nisso estão presentes crescimento, cura e energia profundos (Rogers, 1980, p. 129).

Com "espírito interior" tocando "espírito interior", e Rogers descreve com precisão a comunhão entre eu e eu na terapia da psicossíntese. E também aponta para "algo maior" que inclui terapeuta e cliente: nos termos da psicossíntese, o Self. Tanto Adler quanto Rogers e Assagioli apontam uma realidade transpessoal, espiritual, por trás da dinâmica da empatia humana.[5]

Aqui um ponto sutil, porém crucial, é que essa conexão entre "eu" e "eu" no Self *sempre* existe. Ela é quem nós somos no nível mais profundo. A morte da ilusão de separação leva à percepção de nossa "identidade essencial com nossos irmãos [e irmãs] na condição humana" (Assagioli, 1973b, p. 94). Portanto, essa não é uma conexão que precisamos estabelecer nem lutar para atingir; não é algo que de algum modo possamos criar. Ela simplesmente existe. Ela é nossa natureza essencial. Um fato.

A empatia espiritual, o amor altruísta, é simplesmente a *percepção* de algo que já existe. Como veremos posteriormente, é bem verdade que há trabalho a fazer para remover os obstáculos a essa certeza, mas isso é muito diferente de pensar que estamos criando essa realidade por meio de nossos esforços.

Em suma, a expressão do amor altruísta como empatia espiritual exige que nós, terapeutas, morramos para nosso mundo, renasçamos para o mundo do cliente, possibilitemos o fluir da curiosidade empática e reajamos a partir do sistema de referência do cliente. É isso? É só isso? Não exatamente.

Há outra dinâmica criada pela empatia espiritual que é importante tanto pela força terapêutica quanto pelos potenciais desafios. É o que podemos chamar de *ressonância empática*, um importante efeito do estabelecimento da estreita comunhão da empatia espiritual na terapia ou mesmo em qualquer relação íntima.

Capítulo Cinco

Ressonância empática

> Essa empatia é possibilitada pelo fato de a unidade essencial da
> natureza humana existir por trás e a despeito de todas as
> diversidades individuais e grupais.
>
> — ROBERTO ASSAGIOLI

Na medida em que morre para seu mundo, o terapeuta consuma uma profunda união com o cliente no Self, ou seja, ele está "em amor altruísta" ou "em ágape" com o cliente. A expressão desse amor em empatia espiritual então permite ao terapeuta atuar como centro unificador autêntico, "um elo [...] mas verdadeiro, um ponto de conexão entre o homem pessoal e o seu Eu superior" (Assagioli, 2013, p. 39). Para usar uma analogia, o terapeuta está revitalizando um canal que leva à Fonte do ser do cliente, de modo que naturalmente esse ser desabrocha, floresce, aflora. Em outras palavras, a empatia espiritual "rega a semente" do sentido de "eu sou" do cliente.

Esse fortalecimento do "eu", por sua vez, traz para o cliente a possibilidade de desidentificação de padrões limitadores crônicos — essa é sua própria morte — e de abertura para sua experiência interior, uma expansão de sua faixa experiencial e um maior potencial para seguir seus próprios sentidos na terapia e na vida.[1] Amparada no amor, a pessoa pode tornar-se menos defensiva e mais aberta, de maneira que todas as partes da personalidade ficam mais livres para aflorar, todas as experiências podem surgir cada vez mais. Em outras palavras, o afloramento do sentido de "eu sou" aumenta o amor e a empatia do cliente por si mesmo, sua capacidade de comprometer-se sem se deixar subjugar pelas várias correntes de sua experiência (consulte "Amparados no ser transcendente-imanente" no Capítulo 2).

A RELAÇÃO EMPÁTICA

Então, numa relação espiritualmente empática, a pessoa é convidada a uma abertura para os muitos aspectos diversos de si mesma. Um exemplo instrutivo desse tipo de intimidade empática ocorre quando você está ao lado de um amigo em quem confie. Quando estão juntos, vocês deixam as defesas de lado e se abrem para a experiência que surge, para todas as muitas camadas e "idades" diversas de vocês; nessa relação ambos têm liberdade para expressar alegria e tristeza, esperanças e temores, percepções e idiossincrasias, e o que surge entre os dois costuma ser surpreendente, criativo e vital.

Portanto, observe mais uma vez que a empatia espiritual não implica necessariamente que a linguagem corporal de um reflita a do outro, que um sinta o que o outro está sentindo nem que um pense o que o outro está pensando. Em vez disso, a abertura dessa relação empática permite uma interação e uma ressonância mútuas entre todos os vários aspectos, expressões e níveis de ambos, sejam estes semelhantes ou diferentes.

Ressonância Empática

As possibilidades desses muitos tipos de interações e ressonâncias relacionais no âmbito da relação empática são praticamente infinitas. A dinâmica central é que a complexa diversidade de ambas as partes é bem recebida pela empatia que flui na relação, o que acarreta uma interação extremamente rica e criativa. Essa ressonância entre os muitos diferentes aspectos e níveis de nós mesmos, ou *ressonância empática* (Firman e Gila, 1997; Firman e Russell, 1994), é ilustrada na Figura 5.1.[2]

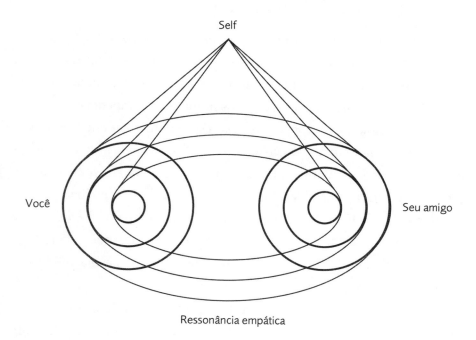

Figura 5.1

Nela, representam-se os vários níveis psicológicos de uma pessoa — os "anéis" do modelo de desenvolvimento que vimos no Capítulo 2 — em ressonância com os níveis da outra pessoa enquanto ambas estão amparadas no interior do campo empático. O tempo todo, o Self, a fonte suprema da união entre elas, permanece transcendente-imanente na relação.[3]

Essa interação mútua é como uma dança na qual cada um escuta a música do Self, mas reage a ela de modos individuais. Aqui a dança tem uma plenitude, uma unidade que, apesar disso, inclui a participação íntima de individualidades. Essa relação empática é uma dança de proximidade e distância, de união e separação, daquilo que se pode chamar de *confluência* e *complementaridade*.[4]

Confluência e Complementaridade

Essa interação ou dança da relação empática é confluente quando, por exemplo, seu cliente expressa esperanças e temores infantis que você também sente; há um espelhamento recíproco de reação, uma *confluência* entre você e o cliente. Nesse caso, os mundos do terapeuta e do cliente estão em uníssono, uma "dança" ou expressão individual reflete a outra.

Por outro lado, pode haver uma ressonância *complementar* se as esperanças e temores infantis do cliente desencadearem em você uma reação parental tranquilizadora e carinhosa. Nesse caso, você não sente o mesmo que o cliente está sentindo, mas sim *reage* empaticamente ao que o cliente está sentindo. Aqui, embora a dança de terapeuta e cliente pareça bem diferente, todos os dois estão reagindo à mesma música: o senso de sentido e orientação do cliente.

Além disso, do ponto de vista do diagrama oval da pessoa (Capítulo 1), essa interação e ressonância podem incluir tanto o inconsciente superior quanto o inconsciente inferior. À medida que você e seu cliente se abrirem para seus altos e baixos, esses altos e baixos também entrarão em ressonância uns com os outros. Aqui também as ressonâncias podem ser confluentes (como quando as percepções espirituais ou criativas do cliente estimulam as suas ou quando a súbita ansiedade da infância do cliente desperta a sua) ou complementares (como quando o desespero do cliente por ter sofrido abuso na infância deflagra em você ternura para com o cliente ou raiva diante dos molestadores). Todas essas reações podem ser expressões de empatia espiritual decorrentes de uma sintonia entre "eu" e "eu" no Self.

Limites Pessoais

A entrada em ressonância empática pode trazer consigo a questão dos limites: "Até onde devo ir nesse sentir com o outro?", "Estou entrando em fusão?", "Qual a distância que devo manter?"

Na empatia espiritual, as respostas a todas essas perguntas dependem de uma consulta à fonte suprema do campo amoroso e empático, o Self. É preciso lembrar que já estamos essencialmente em união. Portanto, de certo modo, a questão dos limites já está resolvida. Por meio de nossa conexão com a mesma Fonte em amor altruísta, estamos em completa união e, ao mesmo tempo, nosso senso de individualidade e volição pessoal surge exatamente dessa união.

Portanto, não há *a priori* nenhuma resposta certa ou errada quanto ao grau de confluência ou complementaridade que você deve ter com seu cliente. Talvez lhe seja exigida proximidade, até mesmo uma fusão de reações, ou objetividade, até distância. Nas sessões com seu cliente, uma dança se evidenciará numa alternância de respostas confluentes e complementares, conforme a necessidade. Num momento, você pode sentir tanta sintonia com o cliente que de fato se perca por um instante, enredado na experiência dele: confluência. No momento seguinte, talvez você descubra em si sentimentos, pensamentos e percepções em reação à experiência do cliente: complementaridade.

É possível também que você perceba o afloramento de suas próprias necessidades: quando quer um esclarecimento sobre o que está sendo dito, deseja um pouco de silêncio para refletir ou precisa cuidar de seu próprio conforto físico, por exemplo. Os limites entre você e o outro são fluidos. Em vez de um modo de ser imposto, rígido e artificial, existe uma abertura confiante para a dança espontânea da relação.

Assim, os limites são função de sua relação com o Self, com seu senso de confiança e amor na relação, de sua noção do que precisa ser no momento. Talvez você deva escutar e "guardar espaço", mas talvez deva compartilhar uma reflexão, relatar sua confusão, propor uma técnica ou dar informações. Tudo depende do convite que lhe fizerem o amor e a verdade da relação.

Como Explorar a Faixa Experiencial Relacional

Porém, como terapeutas, podemos perguntar-nos se somos capazes de transitar livremente por toda a faixa de experiência a que somos convidados nas relações empáticas, da confluência à complementaridade. Antes de qualquer outra coisa, sinto-me à vontade "morrendo para o self" a ponto de transferir a decisão sobre minha posição momento a momento nessa faixa para meu mais profundo senso de verdade, o Self? Lembre-se: o ágape é um amor desprendido, não possessivo, incondicional. Tenho confiança suficiente para render-me a isso ou pressinto algum temor de perder o controle, de sentir-me desajeitado ou de enfrentar o desconhecido, por exemplo? Nesse caso, talvez precise trabalhar com meu próprio terapeuta a questão de um padrão de controle compulsivo, um apego defensivo a um profissionalismo rígido ou a dependência excessiva do protocolo e da técnica. Qualquer trabalho psicológico desse tipo nos ajudará muito, como terapeutas, com a "questão dos limites".

E também podemos analisar a faixa que vai da confluência à complementaridade encontrada em relações pessoais íntimas. A confluência me deixa à vontade ou me desperta o medo de me perder, por exemplo? Ou, pelo contrário, fico à vontade quando ajo a partir de minha própria perspectiva ou isso me desperta medos infantis de conflito e rejeição? A análise de padrões ligados à confluência e à complementaridade para investigar se existem convicções habituais, atitudes crônicas e feridas da infância associados a elas pode representar uma liberação de nossa capacidade de reagir à mutável dinâmica da relação empática. Essa seria outra reação criativa à "questão dos limites".

Porém, também aqui, a questão dos limites é resolvida no nível mais essencial: a Base do Ser, o Self. Nesse nível somos completamente um só, não duais. Estamos em ágape e, ao mesmo tempo, nosso senso de eficiência e integridade pessoal surge diretamente dessa profunda união amorosa. Lembre-se, este é um dos princípios fundamentais de qualquer psicologia do amor: não é que a individualidade pessoal esteja em risco na união do amor altruísta; a individualidade pessoal provém dessa união e nela se respalda.

O AFLORAMENTO DA FERIDA PRIMAL

Portanto, na ressonância empática há uma relação, uma sensação de afinidade, uma sintonia — um amor — entre terapeuta e cliente cuja profundidade atinge muitos níveis. Entretanto, como as camadas interiores da personalidade contêm feridas primais de ambientes não empáticos anteriores, não deve causar nenhuma surpresa o fato de a ressonância empática, com toda a sua proximidade e intimidade, provocar o afloramento de feridas do passado que persistem, ocultas e ativas, no presente.[5] Embora represente uma oportunidade de cura e crescimento, talvez esse afloramento represente também surpresa e desafio para todos os envolvidos:

O cliente começou dizendo que sua vida era um desastre. Estava para ser demitido do seu emprego e havia rompido com a namorada. Angustiado, declarou que jamais se sentira tão mal na vida e perguntou o que deveria fazer.

Enquanto ele olhava para mim, sentindo-me na berlinda, perguntei precipitadamente: "Como se sente diante disso tudo?" Com muita raiva, ele respondeu prontamente: "Como você *acha* que estou me sentindo? &%@$#, estou me sentindo péssimo! Não estava me ouvindo, não?!" Fiquei magoada e irritada com essa reação. Só fiz lhe perguntar como se sentia, certo? Isso não era estar com ele?

Mas sabia que não o havia atendido e precisava voltar a ele. Pedi-lhe desculpas, disse que por um instante ficara confusa com tudo aquilo que lhe acontecera. Disse-lhe que queria, sim, estar presente com ele e que estava ali para ir aonde ele quisesse. Ele agradeceu-me por ouvi-lo e disse que queria explorar a reação raivosa à minha pergunta. Graças a Deus, nossa aliança terapêutica estava mantida.

Enquanto explorava a raiva, ele se apercebeu de uma sensação subjacente de subjugação. Aprofundando a exploração, ele descobriu um aspecto da relação com a mãe no qual se sentia abandonado a eventos avassaladores: exatamente o que havia sentido em minha primeira reação a ele!

Depois, na minha supervisão, percebi que quando meu cliente começou a falar sobre todas aquelas dificuldades, eu ficara ansiosa. Discutimos a "identificação projetiva", é claro. Mas, para que houvesse toda essa ressonância ao problema, era preciso que eu também tivesse esse problema em mim. Inconscientemente sentira que precisava ajudá-lo de algum modo e, ao mesmo tempo, duvidava de minha capacidade para fazer isso. Fiquei com medo de não conseguir. Em minha própria terapia, depois encontrei as origens dessas sensações em meu medo de decepcionar meu pai para que ele não me visse como uma fracassada.

Portanto minha intervenção ("Como se sente diante disso tudo?") não se referia nem um pouco a ele. Ela se referia a mim mesma. Na verdade, essa minha intervenção "inocente" e "terapêutica" queria dizer mais ou menos isto: "Ai, meu Deus, o que é que eu vou fazer agora? Depressa, diga alguma coisa que mostre que você sabe lidar com isso!"

Bem no fundo, num nível com o qual o cliente estava sintonizado que extrapolava minha capacidade de me sintonizar, eu estava evitando a sensação de inadequação e fracasso, tentando desesperadamente ser uma vencedora aos olhos de meu pai! O cliente estava absolutamente certo: eu não o estava escutando. Eu o estava abandonando numa situação avassaladora, do mesmo modo que fizera sua mãe. Aquilo me fez sentir muito mal, mas eu fiquei muito mais satisfeita em poder enxergar o que tinha acontecido.[6]

Nessa interação, a terapeuta acabou sustentando sua ressonância empática com o cliente e mantendo a consciência dessa conexão, em vez de se deixar levar pelas próprias reações. Por meio da manutenção dessa união eu-tu, o amor e a confiança permitiram a ambas as partes tratar da ferida que aflorara na experiência do cliente. Ninguém poderia ter planejado uma sessão assim. A verdade só veio à tona porque a relação empática se manteve e a "dança" desabrochou.

Observe bem nesse breve incidente a tarefa da terapeuta revelada. O desafio dela era manter a certeza da conexão empática, mesmo que a ressonância empática estivesse mobilizando suas desconfortáveis sensações de ansiedade, insegurança e medo de fracassar. Alguns autores de neurobiologia expressam isso da seguinte maneira: "Um terapeuta perde o pé em seu próprio mundo e deriva, de olhos abertos, para qualquer relação que o paciente tenha em mente, até mesmo uma conexão tão sombria que toque no que ele próprio tem de pior" (Lewis, Amini e Lannon, 2001, p. 178).

Essa ansiedade, insegurança e medo da terapeuta eram suas próprias feridas numa ressonância confluente com as feridas do cliente dentro do campo empático.[7] Essa *ressonância traumática* (Firman e Gila, 1997), ou *contratransferência traumática* (Herman, 1992), é ilustrada na Figura 5.2.

A figura mostra a ferida do cliente (ser abandonado pela mãe a eventos avassaladores) em ressonância com a ferida da terapeuta (a insegurança, a inadequação e o medo de fracassar que sentia na própria infância). Inicialmente, para fugir dos sentimentos difíceis, a terapeuta fez aquela intervenção apressada que causou a ruptura empática. A função do fracasso da empatia é bastante clara: ele interrompe a ressonância traumática e, assim, traz alívio aos sentimentos da terapeuta.

Como disse a terapeuta, sua intervenção era basicamente uma tentativa de evitar sentir a própria ferida. Na verdade, ela estava dizendo: "É melhor eu estar com você nisso, pois assim você saberá que estou presente e eu não vou me sentir uma medrosa, inadequada e fracassada!" Em outras palavras, aqui o cliente se tornou "isso", em vez de "tu": ele se tornou uma "coisa" que ela usaria para se sentir melhor. Por isso, a conexão empática foi rompida, o cliente sentiu essa ruptura e reagiu.

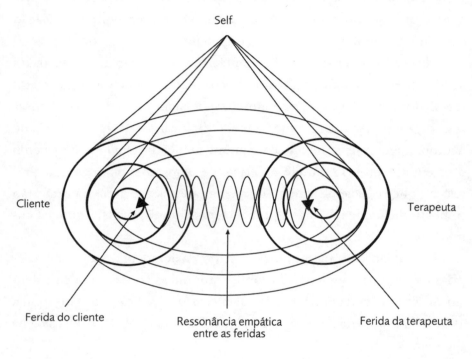

Figura 5.2

A Psicologia do Exterior

Observe que esse caso não é simplesmente uma "projeção" ou "transferência" do problema do cliente com a mãe na "tela em branco" da terapeuta, muito embora a ferida provocada por essa mãe fosse central nessa interação. Fazer uma interpretação dessas nesse momento ainda constituiria um fracasso da empatia porque deixaria de levar em conta a reação válida do cliente a impactos reais no presente.

Em vez disso, a forma empática de abordar uma situação assim tão deflagrada se baseia em dois entendimentos: (1) uma ferida foi imposta no aqui e agora por um fracasso real da empatia, por mais insignificante que esse fracasso possa parecer, e (2) a ferida em si muito provavelmente foi causada por um evento do passado. Se houver confiança e boa vontade suficientes na relação, esses entendimentos podem permitir a cliente e terapeuta processar o fracasso empático no aqui e agora e assimilar diretamente a ferida mobilizada. No exemplo, o cliente e a terapeuta passaram rapidamente pelo fracasso da empatia, levados pela relação de confiança que haviam construído com o tempo e, por isso, conseguiram chegar relativamente depressa à ferida vulnerável.

Se o cliente quisesse conhecer melhor a natureza da resposta "confusa" da terapeuta, ela teria que parar para refletir consigo mesma e descobrir o que, para ela, estava acontecendo. Isso não exigiria nenhum trabalho psicológico real com as reações da terapeuta no momento, mas sim uma análise breve e simples para dizer-lhe o que vira (caso de fato ela tivesse visto alguma coisa). Se a reação fosse em grande parte inconsciente, talvez não houvesse muito a relatar, mas pelo menos a terapeuta já poderia criar a hipótese de que aí deveria existir alguma coisa. A disposição da terapeuta em compartilhar o que achasse faria parte de seu reconhecimento da disrupção no campo empático e de sua manutenção da empatia com o cliente.

Assim, na terapia da psicossíntese, não presumimos que as reações negativas dos clientes derivam apenas de sua própria dinâmica particular interna, mas sim que elas são reações significativas a violações passadas e presentes impostas pelo mundo exterior. Tomando de empréstimo o termo descritivo da psiquiatra e especialista em abuso Lenore Terr (1990), poderíamos chamar esse foco no mundo exterior de "psicologia do exterior", um complemento à mais tradicional "psicologia do interior". Ou seja, embora os terapeutas lidem com feridas internas do cliente, essas feridas, assim como sua subsequente mobilização, são resultantes de impacts reais por parte do mundo exterior. Sem uma psicologia que abarque o interior e o exterior, elas permanecerão ocultas e abertas.[8]

A psicologia do exterior pode ampliar-se para significar que as reações negativas e positivas do cliente ao mundo mais amplo são levadas a sério na terapia. Por exemplo, ficar chateado com o comportamento do cônjuge ou com a crise ecológica, animar-se com um evento mundial em curso, enfurecer-se com o preconceito social generalizado ou encantar-se com os pássaros que cantam lá fora não devem ser considerados meros reflexos dos problemas do próprio cliente. Assagioli tinha certeza de que a psicossíntese individual incluía a receptividade ao meio mais amplo:

> Por sua vez, isso traz à tona os muitos problemas e tarefas psicossintéticos das relações interpessoais e da integração social (psicossíntese do homem e da mulher — do indivíduo com vários grupos — de grupos com grupos — de nações — de toda a humanidade) (Assagioli, 2013, p. 21).

Embora possa ser verdade que a intensidade de reação a tais acontecimentos externos seja função do mundo interior do cliente, as reações não podem ser *reduzidas* a esse mundo. Assim como a reação do cliente ao fracasso empático da terapeuta no exemplo anterior, as preocupações a respeito do mundo exterior precisam ser consideradas, por si sós, igualmente válidas. Na verdade, em tais casos os clientes podem estar atendendo a um apelo à ação em relação a questões interpessoais, sociais e globais mais amplas ao viver sua vida (veja os Capítulos 10 e 11). Portanto, a psicologia do exterior ajuda a vencer aquela criticada distância que separa a percepção psicoterapêutica da ação no mundo.[9]

Mobilizado pelo Positivo

Curiosamente, não são só as experiências penosas que podem mobilizar feridas ocultas no terapeuta. As experiências que envolvem energias como a alegria, o amor, a admiração ou o êxtase — qualidades transpessoais ou, nas palavras de Maslow, "cognições do ser" (veja o Capítulo 1) — também podem levá-lo a suas feridas. Por exemplo, o terapeuta pode reagir de modo não empático a um cliente animado com a perspectiva de iniciar um namoro, a um cliente maravilhado com um despertar religioso ou a um cliente que afetuosamente lhe manifesta seu apreço e gratidão.

Por que uma terapeuta reagiria negativamente em situações assim? Porque a relação amorosa do cliente a faz lembrar-se de como se sentiu arrasada quando perdeu o primeiro amor, momento que, por sua vez, evocou-lhe uma perda anterior: a do pai por abandono emocional. Outro terapeuta poderia se sentir constrangido diante de um despertar religioso porque ele o faz lembrar-se da infância, quando os pais usavam a religião e a ideia de Deus para controlá-lo. Um terceiro terapeuta poderia rejeitar o apreço e a gratidão do cliente por ter uma sensação inconsciente de que esses sentimentos estão em choque com a autoimagem negativa que ele secretamente guarda em si desde a infância.

Se entrarmos em atuação a partir dessas feridas, tenderemos a minimizar, subestimar ou até menosprezar a positividade de nossos clientes. Podemos ser levados a dizer, por exemplo: "Lembre-se que esse é o estágio da lua de mel do relacionamento", "Você está preocupado com a possibilidade de se deixar levar pela religião?" ou "Obrigado pela gratidão, mas não sou responsável pelos créditos; você foi quem fez tudo". No mínimo, daremos a nossos clientes simplesmente uma recepção fria e silenciosa quando eles relatarem essas experiências positivas, qualquer coisa que breque sua animação, entorpeça seu entusiasmo, arrefeça seu deslumbramento.

É claro que nós, terapeutas, podemos racionalizar todas as nossas reações não empáticas como se fossem protocolo terapêutico apropriado: estamos apenas confrontando as ilusões dos clientes, bancando o rígido "princípio da realidade" (Freud, 1968, p. 365) para os caprichos e fantasias infantis e regressivos dominados pelo "princípio do prazer"

(Freud, 1968, 365). E, afinal de contas, é nosso dever representar a *realidade* para os clientes, não é? Porém, observando melhor, veremos que essas nossas reações na verdade são meios de romper a conexão empática e evitar o mundo dos clientes. Por quê? Porque assim nos protegemos contra a vivência da ferida secreta que está ressoando no campo empático.[10]

Se nos mantivermos inconscientes dessas feridas que afloram, não seremos capazes de facilitar uma integração das qualidades transpessoais que existem nesses tipos de experiências. Conforme já discutido, os clientes então ficariam na posição de desenvolver uma personalidade de sobrevivência com a qual suportar a terapia, resistir à terapia ou, finalmente, encerrar a terapia. Mais uma vez, fica claro por que nós, como terapeutas, precisamos morrer para nosso próprio mundo para podermos amar nossos clientes em seu mundo.

Capítulo Seis

Amor, poder e ética

Agora o indivíduo enfrentará outra tarefa, desta vez mais sublime: a de disciplinar-se e escolher metas que sejam compatíveis com o bem-estar dos outros e com o bem comum da humanidade.

— Roberto Assagioli

Um tema que está por trás desses capítulos sobre empatia espiritual, morte/renascimento do terapeuta e ressonância empática é a questão do poder. Na consumação de uma conexão espiritual, na morte para o self, na administração de suas próprias ressonâncias, os terapeutas buscam colocar seu poder — sua vontade — a serviço de um indivíduo singular e de seu caminho para um desabrochar pleno. Os terapeutas põem seu treinamento e sua experiência a serviço do cliente, e não a serviço de suas próprias necessidades pessoais ou objetivos profissionais.[1] O amor altruísta exige poder altruísta.

Não é que o poder do terapeuta se torne inferior, nem mesmo igual, ao do cliente. Na verdade, é essencial que o terapeuta reconheça o desequilíbrio de poder inerente a seu papel de "auxiliar" designado diante do "necessitado".[2] Os terapeutas que fingem que seu poder é menor ou igual são capazes de ignorar a vulnerabilidade dos clientes e, então, transgredir a autonomia destes, ensejando assim o dilema entre ceder ou resistir discutido no capítulo anterior. Os usos inconscientes do poder levam à opressão inconsciente.

Por exemplo, quando se ignora o poder e o impacto do terapeuta pode-se inadvertidamente abrir a porta para o humor ferino, a curiosidade pessoal iníqua, os conselhos indesejados e as autorrevelações impróprias. Esse tipo de interação familiar, casual, trabalha contra o ambiente que possa propiciar *holding*, que possa respaldar a descoberta e a expressão da vontade do cliente e sua libertação. Por fim, essa falta de atenção ao desequilíbrio de poder pode fazer a relação de ágape e empatia espiritual descambar para outros tipos de amor, como amizade (*philia*), amor romântico (*eros*) e amor parental (*storge*). Essas contratransferências do amor às vezes são bem sutis e levam ao que se poderia chamar de micro-opressões:

Quando meu cliente disse que teria de cortar a terapia por razões financeiras, eu lhe disse: "Sem problemas, posso reduzir meus honorários." Mas depois percebi que agira depressa demais, sem lhe dar a chance de dizer o que sentia diante de toda a questão. Tudo bem, eu poderia mesmo cobrar-lhe menos, mas minha afeição por ele me fez deixar de vê-lo e de ajudá-lo a encontrar seu caminho.

Fiquei chateado comigo mesmo. Por que é que eu *tinha* de aconselhar minha cliente a ter mais cuidado com os homens quando ela já estava saindo? Por quê?! Como se ela fosse minha filha ou algo assim! Mas ela entendeu. Agradeceu e disse que, se algum dia quisesse aquele tipo de conselho, pediria. Eu me senti um idiota, preso a uma imagem dela, em vez de a ver como era, [...] e também a uma falsa imagem de mim mesmo, na verdade.

Sim, eu estou ouvindo isso agora. É quase como dar-lhe uma bofetada. Na hora, não parecia, mas é verdade, sim: sinto atração por ela. É um nojo me ouvir dizendo na fita: "Você deve atrair muitos olhares masculinos." Bastou apenas um segundo, [...] uma coisinha de nada, mínima, execrável!

Mas inofensiva? De modo algum. Aquele estilo mais que conhecido, aquele tom repugnante, como se *eu* fosse um dos caras que lhe lançavam olhares. Soou vulgar. Ela ficou constrangida.

O uso apropriado da vontade do terapeuta na terapia da psicossíntese é servir aos clientes e ao desenrolar de sua jornada por meio da empatia espiritual. Lembre-se que a formação da personalidade de sobrevivência se deve ao mau uso do poder; ela resulta da dominação de um ambiente não empático. Para sobreviver, a pessoa internaliza o centro unificador de sobrevivência e, assim, distorce ou renega dimensões significativas de si. A ferida primal — seja ela abuso ou negligência, ostensiva ou velada, bem-intencionada ou não — é um mau uso do poder por parte de alguém que tem poder sobre nós. Essa compreensão da ferida como opressão é bastante compatível com a teoria centrada no cliente, na qual Rogers propõe: "a aflição psicológica se baseia na opressão internalizada" (Proctor, 2002, p. 84).

É lógico, então, que exercer poder contra ou sobre os clientes só pode traumatizá-los novamente, repetindo justamente a dinâmica que os levou ao tratamento. Porém a empatia espiritual propicia o contexto para um uso ético da vontade do terapeuta; ela permite que esse poder seja colocado a serviço do cliente e não usado para oprimir mais, como ocorre quando os terapeutas se identificam com seus próprios objetivos, técnicas, diagnósticos e metas de tratamento.

O Amor como um Ato da Vontade

A empatia espiritual na verdade exige o pleno uso da vontade do terapeuta; ela requer intenção e escolha até o mais profundo recôndito da pessoa do terapeuta, um lugar que, em última análise, está além das armadilhas da *persona* profissional. É aí que o terapeuta pode empregar seu poder pessoal e sua autoridade profissional como uma força a favor da libertação, e não da opressão. Existem pelo menos quatro usos do poder do terapeuta que parecem importantes para a empatia espiritual.

1. *Criação de um lugar seguro.* O primeiro uso do poder do terapeuta foi mencionado em "Quando Mundos Colidem", no Capítulo 4. Aqui, os terapeutas reconhecem que, sem esse lugar seguro, não pode haver terapia. Ele pressupõe clareza no contrato de terapia, que inclui coisas como remuneração, local, horário e política de confidencialidade. Porém a segurança vai além: ela implica que a intimidade empática oferecida na relação repouse no firme conhecimento dos terapeutas de que essa relação não é, nem se espera que seja, nada a não ser terapêutica. Aqui, os terapeutas usam seu poder para resistir à tentação, ao impulso interior, de estabelecer outros tipos de relação, como amizade, amor romântico, negócios ou amor parental.[3]

Pode acontecer que, ao vivenciar a profundidade das relações com os clientes, os terapeutas comecem a presumir que essa profundidade seja função simplesmente de sua capacidade pessoal de rápida e facilmente criar intimidade, empatia e confiança, *esquecendo que essa profundidade é absolutamente dependente da segurança propiciada pelos limites definidos para a relação.* Pode ser difícil para o terapeuta aceitar que tem uma relação profundamente íntima com alguém e, ao mesmo tempo, não fazer parte da vida dessa pessoa (do mesmo modo, também pode ser difícil, para o terapeuta que tiver estabelecido um relacionamento social com o cliente, perceber que a profundidade empática se perdeu ou se perverteu).

Preservar os limites terapêuticos pode significar, por exemplo, entrar num processo de luto pela perda de um cliente quando ele for embora, aceitar a possibilidade de nunca mais ter notícias dele ou saber que jamais vai descobrir se algum dia ele se casou, teve um filho ou seguiu uma carreira. Não é tarefa sua. Portanto, o primeiro uso do poder do terapeuta é criar e preservar um espaço seguro e intocável (e, por isso mesmo, um tanto artificial) que permita a profundidade, o foco, a objetividade e a segurança que poucas outras relações podem oferecer.

2. *Poder vertical* (veja a conexão vertical entre "eu" e Self representada na Figura 4.1). O uso vertical do poder requer que você reconheça a fonte de seu amor empático, o Self, e com ela se alinhe. Embora não seja a fonte suprema desse amor, você é um canal dessa fonte, "um elo indireto, mas verdadeiro, um ponto de conexão entre o homem pessoal e o seu Eu superior" (Assagioli, 2013, p. 39). Outra maneira de dizer isso é que aqui você usa a vontade para ceder a seu próprio senso mais profundo de verdade e sentido, consumando assim sua comunhão com a Base do Ser.

Evidentemente, o paradoxo da rendição é que, ao render-se, você está apenas desistindo da ilusão de ser sua própria fonte, um indivíduo isolado autossustentável; você está apenas reconhecendo a comunhão com o Self e, portanto, com todos os seres. Por isso, nada de verdadeiro se perde nessa rendição. Muito pelo contrário, a verdadeira fonte da identidade pessoal autêntica (o "eu" que tem consciência e vontade) aflora quando a comunhão com o Self se consuma.

Na prática, o uso vertical do poder significa usar a vontade para alimentar a relação com seus próprios centros unificadores autênticos, seja no cultivo diário de sua prática espiritual, na oração feita antes de receber os clientes ou na mentalização de uma figura de sabedoria a seu lado durante as sessões. Independentemente de seu modo de fazer isso, você estará mantendo clara a sua conexão com o Self e impedindo a intromissão de "ídolos" ou "falsos deuses", sejam eles quais forem: seu supervisor, sua instituição, sua seguradora ou a própria sociedade. Embora possa respeitar as necessidades dessas autoridades, você ainda precisará render-se a sua verdade mais profunda, seus valores e sua consciência, e agir com base neles. E o fato é que, se não se render à comunhão com sua própria verdade, você geralmente acabará cedendo a outras autoridades.

> *De fato, o indivíduo isolado não existe; [...] todos e cada um deles estão incluídos e são parte integrante da Realidade espiritual supraindividual.*
> – ROBERTO ASSAGIOLI

A natureza abrangente desse uso do poder implica a exigência de opção por um estilo de vida. Não se trata de uma opção limitada aos confins da prática profissional, mas sim de uma opção que flui de uma vida na qual se busque caminhar com o Self em todos os momentos. Você não pode esperar consumar uma comunhão com o Self nas sessões se essa comunhão não tiver sido alimentada ao longo de seu dia, de sua semana, em todos os seus relacionamentos pessoais, profissionais e cívicos.

3. *Poder horizontal* (veja a conexão horizontal entre "eu" e "eu" representada na Figura 4.1). O uso horizontal do poder é análogo ao que Assagioli (1973b) chamou de "vontade de compreender" ou "intenção de compreender" o outro. Trata-se da opção por se deixar imbuir por "um absorvente interesse humano pela pessoa que se quer compreender. Ela implica abordá-la com solidariedade, respeito e admiração, como um 'tu', e assim estabelecer uma relação interior mais profunda" (p. 89). Como na comunhão com o Self, a ideia aqui é usar a vontade para manter desimpedido o canal entre você e seu cliente, dissipando ativamente as imagens, ou "ídolos", do outro que o impeçam de ver, entender e amar o outro.

Os mestres da área da transformação social definiram a opressão como: "**preconceito + poder = opressão**" (Quiñones

Rosado, 2007, p. 76). Como, por ser o terapeuta, você já tem mais poder, qualquer preconceito, expectativa, diagnóstico ou imagem que se interpuser entre você e seu cliente, sejam eles culturais ou clínicos, positivos ou negativos, ensejará opressão em algum nível.

Como ocorre com o segundo uso do poder, o poder horizontal não pode limitar-se à hora terapêutica; seu modo de manter o cliente no coração e na mente durante o dia influirá em seu modo de ser com o cliente. Você gosta de devanear com o momento em que finalmente dirá ao cliente "poucas e boas"? Você usa de sarcasmo ou condescendência para falar sobre o cliente com colegas? Você se permite fantasias sexuais com o cliente? Você permite que, a cada sessão, se acumulem em você imagens dos clientes que o impeçam de abordá-los com a maravilha e a admiração dignas de um mistério característico da vida? Todas essas imagens provêm de aspectos de *sua* experiência interior que podem impedi-lo de estar com seus clientes.

> *A mistura de motivações egoístas e altruístas é frequente.*
> – ROBERTO ASSAGIOLI

É claro que, em algum momento, a maioria de nós vai ter essas atitudes diante dos clientes, e esse é um ponto de extrema importância. A ideia não é se tornar "suficientemente puro" para então poder praticar a terapia, mas sim reconhecer essas atitudes quando elas ocorrerem e depois trabalhá-las para que não tenham impacto negativo sobre a terapia. Em vez de evitar a conscientização quanto a essas atitudes, devemos vê-las como oportunidades de empenhar-nos em conseguir amar melhor. Esse empenho bem pode envolver uma análise detalhada dessas atitudes em nossa própria terapia.

4. *A dança.* Enquanto esses três primeiros usos do poder vigorarem, cliente e terapeuta estarão envolvidos num campo criativo e empático, um poder do Self. Da riqueza desse campo surgirão, tanto no cliente como no terapeuta, percepções e intuições espontâneas quanto a possíveis formas de avançar no problema em questão: o afloramento da realização do Self. Idealmente, isso gera uma "dança" entre terapeuta e cliente, a qual convida cada um a guiar e a seguir em diferentes momentos, mas sempre na direção que o *cliente* deseja ir. O que pode aflorar é uma interação rica que permite aos clientes o máximo de liberdade para descobrir e seguir seu próprio senso de orientação, mas que também estimula os terapeutas a recorrer a sua experiência e seu conhecimento profissionais para expor, esclarecer e propiciar essa orientação.

> *O reconhecimento da singularidade de cada indivíduo [...] exige uma diferente combinação das muitas técnicas terapêuticas num novo método para cada paciente.*
> – ROBERTO ASSAGIOLI

Quando os três primeiros usos do poder estão em vigor para criar segurança, conexão com o Self e intenção de entender o outro, o treinamento e a experiência do terapeuta podem beneficiar tremendamente o cliente. Porém, se esses usos do poder não estiverem presentes, é provável que o treinamento e a experiência do terapeuta sejam invasivos, opressivos ou sufocantes, por menos que pareçam. Com o tempo, se não forem reconhecidos e enfrentados, os efeitos dos abusos, ainda que pequenos, do nosso poder terapêutico acabarão por solapar nossa capacidade de atender o outro de uma maneira que possa curar.

Sem dúvida, o único uso frutífero do poder do terapeuta aqui é "servir e proteger" a vontade e a consciência singulares do cliente, sua jornada individual e a continuidade de seu ser. A empatia espiritual é uma força de libertação, e não de opressão. Esse uso libertador do poder é não apenas essencial à cura na terapia, como também o único uso ético do poder terapêutico. Quando não se atende e serve a pessoa em sua singularidade, na verdade não há terapia conforme a entendemos, mas sim controle e opressão social: com efeito, se estará agindo simplesmente como outro centro unificador de sobrevivência na vida do cliente.

Não Existe Opressão Benigna

Assim, a terapia da psicossíntese considera que o respeito e o apoio ao senso de sentido e orientação do cliente são um princípio moral fundamental que prevalece até sobre a "cura" desse cliente. Por isso, não teria sido ético Philip (veja o Capítulo 3) convencer Cindy a submeter-se a uma técnica que diminuísse sua ansiedade; nem Claire (veja o Capítulo 4) convencer Robert a sair de seu desespero, *por mais valor que essas experiências pudessem ter aos olhos de Cindy e Robert*. Qualquer uso do poder que parta do sistema de referência do terapeuta, *por mais benéfico que possa parecer*, continua sendo um ato de opressão porque o cliente e a vontade dele são ignorados. Sim, Cindy e Robert poderiam sentir-se melhor sob o impacto de táticas tão potentes, mas teriam se perdido e perdido seu próprio poder. Isso dá um novo sentido ao antigo ditado médico: "O tratamento funcionou, mas o paciente morreu."[4]

Perguntei a meu terapeuta o que achava, mas ele só disse: "Nós não damos conselhos" e pediu que me concentrasse na respiração. Senti-me ignorada. Irritada. Mas resolvi fazer o que ele pedia. Tive uma experiência agradável, o que foi legal, mas nunca mais confiei nele. Logo depois, deixei a terapia.

Contei um sonho a minha terapeuta e ela começou a analisar os símbolos. Aprendi muito sobre o sonho e achei incrível que alguns de meus símbolos fossem arquétipos. Fiquei fascinado e até li um pouco a respeito de mitologia posteriormente. Só que, depois, percebi que só queria que ela ouvisse meu sonho. Fiquei triste.

Quando falei do meu namorado, meu terapeuta me ajudou a ver todas essas conexões com meu pai. Fomos até minha infância e fiquei impressionada ao constatar que estava me relacionando com meu namorado do mesmo modo que fazia com meu pai. Foi uma coisa intensa, incrível mesmo, só que eu não consegui falar sobre o que realmente queria: descobrir uma maneira de dizer a meu namorado que nosso lance terminou!

Terapia e Justiça Social

Esse princípio ético também respalda a percepção contínua dos sistemas de opressão mais amplos que atuam na vida das pessoas, um aspecto da "psicologia do exterior". Ele impede que o terapeuta veja no cliente uma pessoa que sofre simplesmente por causa de algum turbilhão interior particular, cujas origens estão apenas na bioquímica, na genética ou no inconsciente, e o faz entender que esse cliente sofre pelo domínio por parte de ambientes não empáticos bem reais de seu passado e seu presente. Essa compreensão dá aos clientes a liberdade (caso seu caminho a ela os conduza) de ver e talvez até assimilar essas estruturas opressivas mais amplas. E ajuda os terapeutas a amar empaticamente os clientes quando se dão conta de que estes são vítimas ou sobreviventes da injustiça, e não simplesmente fracos, teimosos ou doentes.

Por fim, essa visão ética leva a uma nítida percepção do contexto sociopolítico mais amplo da relação terapêutica. Os terapeutas que morrem para o self, estabelecem uma conexão empática com os clientes e se empenham em servi-los, são forças de libertação que trabalham contra as forças de opressão da própria sociedade. Esse trabalho pode até exigir que esses terapeutas se levantem contra teorias e diagnósticos, técnicas e protocolos ou instituições e sistemas clínicos que pretendam ver os clientes como meros objetos do tratamento. Por isso mesmo, eles são ativistas sociais e advogados dos oprimidos.

Por outro lado, os terapeutas que exercem seu poder para fazer as pessoas se sentirem melhor ou "se ajustarem" sem jamais estabelecer com elas uma conexão real se tornam instrumentos das forças mais amplas de dominação da sociedade. Persuadir, aliciar ou coagir os clientes a desenvolver uma personalidade de sobrevivência mais feliz e funcional, ignorando a singularidade da pessoa e de seu caminho, é aumentar sua opressão e mascarar as injustiças sociais que imperam na sociedade. Tais terapeutas transformam-se em extensões da injustiça social, guardiães do transe mais amplo da sobrevivência.[5]

Nos capítulos precedentes, tentamos demonstrar que, para expressar empatia espiritual, o terapeuta deve morrer para seu mundo, consumar com o cliente uma comunhão entre "eu" e "eu" no Self e abrir-se para o desafio da dinâmica da ressonância empática. São essas as coisas que nos permitem amar os outros em Espírito e entrar em seu reino de experiência para, assim, estimulá-los a tornar-se cada vez mais conscientes e volitivos em seus mundos. Fazendo essas coisas, os terapeutas tornam-se centros unificadores autênticos, servindo ao processo maior de realização do Self que está ocorrendo nos clientes.

E, à medida que desabrocha para o cliente, essa jornada de realização do Self acontece em certos estágios: os estágios da psicossíntese. Entendendo esses estágios, os terapeutas se preparam melhor para reconhecer o terreno no qual caminham com os clientes. O restante do livro dedica-se a delimitar os diversos estágios da psicossíntese conforme se apresentam na terapia da psicossíntese.

Capítulo Sete

Estágio zero da psicossíntese: sobrevivência

> *Vejamos se e como é possível [...] curar essa enfermidade fundamental do homem... Os estágios para a realização desse objetivo podem ser assim enumerados...*
>
> — ROBERTO ASSAGIOLI

Postulamos que existe uma profunda incompletude na vida humana, nas palavras de Assagioli, uma "enfermidade fundamental do homem" (veja o Capítulo 2). A nosso ver, essa incompletude é resultante, em grande parte, da ferida primal, esse fracasso do amor empático que nos propicia a experiência de isolamento do nosso ser, o Self. Com isso, a personalidade autêntica se torna personalidade de sobrevivência enquanto nós tentamos sobreviver ao vazio, à fragmentação e à aniquilação criados por essas feridas. As vidas inautênticas provocadas por essas feridas interiores geram um tremendo sofrimento no mundo.

A boa notícia é que nossa natureza essencial nunca se perde. Identificado com a personalidade de sobrevivência e preso ao transe da sobrevivência, o "eu" pode se apegar a um centro unificador de sobrevivência, mas ainda existe. O "eu" é transcendente-imanente a todos os conteúdos e estruturas da personalidade e, como tal, nossa natureza mais profunda não é danificada em sua essência pelos eventos traumáticos de nossa vida. "Eu" e Self permanecem em comunhão, como uma imagem refletida e sua fonte, muito embora essa realidade mais profunda esteja envolvida no véu da ilusão muito real de que ela não existe: por mais oculta, a jornada de realização do Self sempre está presente. Nas palavras de Rogers:

> Essa tendência [atualizante] pode ficar profundamente enterrada sob camadas e camadas de defesas psicológicas incrustadas. Ela pode ocultar-se por trás de fachadas elaboradas que negam sua existência. Porém estou convencido, com base em minha experiência, que ela existe em todo indivíduo e aguarda apenas as condições propícias para se libertar e se expressar (Rogers, 1961, p. 351).

Assim, a jornada humana consiste em despertar para essa realidade mais profunda, em consumar a união eu-Self e tudo que ela implica. Segundo Assagioli, essa jornada se processa em quatro estágios, os chamados *estágios da psicossíntese*: (1) conhecimento completo da própria personalidade, (2) controle dos vários elementos da personalidade, (3) realização de nosso verdadeiro Eu (a descoberta ou criação de um centro unificador) e (4) psicossíntese, a formação ou reconstrução da personalidade em torno do novo centro (Assagioli, 2013, p. 35).

A Teoria Clínica e os Estágios

Na terapia da psicossíntese, esses estágios afloram como função do amor empático, da empatia espiritual. Com efeito, a empatia espiritual vê e alimenta o "eu" enterrado nos conteúdos e identificações da personalidade para que ele possa despertar e consumar um contato mais consciente e voluntário com os imperativos mais profundos de seu ser.

Em outras palavras, os estágios da psicossíntese definem como a terapia da psicossíntese pode levar do transe à saída do transe, do sono ao despertar, da sobrevivência à autenticidade.

Assim, os estágios da psicossíntese talvez sejam o modelo mais amplo e antigo da teoria clínica da psicossíntese, que esclarece o terreno que cliente e terapeuta poderão percorrer ao longo da terapia. Na década de 1930, Assagioli descreveu os estágios no mesmo artigo em que descreveu o diagrama oval (Assagioli, 1931; 1934) e também os incluiu no primeiro capítulo de seu livro *Psicossíntese* (2ª ed., 2013).

O próprio Assagioli sugeriu que seus estágios constituíam uma teoria clínica quando os propôs como meio de cura da "enfermidade fundamental do homem" ou do que nós consideramos a devastação da ferida primal. Ele viu nesses estágios um meio de que os seres humanos poderiam se valer para libertar-se de sua "escravização" e "realizar uma harmoniosa integração interior, uma verdadeira realização do Eu e um relacionamento correto com os outros" (Assagioli, 2013, p. 35).

Como explicamos num trabalho anterior (Firman e Gila, 2002), por isso decidimos acrescentar essa enfermidade fundamental aos estágios de Assagioli, incluindo-a entre seus quatro estágios originais com o nome de *estágio zero* ou *estágio de sobrevivência*. Além disso, renomeamos esses quatro estágios originais da seguinte maneira: (1) exploração da personalidade, (2) afloramento do "eu", (3) contato com o Self e (4) reação ao Self. Porém, antes de explorarmos estes estágios, devemos considerar alguns pontos importantes que estão inter-relacionados:

1. Embora façam sentido como progressão sequencial, os estágios da psicossíntese podem surgir (e de fato surgem) fora dessa ordem na experiência vivida real. Uma razão para isso está no fato de eles representarem níveis de experiência que sempre estão presentes, ou seja: "estar no estágio um" significa simplesmente que esse estágio está em primeiro plano e que os outros estão em

segundo. O terapeuta de psicossíntese precisa estar pronto para qualquer estágio a qualquer momento.

2. Os estágios podem ser vistos ao longo de qualquer período de tempo. Ou seja, eles podem ocorrer durante alguns minutos ou uma sessão inteira e até ser visíveis nos contornos mais amplos da vida de uma pessoa. Munidos dessa visão dos estágios, os terapeutas poderão reconhecê-los e facilitá-los mais prontamente em qualquer período que o cliente os demonstre.

3. Ao que tudo indica, nós jamais encerramos os estágios. Dado o mistério e a profundidade da jornada humana, aparentemente todos os estágios (inclusive o da sobrevivência) ocorrem ao longo da vida, independentemente do crescimento e da autoanálise que já possam ter acontecido (embora, talvez, em diferentes níveis de intensidade). Aparentemente, nem clientes nem terapeutas jamais os superam e, como veremos, é especialmente importante que os terapeutas possam reconhecer esses estágios em si próprios.

4. Por último, é importantíssimo lembrar que os estágios não são algo que o terapeuta "faça" para o cliente. A tarefa do terapeuta continua sendo a que sempre foi: propiciar ao cliente empatia espiritual e amor. *Os estágios não são propostos para que os terapeutas façam os clientes percorrê-los, mas sim na esperança de que os terapeutas consigam permanecer empáticos em qualquer estágio em que o cliente esteja.*

Assim, tendo em mente esse pontos, vamos agora explorar os estágios da psicossíntese que levam a "uma integração interior harmoniosa, uma verdadeira realização do Self e relacionamentos certos com os outros". Delinearemos os estágios do ponto de vista da terapia da psicossíntese e examinaremos os tipos de problemas que cliente e terapeuta enfrentam ao percorrer juntos esses aspectos do caminho.

ESTÁGIO ZERO: SOBREVIVÊNCIA

Pode-se dizer com toda a certeza: "Todos nós já sentimos o impacto de ambientes não empáticos na vida e, portanto, sofremos a ferida primal." Porém, dada a magnitude da experiência que tenta descrever, essa frase parece leve. Podemos descrever essa experiência de um modo mais experiencial: todos nós já nos sentimos humilhados, subestimados e usados como objetos para servir a necessidades desesperadas de outros; todos já fomos abandonados, deixados à mercê de horrores desconhecidos; todos já demos o mergulho angustiante na não existência pessoal. Essa descrição agora pode parecer exagero, mas não para os aspectos de nós que suportaram o peso dessa ferida.

> *Presas de ilusões e fantasmas, escravos de complexos irreconhecidos, empurrados de um lado para outro por influências externas, ofuscados e hipnotizados por aparências enganadoras.*
>
> – ROBERTO ASSAGIOLI

E todos nós já fizemos tudo que era preciso para sobreviver a tal degradação e aniquilação; todos desenvolvemos alguma medida de personalidade de sobrevivência. Ou seja, todos nós passamos pelo processo de ver a vida que estávamos destinados a viver ser empurrada para o subterrâneo; todos entramos no transe, sofremos uma lavagem cerebral para esquecer nossos altos e baixos; todos fomos obrigados a viver uma farsa, enterrando nosso verdadeiro self.

Talvez em algum nível tenhamos vergonha disso, como prisioneiros de guerra que sucumbiram à lavagem cerebral. Mas precisamos lembrar que éramos extremamente vulneráveis, completamente dependentes. Como ressalta Tart, "O estado mental da criança é semelhante ao sujeito que está sob hipnose profunda" (Tart, 1987, p. 94). Na verdade, os princípios usados para formar a personalidade de sobrevivência são precisamente os mesmos usados por qualquer culto, seja o da família, o do grupo ou o da nação. Sem um ambiente empático que propiciasse *holding*, sem nenhum centro unificador autêntico, nossa intrínseca dependência e vulnerabilidade espiritual — lembre-se que, como projeções do Espírito, somos profundamente dependentes —, foram cooptadas e usadas para nos controlar. Não precisamos ter vergonha.

Portanto, o estágio de sobrevivência, ou estágio zero, denota um modo de operação no qual, após a exposição à ferida primal, nos perdemos para nossa verdadeira natureza. Como dissemos no Capítulo 2, fazemos isso ao longo de três dimensões: (1) apegando-nos aos centros unificadores de sobrevivência externos e internos que nos dão alguma sensação de conexão e *holding*, (2) identificando-nos com a personalidade de sobrevivência e passando a acreditar que ela é quem realmente somos e (3) nos perdendo no transe da sobrevivência, alienados dos altos e baixos de nossa faixa experiencial, ou seja, da formação do inconsciente superior e do inconsciente inferior.

Viver no modo de sobrevivência nos permite encontrar um meio de existir no ambiente não empático, conseguindo a duras penas um simulacro de conforto e segurança à custa da alienação de quem realmente somos. Tendo em vista o estado profundamente não empático do mundo, não é de surpreender que, até certo ponto, todos nós funcionemos no modo de sobrevivência; estamos respirando esse ar desde que nascemos (veja o Capítulo 2).

Observaremos um cliente e um terapeuta trabalhando no estágio de sobrevivência. Adotaremos aqui uma abordagem anticonvencional, na qual cliente e terapeuta falam na "primeira pessoa onisciente". Ou seja, é extremamente improvável que algum cliente ou terapeuta já tenha falado assim, mas aqui os ouviremos falar, tanto em níveis conscientes quanto em níveis inconscientes, adotando um ponto de vista onisciente.

O Cliente em Sobrevivência

Aqui estou eu, adormecida, vivendo no automático, agindo inconscientemente a partir de meus padrões de sobrevivência. Posso abusar de álcool e drogas, apegar-me a relacionamentos prejudiciais, seguir compulsivamente minha prática espiritual, usar o sexo e o amor como drogas, perder o contato com meus sentimentos, meu corpo ou meu intelecto e investir tempo e energia demais no trabalho.

É verdade que tive uma infância difícil, mas já vi piores. No fim das contas, acho que consegui transpô-la incólume, mesmo que me sinta vazia por dentro quando penso naqueles anos. Mas isso tudo está encerrado; não é possível mudar o que passou. Sim, acho que as pessoas poderiam dizer que fui abandonada e abusada quando criança, mas sinto que merecia boa parte do que recebi ou, pelo menos, passei a acreditar nisso.

Meus pais, irmãos, colegas, sistema escolar, religião e cultura fizeram o melhor que podiam, de modo que não posso culpá-los. É claro que, mesmo sem a culpa, este vazio e esta raiva vêm de algum lugar, mas seria desleal, uma desculpa esfarrapada mesmo, achar que eles têm alguma coisa que ver com isso.

Na maior parte do tempo, acho que meu modo de viver minha vida está OK. Sim, tenho problemas de relacionamento e de dependência, mas quem não tem? Só que, desde o rompimento com meu parceiro, não tenho sido eu mesma. Nada demais, sabe como é, mas simplesmente de algum modo não me sinto certa. Um amigo sugeriu que eu tentasse fazer uma terapia, então aqui estou.

Só que falar assim de mim mesma me deixa um pouco nervosa. Não sei o que vou encontrar. Sei que preciso de alguém que não me julgue, que crie uma segurança que me permita explorar áreas desconhecidas de mim mesma. Você aceita que eu queira saber e também não queira saber?

Assim, com "segurança", quero dizer que preciso de alguém que esteja comigo, que aceite inteiramente tudo que eu sou para que eu me sinta segura e possa deixar vir à luz qualquer coisa mesmo. Em outras palavras, preciso de alguém que me veja, me aceite, me ame. Incondicionalmente.

Meu segredo — até para mim — é que bem no centro de mim mesma se esconde uma menininha ferida, tão perto que nem sei que ela está ali. Ela já viu a noite fria e vazia da aniquilação. Ela foi tratada como se não existisse. A seu redor se reúnem todos os meus padrões de sobrevivência. Todos eles giram em torno para protegê-la da destruição.

Portanto, na verdade a terapia é bem simples: se ela sentir que seu amor e sua compreensão podem chegar às profundezas desse mistério, se ela sentir que você pode entrar nessa comigo, posso baixar um pouco a guarda e relaxar as defesas. Mas se ela não se sentir segura, esses padrões manterão sua força e controle, mesmo que precisem camuflar-se em novas formas.

E ela tem um faro apuradíssimo para sentir quando não é seguro, pois sabe perfeitamente o que é não ser vista nem amada. Suas feridas são um radar tremendamente sensível que lhe permite captar até as mais sutis flutuações do não amar e do não ver. Ela percebe claramente quando alguém tem algum esquema para ela, quando alguém quer alguma coisa dela, quando a veem como objeto. E suas feridas permitem-lhe estar alerta em níveis que você e eu não podemos imaginar. Portanto, você e eu devemos nos dispor a aprender sobre esses níveis à medida que formos topando com eles.

Então, posso confiar em sua presença a meu lado, ajudando-me a descobrir aonde quero chegar e a ir até lá? Ou você vai atuar sua frustração diante dos meus relacionamentos destrutivos? Ou me responsabilizar por sua dor ao ver como minha dependência está afetando minha vida? Ou pontificar e aconselhar-me como devo viver porque está preocupado com minhas escolhas?

Você sabe que essa frustração, dor e preocupação são todas suas, não minhas. Você consegue renunciar ao mundo de que essas reações vêm? Ou preciso começar e me ajustar para tomar cuidado com seus sentimentos e expectativas? Tenho a impressão de que esse tipo de ajuste — ou fingimento — é que tem sido meu problema desde o início. Minha esperança é que aqui possa ser diferente.

Mas sei que é difícil trabalhar comigo. Estou presa a vários comportamentos crônicos muito penosos, de modo que não deve ser fácil ter sessões comigo semana após semana. Ainda não vejo muita mudança nesses padrões, mas continuo voltando. Você parece ser alguém com quem posso falar. Aparentemente, não há mais ninguém que consiga suportar o que tenho a dizer.

O Terapeuta em Sobrevivência

Ver que aparentemente minha cliente não melhorou me deixa irritado e frustrado, sim. É difícil amá-la quando vejo que seu sofrimento não acaba. Às vezes, acho que, se pudesse encontrar a técnica certa, fazer mais algum treinamento ou ler mais alguns livros, eu conseguiria fazê-la parar de sofrer. Talvez eu não seja um terapeuta muito bom.

Sinto algumas tentações aqui. Uma é basicamente implorar-lhe que mude: "Mulher, pelo amor de Deus, será que você não vê o que está fazendo? Tome jeito!" Quero ensinar, cativar, apelar e talvez até repreender um pouco. Sinto-me responsável por sua agonia e preciso que ela mude. Não sou um pai suficientemente bom.

À medida que ela continua sem mudar, enfrento uma tentação ainda mais constrangedora: meu amor desaparece e sinto vontade de puni-la como parece que ela me pune, retaliar por ela me fazer sentir que sou um mau terapeuta. Talvez um tom de crítica, uma sobrancelha levantada ou quem sabe até um silêncio de pedra possam funcionar bem nesse caso. Ou talvez só precise mostrar que ela se identificou com um "papel de vítima", que precisa abandoná-lo e crescer. Melhor ainda, posso usar um diagnóstico como arma. Isso vai mostrar-lhe que o problema é só dela e que já passou da hora de lidar com ele.

Porém, quando realmente sinto que minha paciência está se esgotando, me pego fugindo dela. É quando digo mentalmente: "Esqueça, é você quem está fazendo isso consigo mesma, eu não me importo." Fico com raiva e a abandono.

Todas essas reações me levam de volta a meu próprio terapeuta para trabalhar minhas feridas da infância. Tenho que fazer isso para me lembrar que todas essas reações são do meu mundo à parte, e não por estar no mundo da minha cliente com ela. A vida é dela, não minha, e minha tarefa é amá-la e estar com ela aonde ela quiser ir. Ela tem sua própria vontade e uma conexão própria com sua verdade; minha tarefa é ver isso, respeitar isso e seguir isso.

E então tento abrir mão dos meus objetivos e perguntar-lhe aonde ela quer ir, em que quer se concentrar. Claro, se ela não souber, eu posso ajudá-la. Podemos usar inúmeras técnicas que a ajudem a descobrir e esclarecer sua intenção. Mas tudo que eu fizer virá dos desejos dela; tudo que eu fizer a encontrará onde ela estiver trilhando seu caminho.

E, sim, ainda preciso manter meus limites profissionais nisso. Como quando lhe relembrei que precisava pagar-me pela sessão a que faltara, que eu não estava disponível para nenhum relacionamento social ou comercial fora da terapia ou que não poderia atendê-la se ela aparecesse embriagada. Mas não fiz nada disso de um lugar não empático, punitivo ou diagnóstico (esses problemas são meus, não dela). Em vez disso, ocupei um lugar empático e respeitoso, apontando os limites que preciso observar para mim e para minha prática.

Trabalhar assim é um alívio de certo modo. Mais ou menos como acontece no programa Al-Anon, quando os que são afetados pela dependência do outro aprendem a "distanciar-se com compaixão". Minha tarefa é caminhar com ela, e não a carregar nas costas nem descobrir aonde ela precisa ir. Não ser "codependente" nem a tratar como um objeto, um diagnóstico ou um sintoma. Apenas amá-la e confiar na sua capacidade de encontrar o próprio caminho, usando minha habilidade e treinamento para ajudar. Afinal, ela tem sua própria conexão com o Self.

Comentário sobre a Sobrevivência

Ao trabalhar no estágio de sobrevivência, o terapeuta se vê diante de muitos desafios. É uma situação em que tentamos caminhar com alguém que não parece absolutamente estar se "movendo". Podemos encontrar a pessoa aí? Podemos lembrar que essa aparente estase é por enfrentar o terror da ferida primal? E, principalmente, podemos lembrar que nossa tarefa não é promover o "movimento" do cliente, mas sim ser espiritualmente empáticos, amar? Sem essa perspectiva, será extremamente difícil entrar no mundo do cliente e facílimo ceder aos tipos de reação descritos pelo terapeuta nesse exemplo.

Apenas quando é amado, visto e compreendido é que o cliente pode se sentir seguro para deixar que os padrões de sobrevivência se desintegrem e se transformem. Apenas a empatia espiritual pode convidar o cliente a conectar-se com um centro unificador autêntico, a desidentificar-se da personalidade de sobrevivência e a derreter o gelo do transe da sobrevivência. Podemos cativar e apelar, repreender e punir, afastar ou atrair, ser sutis ou diretos, usar esta ou aquela técnica, mas o máximo que vai acontecer é o cliente resistir ou aprender a formar uma nova personalidade de sobrevivência para nos agradar. De qualquer modo, o cliente permanecerá em modo de sobrevivência.

Como em nosso exemplo, o principal desafio do terapeuta que trabalha no estágio de sobrevivência é permanecer com o cliente e não se prender às reações que vêm do seu próprio mundo. Tais reações nada mais são que uma recaída do terapeuta no modo de sobrevivência. *As reações não empáticas do terapeuta são obra da sobrevivência no terapeuta.*

Uma razão importante para que, como terapeutas, nos vejamos em sobrevivência e entremos em atuação é esquecermos a profundidade da ferida primal que impregna nossa relação com o cliente. Achamos que estamos num consultório bem iluminado, confortavelmente munidos do nosso conhecimento profissional, tratando dos infelizes problemas pessoais dos outros. Mas não, estamos atendendo a vítimas de uma tragédia humana universal. Atender a um cliente significa, num nível fundamental, encarar frente a frente sofrimentos humanos extremos. E nenhuma explicação vai aliviá-los, nenhum *insight* ou técnica vai curá-los: a solução parece ser apenas o amor altruísta.

Quando esquecemos essa profundidade do nosso encontro humano com o cliente, é compreensível que entremos em atuação; não estamos preparados para a intensidade de nossas reações. Mas, obviamente, para encontrar e assistir um cliente no estágio de sobrevivência, precisamos estar dispostos a nos encontrar nesse nível também. Mais uma vez, fica muito claro por que é tão crucial que os terapeutas de psicossíntese estejam em sua própria jornada de realização do Self, labutando com as questões fundamentais da existência humana.

Na medida em que conseguirmos fugir ao domínio de nosso próprio modo de sobrevivência e propiciar essa empatia espiritual a nossos clientes, nossa conexão espiritual com eles poderá começar a funcionar.

> *Este é um ponto de importância capital: a ênfase na interação terapêutica, na relação, e não tanto na técnica.*
> – ROBERTO ASSAGIOLI

Aqui o cliente permanece livre para desprender-se do centro unificador de sobrevivência e estabelecer um vínculo com o centro unificador autêntico do terapeuta. Essa transição possibilita a exploração de regiões até então desconhecidas da personalidade e, por isso, se volta para a desidentificação da personalidade de sobrevivência e a saída do transe da sobrevivência.

Entretanto, a sobrevivência pode ser tão avassaladora e perniciosamente generalizada que muitas vezes é necessário um evento desestabilizador para despertar a pessoa. Esses eventos podem ser chamados de *crises de transformação* (Firman e Gila, 2002, pp. 50-3) porque, por mais penosos e desconcertantes que sejam, em última análise são também convites à cura e ao crescimento: eles podem anunciar um despertar do jugo da sobrevivência e uma transformação da personalidade rumo à autenticidade. Portanto, é importante que os terapeutas entendam essas experiências e se preparem para poder caminhar com os clientes quando as encontrarem.

CRISES DE TRANSFORMAÇÃO

As crises de transformação ocorrem quando há alguma disrupção entre as três dimensões do sistema de sobrevivência: apego ao centro unificador de sobrevivência, identificação com a personalidade de sobrevivência e entrada no transe. É provável que toda crise tenha algum envolvimento com as três dimensões, embora o tom característico de uma determinada dimensão possa se destacar.

Distanciamento do Centro Unificador de Sobrevivência

Do ponto de vista do apego a um centro unificador de sobrevivência, uma crise de transformação implica uma tensão ou um conflito com os ditames do centro unificador de sobrevivência e um afrouxamento do vínculo com ele. Começamos a perceber o controle autocentrado exercido pelo centro unificador de sobrevivência, a sentir a opressão desse controle e a reagir contra seu domínio sobre nossa vida:

Cheguei a ponto de não me importar mais se meus pais vêm ou não ao meu casamento. Vou casar com ela, de qualquer maneira. Tanto pior se ela não tem a nossa fé; ela me ama e eu a ela. Claro que me sinto mal com a perspectiva de meus pais não comparecerem, apesar de essa ser uma opção deles, não minha.

Desde que eu era pequeno, as pessoas sempre diziam que eu não era criativo, que deveria fazer aquilo que eu sabia, mas eu simplesmente tinha que tentar fazer arte. É engraçado, mas na primeira vez em que peguei num pincel, me senti mal, culpado, como se estivesse decepcionando alguém ou rompendo um tabu.

Sinto vergonha por estar falando essas coisas sobre meu pai, contando segredos de família. Na minha cultura, somos fiéis à família sempre. Ninguém deveria saber que ele bebe nem o que fazia conosco quando ficava bêbado. Mas há alguma coisa que liberta [...] após todos esses anos: [...] a verdade.

Esse afrouxamento do vínculo com o centro unificador de sobrevivência pode ser inspirado e respaldado por um encontro com centros unificadores autênticos. Em nosso primeiro exemplo, a pessoa obviamente está se desprendendo de um centro unificador de sobrevivência e estabelecendo uma conexão com a futura esposa como centro unificador autêntico (entre outros). De igual modo, os outros dois exemplos mostram a conexão com centros unificadores autênticos (arte e psicoterapia) como contextos nos quais, sentindo-se vistos e amparados, os indivíduos se dispõem a romper com os antigos vínculos em favor de um novo florescimento de seu ser.

Nesse encontro com centros unificadores autênticos, podemos ser tocados com uma força pouco habitual por uma nova pessoa, lugar ou coisa (por exemplo: um amigo, terapeuta, livro, iniciativa, comunidade ou filosofia) que nos convide a ser mais nós mesmos. E, por outro lado, podemos também começar a ver que o ambiente em que crescemos não permitia isso e que o condicionamento desses primeiros anos restringiu muito nossa vida. A princípio, podemos achar que estamos traindo esse ambiente, mas depois podemos sentir perda, angústia ou raiva ao perceber quantos anos passamos sob seu domínio até finalmente talvez vislumbrarmos um senso de independência e liberdade além de tudo isso.

Desidentificação da Personalidade de Sobrevivência

Quando permite ao menos uma desidentificação momentânea, a hesitação da personalidade de sobrevivência também pode deflagrar uma crise de transformação. Aqui há algum colapso da identidade habitual de sobrevivência e um confronto com aspectos de nós que foram renegados na formação dessa personalidade de sobrevivência.

Sinto um enorme buraco bem no centro de mim mesmo, como se tivesse sido a vida inteira uma fachada vazia, um *set* de filmagem. Ou como se fosse um arranha-céu cujas janelas refletissem a vida da cidade, mas não tivesse ninguém morando lá dentro. É tão triste. Sinto-me inútil.

Sempre me concentrei tanto nos outros que é como se eu não tivesse vida própria. E quando não recebo nenhum crédito por isso, me magoo, sinto raiva. Só que ultimamente tenho me perguntado: Quem sou? Em que consiste *minha* vida? Dá medo, é estranho, mas também sinto liberdade. Uma alegria que nunca senti antes. É confuso.

Desde que meu melhor amigo morreu naquele acidente, comecei a entrar em parafuso. Meu rendimento escolar está sendo afetado, minha vida não tem sentido. Sempre achei que eu era de um jeito, mas agora tudo acabou [...] sem nada que ocupe seu lugar. Não sei mais quem sou. Mas talvez, só talvez [...] eu possa descobrir.

Esses são exemplos de desidentificação da personalidade de sobrevivência; essas pessoas desistiram de seu *modus operandi* habitual e estão assimilando níveis antes ocultos de si mesmas. Por mais sofrimento e confusão que possa causar, uma "crise de identidade" assim constitui a saída da sobrevivência e a exploração de muitos outros aspectos de si, o início de uma caminhada que ao fim conduz à formação de uma personalidade nova, mais autêntica.

Embora os exemplos aqui usados se voltem para a mudança na identidade, podemos ver lampejos de uma disrupção na dimensão seguinte da sobrevivência, o transe da sobrevivência. Há nesses casos uma recém-descoberta abertura para uma faixa mais ampla de experiência, uma faixa que inclui experiências de vazio, tristeza, medo e também liberdade, alegria e esperança. Aqui estão se revelando aspectos perdidos da faixa experiencial, ou seja, a saída do transe já se deixa entrever.

Saída do Transe da Sobrevivência

Um terceiro tipo de crise de transformação pode apresentar-se em linhas gerais como *saída do transe*. Aqui o que se evidencia não é tanto o centro unificador de sobrevivência ou a personalidade de sobrevivência quanto a reapropriação da faixa experiencial perdida para essas formações. Aqui a janela de tolerância se abre e, de repente, altos ou baixos que o transe havia tornado inconscientes se revelam, às vezes com toda a força.

A tristeza me consome. Será que isso tem fim? Nunca pensei que ficaria tão arrasado e por causa de um cachorro! Fico constrangido. Não lamentei tanto a morte dos meus *pais*. Vejo o quanto amava Abbey e o quanto ela me amava. Que ser maravilhoso, amoroso e delicado era aquela cadela. Quisera eu saber que a amava tanto enquanto ela ainda estava viva.

Tenho percebido claramente o quanto meu pai foi ausente na minha vida inteira. Ele nunca falava comigo sobre mim [...] minha vida [...] como eu estava. A única coisa que me perguntava era: "Como foi a escola hoje?" Só que não esperava a resposta. Porém, de fora, parecíamos ótimos, de modo que nunca pensei muito nisso. Ah, ele quase sempre era legal comigo e com mamãe — superficialmente também. Só ultimamente, quando acho tão difícil falar sobre meus sentimentos com você, é que tenho me sentido só e triste. Na verdade, me senti assim a vida inteira. Tenho vivido na superfície todos esses anos.

Fui obrigado a dizer a verdade. Nesse grupo todos eram tão próximos, como num grupo de maratona. E então ela me fez aquela pergunta embaraçosa. Senti tanto medo. Era como se eu soasse como um impostor se dissesse a verdade. Todo aquele tempo, um impostor. Ficara escondido. Por alguma razão respondi com sinceridade, e naquele momento minha vida mudou. Senti como se tivessem tirado um enorme peso de cima do meu corpo, um peso que havia carregado a vida inteira sem saber. Senti-me ligado a todos e a todo o universo. Vi que não havia nada que temer. Verdade, nada, nem mesmo a morte. Senti-me parte de uma evolução universal.

Todas essas são expansões da faixa experiencial que podem constituir brechas nos limites restritos do transe da sobrevivência, uma saída desse transe. Em nossos exemplos, os indivíduos estavam indo além de sua realidade de sobrevivência para defrontar tanto as experiências mais difíceis (tristeza, solidão e desespero) quanto as mais alegres (amor, liberdade e união). De certo modo, essas eram experiências "novas", mas de outro, não: elas estavam disponíveis o tempo todo nos níveis superiores e inferiores da faixa experiencial de cada indivíduo, só que haviam sido cindidas e reprimidas, ou seja, haviam passado a integrar o inconsciente superior e o inconsciente inferior.

Portanto, as "experiências de pico" (Maslow, 1962; 1971) ou "experiências extáticas" (Laski, 1968) do inconsciente superior e as experiências abissais ou "experiências de desolação" (Laski, 1968) do inconsciente inferior podem interromper o transe e levar o indivíduo a um compromisso mais consciente com sua faixa experiencial mais ampla. Aqui há uma reapropriação da faixa experiencial original, uma faixa truncada pelo transe da sobrevivência.

Novamente, podemos ver a operação das outras duas dimensões da sobrevivência nesses casos: distanciamento do centro unificador de sobrevivência e desidentificação da personalidade de sobrevivência. Tanto a cadela Abbey quanto o grupo muito unido estão funcionando como centros unificadores autênticos, permitindo o florescimento da pessoa.

Por último, devemos ressaltar que as crises de transformação não precisam ser "crises" num sentido dramático, cataclísmico (embora possam ser assim), mas sim crises no sentido de momentos decisivos ou críticos nos quais uma realidade interior ou exterior além da sobrevivência se revela. Sejam agradáveis ou desconcertantes, extáticas ou aterrorizantes, as crises de transformação são as portas que permitem a saída da sobrevivência para os estágios subsequentes da psicossíntese. É como se momentaneamente tirássemos os óculos coloridos da sobrevivência e víssemos o mundo mais como realmente é. Tornamo-nos os habitantes da caverna de Platão piscando os olhos ao sol.

> *Assim, a qualquer momento, nossa expressão "normal" no mundo se limita a apenas uma fração do que pode ser.*
> – ROBERTO ASSAGIOLI

A Tarefa do Terapeuta

Os terapeutas cujos clientes enfrentam uma crise de transformação têm à frente o desafio de percorrer com eles essas diferentes experiências, à medida que se desvinculam do centro unificador de sobrevivência, se desidentificam da personalidade de sobrevivência e saem do transe. Isso implica que os terapeutas devem sentir-se à vontade com tais experiências para poder abraçá-las sem romper a conexão empática.

Como se sente diante de um cliente que atravessa uma longa e angustiante escura noite da alma? Rompendo os segredos e o silêncio da família dele? Enfurecendo-se com pais, irmãos, religião, cultura e até Deus? O que acha de estar com os clientes enquanto suas personalidades parecem se estilhaçar? Ou quando eles manifestam entusiasmo extático diante de uma experiência transformadora, após a visão deslumbrante de uma possível vida nova?

Conforme descreve o Capítulo 5, essas experiências positivas e negativas podem repercutir fortemente no terapeuta, mobilizando feridas primais ocultas. As transformações da personalidade e da faixa experiencial de nossos clientes nos desafiam a transformar as nossas e podem colocar-nos contra qualquer constrição de nossa própria personalidade. Os limites de nossa personalidade de sobrevivência enredada no transe podem ser transgredidos, expondo nossa própria ferida. Se não estivermos preparados para essa reação em nós, sem dúvida entraremos em atuação, fazendo alguma coisa para romper nossa comunhão empática com o cliente.

Além disso, ao ver nos clientes uma desconcertante aflição ou júbilo, alguns terapeutas podem imediatamente apressar-se em eliminá-los como "sintomas". Só que, além de poder ser indícios da desintegração do problemático sistema de sobrevivência, esses "sintomas" na verdade são portas para a cura e a reintegração. É apenas trabalhando com essas experiências muitas vezes difíceis e desnorteadoras que o cliente pode aproximar-se de uma vida mais autêntica. Evidentemente, isso não exclui medidas terapêuticas que respaldem esse trabalho, entre as quais, por exemplo, o uso apropriado de medicação, caso o cliente assim deseje.

Se conseguirmos permanecer espiritualmente empáticos com os clientes ao longo de suas crises de transformação, eles ficarão livres para começar a investigar e integrar as novas dimensões deles mesmo que essas aberturas revelarem. Eles avistarão novos mundos de experiência e precisarão de outros empáticos que possam caminhar a seu lado enquanto exploram e procuram entender esses mundos. E, assim, chegam ao primeiro estágio da psicossíntese, *exploração*.

Capítulo Oito

Estágio um da psicossíntese: exploração

> *Não achamos necessário esquadrinhar, de um modo quase formalista, todos os recantos, ainda os mais minúsculos, do inconsciente.*
>
> — ROBERTO ASSAGIOLI

Assagioli denominou este estágio de "conhecimento completo da própria personalidade" e incluiu nele tanto o inconsciente superior quanto o inconsciente inferior. Mas isso não significa que alguém se proponha a explorar exaustivamente os píncaros da experiência transpessoal nem as profundezas de todas as feridas primais. Em vez disso, é necessário iniciar a terapia com "a consolidação da personalidade consciente e, além disso, pelo estabelecimento do *rapport* positivo entre o terapeuta e o paciente" (Assagioli, 2013, p. 111). Ou seja, o que se destaca, mesmo neste estágio, não é a exploração da personalidade, mas sim da pessoa e da relação com o terapeuta.

É dessa comunhão empática que a exploração surgirá naturalmente, obedecendo a seu próprio ritmo e suas próprias diretrizes. Assagioli chamou essa abordagem de *análise fracional* porque permitia "a exploração do inconsciente 'a prestações'" (p. 111). O estágio de exploração pode estender-se a uma vasta gama de diferentes áreas, desde a descoberta da história e dos padrões intergeracionais à descoberta das feridas por trás de padrões crônicos; do cultivo de dons longamente encerrados, como a criatividade e a sabedoria, à defrontação de subpersonalidades e dependências importantes.[1]

Frisemos, mais uma vez, que tudo isso aflorará naturalmente no interior do campo de empatia espiritual compartilhado por terapeuta e cliente. Não se trata de seguir nenhum programa planejado que vise tornar "o inconsciente consciente", mas sim de estar com o cliente e sua vontade, de modo que o afloramento e a integração de áreas diversas da personalidade se processem conforme o caminho do cliente para a realização do Self. Adotemos novamente a primeira pessoa onisciente para abordar este estágio.

O Cliente em Exploração

O que quero fazer aqui? Não sei. O que se faz em terapia? O que devo querer? Você diz mesmo que sou eu quem decido? Você quer mesmo saber o que eu quero? Verdade? Quero minha namorada de volta, é isso que eu quero mesmo, se você quer saber. É embaraçoso, na verdade, mas é isso aí. Afinal, sou apenas um romântico, um apaixonado, o que posso fazer?

O que torna isso embaraçoso? É porque sei que ela não serve para mim, meus amigos sabem que ela não serve para mim, até você provavelmente acha que ela não serve para mim. Devo ser idiota. Mas um idiota do amor. Por isso, falar nesse assunto com você me deixa um pouco nervoso. Talvez você só revire os olhos e tente mudar de assunto, como meus amigos; eles também não suportam me ver sofrer. Mas é minha sessão, meu tempo, meu dinheiro, certo? Espero que não ache que é sua obrigação administrar minha vida.

Sério, eu lhe perguntei de cara se você aprovava e gostei da resposta. Você disse que se preocupava, tendo em vista o sofrimento que ela me causava, mas também entendeu a importância que isso tinha para mim e não via como eu poderia deixar de explorar algo tão forte em mim. Você não usou a palavra "compulsivo" nem uma vez sequer. Isso é bom, pois eu estou apaixonado, e é melhor você entender. Não cabe a você desacreditar meu amor.

Assim, eu achei que você estava comigo em meu desejo e nós fomos em frente. Você perguntou como seria reconquistá-la. E me pareceu animador o fato de poder sentir aquilo que eu realmente estava buscando aqui. Eu não tinha feito isso. Estava concentrado demais em reconquistá-la. E lhe contei como seria maravilhoso. Podia até me sentir abraçado por ela. Fiquei em paz, como se tudo estivesse certo no mundo.

Sim, e então isso me fez lembrar de Jessie, meu primeiro amor da escola. Aquela época foi incrível. Mudou minha vida. Antes de Jessie, eu me sentia péssimo, tirava notas baixas, me metia em encrencas. Mas ela me mostrou outra coisa. Seu amor fez de mim um novo homem. Eu lhe devia tudo que tinha. E então ela terminou comigo.

Enquanto sentia novamente todo aquele amor por Jessie na sessão, comecei a me sentir mal. Senti nosso rompimento outra vez, tive uma recaída no sofrimento. Minha vida se acabando. Suicida. Me senti tão mal, deprimido, só. Ufa. Permiti todos esses sentimentos. Lembro que você estava aqui comigo, sem tentar me fazer nada. Sentia sua presença me dizer que podia permitir tudo isso, que estava certo deixar que se processasse como se processou, sem achar que precisava administrar ou mudar as coisas.

E assim, algum tempo depois, consegui falar-lhe a respeito disso. Nunca havia falado com ninguém, nem sequer pensava nisso há anos, e foi tão bom que tivesse saído. Acho que não havia sentido tudo aquilo na época e, com certeza, não tinha ninguém com quem falar então. E aquilo abriu a porta para meu sofrimento na infância. O sofrimento de que Jessie me salvou. Ou, pelo menos, adiou. Então, falar sobre reconquistar minha última namorada não parecia mais uma coisa do outro mundo. Fiquei mais interessado nessa outra história.

Esqueci quanto tempo demorou ou quais foram os passos, mas agora você sabe que trabalhei muito com esse abuso antigo. Em casa, o *bullying* na escola. E o engraçado é que, quando fiz isso, consegui sentir dentro de mim o amor que tinha por Jessie. Afinal, é meu amor!

E minha namorada? Vamos ver. Ainda estou interessado nela, mas não me sinto tão desesperado. E percebo muito bem quando ela me desrespeita, agora já conheço essa experiência, agora eu conheço minha parte ferida. Agora ela está lutando consigo mesma, analisando suas formas de ser mesquinha ou de me criticar. Parece que conhecer e respeitar os pontos fracos do outro também faz parte do amor.

O Terapeuta em Exploração

Quando ele apareceu com aquele desejo de tentar reconquistar a namorada, foi um desafio para mim. Parte de mim estava aliviada por ele ter terminado com ela e não queria que eles voltassem. Ela parecia tão má com ele, beirava até o abuso. Ele parecia viciado nela, quase como uma vítima de assédio emocional. E ouvi-lo falar daquilo como amor e namoro às vezes me fazia estremecer. De que modo posso fazê-lo seguir um rumo mais saudável? Talvez eu devesse convencê-lo [...] fazê-lo enxergar [...] fazê-lo perceber...

Sim, eu sei, eu sei. Não é tarefa minha. Isso é tudo coisa minha, intromissão do meu mundo. Melhor deixar para lá. Ele já ouviu tudo isso antes, de qualquer modo. "Entre no mundo dele." Então fiquei curiosa a respeito dele e do rumo que queria tomar. Não é minha tarefa controlá-lo, manipulá-lo para que adote a vida que eu considero saudável e feliz. Se ele acha que isso é simplesmente um louco romance, que assim seja. Ele queria trabalhar isso? Está bem, vamos nessa, vamos ver aonde isso vai dar. Significa tanto para ele.

Mas também não me deixou nada à vontade. Será que eu não estou sendo conivente com sua compulsão? Permitindo-a? E isso seria explorar o desconhecido. Não tinha a menor pista do rumo que tomaria, mas estava disposta a descobrir. Fiquei um pouco nervosa por não ter nenhum plano ou estratégia, só minha intenção de permanecer com ele, de ser seu *alter ego* em seu próprio mundo de sentido. Tive de me tranquilizar interiormente, lembrar-me do medo de ir para a colônia de férias na primeira vez, de enfrentar o nefasto desconhecido.

Com sua intenção, prosseguimos até o alvo máximo: a experiência que ele buscava com a reconquista da namorada. Ele se deliciava com aquela época com Jessie, e eu entendia o forte amor romântico que sentia então. Um material muito forte mesmo. E também reconheci nesse amor uma dádiva que tinha papel importante em sua jornada na vida.

E então houve aquele transbordar de sentimentos quando ele relembrou o penoso rompimento com Jessie, o terrível sofrimento, a tristeza, a raiva. Parte de mim queria dar pulos naquele momento — ele está tendo uma experiência mais profunda, viva! Sou uma boa terapeuta, então! Vamos fazer alguma coisa com isso! Peça-lhe que sinta os sentimentos, que não perca o contato com o corpo, qualquer coisa! Menos, garota, menos.

Desistindo disso tudo, redirecionei meu interesse para ele e para o rumo que estava tomando. Ficamos com a experiência emergente conforme ela se desenrolava. Em meio às lágrimas, ele parecia estar à vontade comigo e conseguiu chegar a alguns momentos de paz com tudo isso. Porém a minha parte "terapeuta" se sentiu um pouco abandonada, como se não tivesse muito a fazer ali. Sim, eu sei: meu amor por ele estava criando o campo para que tudo aquilo acontecesse.

E fiquei espantada com o lugar aonde ele foi. Sempre me surpreendo com o que pode acontecer se eu simplesmente for com o cliente, com curiosidade pelo mundo dele e pelo rumo que quer tomar. Meus melhores palpites muitas vezes são tão errados. Talvez seja por isso que este trabalho ainda me agrade tanto após todos esses anos. Os seres humanos são um grande mistério.

Depois que ele encontrou sua tristeza e seu amor naquela primeira sessão, eu lembrei de voltar à sua intenção original no fim, desejando ter certeza de que não estávamos nos desviando do ponto ao qual ele queria chegar (muito embora uma parte de mim tenha ficado aliviada por termos tirado o foco da namorada). Apesar de ainda não imaginar como reconquistar a namorada, ele parecia satisfeito e queria ficar com o que estava surgindo.

Comentário sobre a Exploração

Aqui vemos a terapeuta fazendo o que precisava fazer para reunir-se ao cliente em seu mundo e respeitar sua orientação para a sessão. O cliente não teve que defender sua intenção nem capitular diante de alguma necessidade da terapeuta, podendo seguir na direção que pretendia: *sua vontade foi respeitada*.

> *O ponto de partida do tratamento é a determinação da situação existencial única de cada paciente.*
> – ROBERTO ASSAGIOLI

Na liberdade concedida pela empatia espiritual e por meio dela, por meio do amor que a terapeuta sentia pelo cliente, este pôde perseguir sua meta e descobrir o que havia para descobrir. Repetindo, o estágio de exploração não implica nenhum tipo de exame abrangente do inconsciente; ele é simplesmente uma descrição do que acontecerá quando a empatia espiritual operar: o modo de sobrevivência começará a cessar, e o cliente poderá começar a olhar em torno de si.

E não se sabe aonde esse movimento leva. O cliente em questão agora poderia simplesmente ter falado em estratégias para reconquistar a namorada. Ou revivido a boa sensação de estar ao lado dela. Ou explorado a vergonha que sentia por a querer de volta. Ou ter ficado com raiva por ela o ter deixado. A terapeuta não tem um plano ou pauta, não segue nenhuma receita. Só amor, só ágape.

Para permanecer com o cliente aqui, a terapeuta precisou ser capaz de caminhar com ele no desconhecido. Lembre-se que a empatia espiritual consiste em grande parte em *não* saber. Não saber faz parte do reconhecimento e do respeito da vontade do cliente; não podemos saber o que o cliente vai escolher e, por isso, devemos manter-nos empaticamente curiosos quanto a essa escolha, *relacionando-nos com a pessoa, e não com a teoria.*

Assim como em qualquer processo criador, o terapeuta deve desistir do conhecido para deixar que o processo se desenrole. E, como em qualquer esforço criador, isso exporá o terapeuta ao desconforto, podendo mobilizar a experiência de antigas feridas. Para citar novamente a abordagem neurobiológica, "Um terapeuta perde o pé em seu próprio mundo e deriva, de olhos abertos, para qualquer relação que o paciente tenha em mente, até mesmo uma conexão tão sombria que toque no que ele próprio tem de pior" (Lewis, Amini e Lannon, 2001, p. 178).

O que sentimos por não saber o que está acontecendo? Por não poder explicar-nos para nosso supervisor, nosso cliente, até nós mesmos? Por não estar no comando? Por não ter o poder de dirigir o processo? Por estar expostos à angústia do caos sem vislumbrar a luz no fim do túnel? Encontramos todas essas e outras experiências em qualquer processo criador; não é diferente com a terapia da psicossíntese.

TRÊS DIMENSÕES DE EXPLORAÇÃO

No exemplo anterior, a capacidade da terapeuta de encontrar o cliente assim como ele é, a despeito de suas próprias reservas e resistências, permitiu a esse cliente confiar em sua presença a seu lado. Isso permitiu à terapeuta entrar no mundo dele. Essa é a única coisa que pode permitir a alguém entrar no mundo do outro. Seu mundo não se encaixa no mundo do outro; você deve ser capaz de morrer para seu mundo e renascer no mundo do cliente.

Como isso aconteceu, houve um alinhamento entre "eu" (cliente) e "eu" (terapeuta) e uma consumação de sua união. A confiança decorrente dessa união permitiu ao cliente desvelar o desejo de reconquistar a namorada, apesar das críticas constrangedoras dos amigos.

Distanciamento do Centro Unificador de Sobrevivência

Esse desvelamento de sua verdadeira intenção, ou pelo menos da mais verdadeira que ele conhecia naquele momento, constituiu um movimento do centro unificador de sobrevivência formado por seu juiz interior e pelos amigos críticos ("Você é um idiota") para a comunhão com a terapeuta como centro unificador autêntico. A terapeuta o via, enquanto os outros ocupavam-se em controlá-lo, consertá-lo, objetificá-lo (embora com "boas intenções").

Essa união entre "eu" e "eu" fortaleceu a exploração, permitindo tanto ao cliente quanto à terapeuta a passagem para o desconhecido. E assim começaram a trilhar juntos uma jornada, o cliente confiante em ser capaz de ver o que havia para ser visto sem se preocupar com possíveis segundas intenções da terapeuta. Se encontrassem alguma coisa, ele não receava que a terapeuta a usasse como munição para promover seus próprios objetivos. Mais uma vez, isso é função da disposição da terapeuta a renunciar, a morrer e renascer.

Desidentificação da Personalidade de Sobrevivência

Aqui o cliente também sofreu uma certa desidentificação da personalidade de sobrevivência. Na verdade, essa desidentificação começou logo no início do exemplo, com sua decisão de dizer o que realmente queria fazer na sessão. Ele poderia ter-se curvado aos centros unificadores de sobrevivência internos e externos e fingido que não queria reconquistar a namorada, tentando tornar-se a pessoa que estes queriam que ele fosse. Isso seria criar mais uma camada de personalidade de sobrevivência. Entretanto, a confiança na terapeuta permitiu ao cliente revelar o que realmente queria fazer, apesar de embaraçoso.

Com permissão para seguir sua própria intenção e sendo acompanhado nessa intenção, ele vivenciou uma continuidade do ser que possibilitou a ocorrência de outra desidentificação. Seu foco deslocou-se do padrão compulsivo para aquilo que constituía sua motivação: um anseio de viver o amor e a aversão à ferida primal.

Isso constitui uma mudança na identificação. Ele já não é apenas um "romântico" ou "apaixonado", não é mais alguém que simplesmente busca o amor, mas também alguém que está administrando sentimentos profundamente penosos por meio da compulsão nos relacionamentos — e alguém que agora pode buscar a cura e a autenticidade. É uma mudança da personalidade de sobrevivência para a personalidade autêntica, já que ele está descobrindo mais acerca de quem realmente é.

Saída do Transe da Sobrevivência

Um importante aspecto do estágio de exploração é sua possibilidade de incluir todos os níveis do inconsciente (veja o Capítulo 1). A propósito deste estágio, Assagioli diz o seguinte: "Primeiro temos que penetrar corajosamente no abismo do inconsciente inferior para descobrir as sombrias forças que nos aprisionam e ameaçam." Em seguida, ele acrescenta:

As regiões do inconsciente médio e superior devem ser igualmente exploradas. Desse modo, descobriremos em nós próprios capacidades até então ignoradas, nossas verdadeiras vocações, nossas potencialidades mais elevadas que procuram expressar-se, mas que frequentemente repelimos e reprimimos por falta de compreensão, em virtude do medo ou do preconceito (Assagioli, 2013, p. 36).

Em nosso exemplo, podemos ver o cliente e a terapeuta movendo-se em todos os níveis do diagrama oval, movimento esse que, repetimos, é possibilitado pela empatia espiritual. A sessão começou com a experiência consciente e a intenção do cliente (evocando o "eu" com suas funções de consciência e vontade), à medida que ele se apercebia que queria trabalhar o desejo de reconquistar a namorada. Essa exploração dos sentimentos e pensamentos em torno do problema consciente foi um movimento em direção ao inconsciente médio.

O que aconteceu em seguida foi a surpresa de ambos diante da recordação e da reapropriação de uma capacidade de amar da qual o cliente desistira na época do rompimento com Jessie, uma expansão rumo ao inconsciente superior, a cessação de uma "repressão do sublime" (Haronian, 1974). Porém essa expansão rumo ao inconsciente superior permitiu-lhe restabelecer a relação com o inconsciente inferior: o transbordamento da tristeza que cercava a lembrança da perda de seu primeiro amor, o contato com um nível de sofrimento que ele não tinha condições de processar na época e por isso reprimira, ou seja, uma expansão rumo ao inconsciente inferior. Em outras palavras, aqui o cliente viveu uma expansão do inconsciente médio, uma expansão da faixa experiencial num movimento em direção a uma autenticidade cada vez maior. Essa expansão representa uma saída do transe da sobrevivência.

> *O reconhecimento das experiências positivas, criativas e jubilosas que o homem pode ter — e frequentemente tem — a par das dolorosas e trágicas.*
>
> – ROBERTO ASSAGIOLI

Cliente e terapeuta poderiam trabalhar mais com esses dois níveis nas sessões subsequentes, dependendo de onde o campo empático os levasse. Usando inúmeras técnicas, eles poderiam trabalhar com o reconhecimento, a aceitação e a integração desses altos e baixos recuperados.

Um Último Conselho ao Terapeuta em Exploração

Um ponto a ressaltar no estágio de exploração é que é fácil, principalmente depois de muito tempo no estágio de sobrevivência, o terapeuta ficar um tanto atordoado quando finalmente ocorre um avanço, não importa se por meio de contato com conteúdos do inconsciente superior ou do inconsciente inferior. Aqui parece que, por fim, o cliente está "fazendo alguma coisa", de maneira que podemos ser tentados a agarrar avidamente a experiência emergente, a percepção que desponta, o novo potencial, a ferida a ser curada.

Só que esse tipo de reação provém de nosso próprio mundo e nossos próprios objetivos. Levar o cliente a "fazer alguma coisa" não é tarefa nossa. Apoderar-se assim de um avanço é um fracasso da empatia que deixa claro que a terapia consiste em fazer o cliente ter determinados tipos de experiências, em vez de simplesmente ir aonde o *cliente* se interessa em ir.

Todas essas reações e muitas outras devem ser administradas pelo terapeuta de psicossíntese para manter o fluxo da empatia espiritual, do amor empático. E, à medida que o gelo da identificação e do transe lentamente vai derretendo à luz desse amor, o cliente pode — ou não — passar do estágio de exploração ao estágio seguinte, *afloramento do "eu"*.

Capítulo Nove

Estágio dois da psicossíntese: afloramento do "eu"

---

*Mas, mesmo quando essas forças em nosso íntimo
são temporariamente mais fortes, quando a personalidade
consciente é, no começo, sobrepujada pela violência delas,
o eu vigilante nunca é realmente conquistado.*

— ROBERTO ASSAGIOLI

Este estágio Assagioli denominou de "controle dos vários elementos da personalidade" e atribuiu sua ocorrência ao processo de desidentificação. Nós concordamos com ele, ressaltando que essa desidentificação e esse senso de poder pessoal surgem na medida em que, alimentado e fortalecido pela empatia espiritual, o "eu" emerge da sobrevivência e, na exploração, começa a agir com mais liberdade e percepção.

Com seu amor, os terapeutas atuam como centros unificadores autênticos, de certo modo formando um conduto entre o cliente e o Self. Isso revigora o "fluxo do ser", por assim dizer, do Self ao "eu", permitindo que este desperte e saia de sua imersão na personalidade. Para mudar de metáfora, o "eu" é como uma brasa adormecida numa lareira aparentemente apagada, e o amor do terapeuta é como um sopro de ar que permite que a brasa comece a brilhar no escuro e, por fim, reviva.

Lembre também que o "eu" não implica nenhum tipo de individualidade inflexível, nenhum senso de self completamente separado e talvez alienado da sociedade mais ampla. O "eu" pode sentir-se um agente livre no seio da comunidade maior ou uma manifestação dessa comunidade. Qualquer que seja o modo como o "eu" se manifesta numa determinada cultura, ainda há a capacidade de ser consciente e volitivo a partir de sua própria experiência física, emocional e mental.

Com esse afloramento do "eu" surge uma capacidade crescente para exercer livremente as funções da consciência e da vontade e, assim, entre outras coisas, uma capacidade cada vez maior para expressar-se criativamente por meio de aspectos da personalidade, em vez de ser inconscientemente controlado por eles. Na psicologia intersubjetiva, isso poderia ser dito da seguinte maneira:

Inúmeras experiências de objetos do self com o analista fornecem um contexto que respalda o desenvolvimento da capacidade do paciente para assumir uma atitude reflexiva, compreensiva, aceitadora, tranquilizadora diante de seus próprios estados e necessidades afetivas. (Stolorow, Brandchaft e Atwood, 1987, p. 104)

Os clientes que estão nesse estágio são mais autorreflexivos e volitivos, assumem um papel mais ativo em sua cura e crescimento. Eles podem levar os problemas com que trabalharam durante a semana para a terapia, usando-a como recurso e suplemento para o trabalho contínuo que desenvolvem sozinhos.

O Cliente em Afloramento

Tenho me pegado quando começo a ficar obcecado por uma mulher ou quando tenho um ataque de raiva, como compulsivamente ou fico passivo em meus relacionamentos. Mas agora é uma conscientização muito delicada. Não me critico mais como fazia antes. Na verdade, rio comigo mesmo e digo: "Opa, lá vou eu de novo", como faria diante das fraquezas de alguém de quem gosto muito.

De vez em quando, penso em você nessas horas, aliás, lembrando de como você é comigo, do seu jeito de me aceitar. Acho que sua postura comigo me ajudou a ser assim comigo mesmo também. É como se, juntos, eu e você pudéssemos ver minhas fraquezas com compreensão e cuidado. Estou muito diferente daquela pessoa crítica que eu era. Também estou dando preferência a quem me trata assim, depois de passar tanto tempo de minha vida com gente que não me aceitava.

Seja como for, agora eu dou uma conferida internamente e tento ver por trás do padrão, da obsessão ou do que quer que seja e encontro aquela sensação de estar só e desamparado. É aquele mesmo nível da infância com que já trabalhamos aqui, aquele lugar de mim onde me sinto tão desesperado e abandonado.

E, como fazemos aqui, só me resta me aceitar. Eu me pergunto o que estou precisando e geralmente é alguma coisa bem simples. Talvez esteja preocupado com um prazo que se aproxima no trabalho ou nervoso por causa de um encontro. Geralmente coisas pequenas, mas [...] cara, são essas coisas que mexem comigo. Só de descobrir que estou preocupado ou o que seja, já me sinto melhor. De certa forma, acho que estou presente para aquela parte mais jovem de mim que precisa de alguém com ela.

Só que, às vezes, vejo que estou ficando chateado porque as pessoas estão sendo más comigo. Aí já é mais difícil. Como não estou acostumado a ter tanta consciência de como as pessoas me tratam, não estou acostumado a fazer nada a respeito. Mas, outro dia, quando meu amigo me criticou, realmente fiquei magoado; é aquele meu nível sensível de novo. Então tive que lhe dizer umas coisas. Funcionou bem, ele entendeu imediatamente. É, fiquei surpreso por ter conseguido fazer isso. Estou cada vez mais seguro de mim mesmo.

E, no geral, estou me sentindo muito bem comigo estes dias, por falar nisso. Sinto-me menos ansioso com as coisas, com a vida. Acho que, aconteça o que acontecer, vou estar à altura do desafio. Como se estivesse pisando em terreno firme ou algo assim, embora o terreno também seja inteiramente fluido. Não estou me segurando em nada estável, e sim nadando com a maré de minhas experiências voláteis. Então, isso não significa estar feliz o tempo todo também. Na verdade, significa coisas como sentir-me pequeno, sentir meu desgosto, minha tristeza, coisas que me assustavam muito, você sabe. Já não sinto medo dessas coisas. E quando sinto, aceito. Ao mesmo tempo, estou sentindo mais alegria na vida. Já nem me lembro há quanto tempo não sentia tanta alegria assim.

Parte disso está na descoberta dessa paixão que tenho pela poesia, é claro. E é uma grande parte. Na verdade, fui perdendo meu amor pela poesia quando precisei me dedicar à carreira. Pensei que tivesse acabado para sempre. Mas esse amor voltou com força, e acabei descobrindo que consigo escrevê-la. Tem sido difícil, muito difícil às vezes, mas, ao mesmo tempo, tão bom. Às vezes, eu "viajo" escrevendo. Vou ler para você o que fiz por último…

Quando a terapia chega a esse ponto, o campo de empatia espiritual já alimentou de tal modo o sentido de "eu sou" do cliente que o "eu" está começando a atuar como um novo poder executivo dentro da personalidade. Deixando de ficar à mercê de padrões inconscientes, obedecendo a sentimentos ocultos, o cliente pode viver inspirado em um senso de identidade pessoal mais autêntico e fluido.

O Terapeuta em Afloramento

Ele realmente foi longe. Estou impressionada. Estou impressionada comigo também, pelo fato de não ter interferido muito no rumo dele. Vejo que ele adotou uma postura maravilhosamente compassiva diante de si mesmo, uma atitude que lhe permite perceber qualquer coisa que surja nele, inclusive sua obsessão, algo que era muito vergonhoso e difícil de falar quando ele começou a terapia.

Escuto-o falar de sua abertura para seus próprios altos e baixos, e posso me animar diante desse novo senso de si mesmo que está claramente aflorando, mas consigo deixar de lado toda essa teorização, deixar que ela derive livremente para dentro e para fora de minha percepção e permanecer concentrada nele. É bem parecido quando eu medito. Ele passa a ser meu mantra, minha respiração, o centro de minha atenção plena, e consigo deixar que todas as minhas percepções e ideias passem flutuando diante de mim como nuvens leves num céu claro. Na verdade, ambos estamos fazendo a mesma coisa aqui enquanto nadamos com nossa experiência.

Às vezes, essa atenção me dá ideias, pode ser um comentário, uma pergunta, a sugestão de uma técnica, e eu posso fazer um experimento com elas. Por exemplo, eu sorri quando ele me contou a história de falar com o amigo sobre os comentários negativos, e perguntei-lhe o que seu self mais jovem sentiu diante disso. É isso, na medida em que eu permanecer no mundo dele, essas intervenções virão de onde ele está, ajustando-se à sua própria orientação. É simplesmente natural.

Mas muitas vezes, durante esse período, vi-me apenas acompanhando-o, ouvindo para onde ele vai, testemunhando seu caminho que desponta. Às vezes, isso também me deixa mobilizada. Estou fazendo meu trabalho? Estou sendo inútil? Para que ele está me pagando?

Às vezes também fico incomodada ouvindo-o falar de suas percepções e de seu crescimento com a prática da meditação, seu trabalho com o corpo e seu grupo maravilhoso. Será que *nosso* trabalho não deveria chegar a isso? Mas conheço essas minhas distrações bem demais (sempre me previno para evitar a interferência de minhas inseguranças) e volto a ele rapidinho.

Agora ele está lendo sua poesia para mim. Isso está certo? É um desperdício do dinheiro dele? A decisão não é minha! Eu entendo, sim, sou alguém que o vê e pode testemunhar sua paixão. Seus pais não pareciam capazes disso, com a pressão que exerciam em favor de sua carreira [...], mas estou perdendo o poema. "Desculpe, me distraí. Pode ler a última estrofe novamente?"

> *Poderíamos dizer que o terapeuta deve meditar sobre o paciente.*
> – ROBERTO ASSAGIOLI

Aqui vemos que, mesmo depois de estabelecida a relação amorosa e empática com o cliente, a terapeuta ainda tem de ficar vigilante quanto às distrações que a afastam dele e de seu mundo. Essa prática é contínua para o terapeuta de psicossíntese: uma prática meditativa, atenta, espiritual, na verdade. Aqui os terapeutas precisam vencer a cada minuto, a cada dia, o desafio de morrer para seu próprio mundo e renascer no mundo do outro. Isso é amor altruísta.

TRÊS DIMENSÕES DE AFLORAMENTO

Em nosso exemplo de caso, a empatia espiritual da terapeuta permitiu ao cliente a liberdade de passar da sobrevivência à autenticidade ao longo de todas as três dimensões: distanciamento do centro unificador de sobrevivência, desidentificação da personalidade de sobrevivência e saída do transe da sobrevivência.

Distanciamento do Centro Unificador de Sobrevivência

Sem dúvida, esse cliente vem estabelecendo uma conexão com a terapeuta como centro unificador autêntico: "De vez em quando, penso em você nessas horas, aliás, lembrando de como você é comigo, do seu jeito de me aceitar" (embora esse fato raramente seja reconhecido de forma tão explícita como nesse exemplo "onisciente"). No campo de empatia espiritual, o cliente encontrou na terapeuta um modelo e o internalizou. O terapeuta "representa ou constitui um modelo ou um símbolo, e é introjetado, em certa medida, pelo paciente" (Assagioli, 2013, p. 20).

Em virtude da empatia espiritual da terapeuta, esse cliente conseguiu gradualmente não só consumar sua conexão com a terapeuta, como também reconhecer outros centros unificadores autênticos em sua vida. Assim amparado no ser, ele está vivenciando o afloramento de um senso de individualidade que lhe permite posicionar-se de forma ativa diante de seu ambiente interior e também do exterior.

Além disso, à medida que essa conexão com centros unificadores autênticos vai se intensificando, ele consegue se afastar da voz interior autocrítica e degradante (centro unificador de sobrevivência interno) e de ambientes exteriores intolerantes ou pouco cordiais (centros unificadores de sobrevivência externos). Agora, quando ele se apercebe de padrões problemáticos de comportamento, seus ambientes interior e exterior o respaldam com uma atitude empática diante de si mesmo.

Desidentificação da Personalidade de Sobrevivência

Parte desse afloramento do "eu" foi uma mudança na identidade. O cliente não é mais como era, resignado a ser passivo e maltratado nos relacionamentos, e vive um senso de self que extrapola essa identidade, ou seja, está se desidentificando da personalidade de sobrevivência. Enquanto o faz, ele consegue atingir outras partes de si mesmo, em especial a "parte mais jovem", que foi o alvo principal da ferida primal que ele sofreu na família de onde vem. Desse novo lugar de si mesmo, ele pode atingir essa camada ferida, ampará-la na autoempatia e agir no sentido de formar um estilo de vida que possibilite a cura contínua dessa área vulnerável que traz em si. Esse é o florescer da personalidade autêntica.

A desidentificação da personalidade de sobrevivência põe em cena outra dinâmica do estágio de afloramento: ele se dispôs a assumir conscientemente as funções dos padrões de sobrevivência. Esses padrões automáticos estavam em vigor por uma boa razão: proteger o cliente da ferida primal. O afloramento do "eu" não significa que, de repente, ele não precise mais dessa proteção; significa que, em vez de minimizar ou ignorar a ferida, como fez para sobreviver, agora ele pode *consciente e intencionalmente* assimilar elementos que ferem tanto em si como a si mesmo aos outros. Para sua "surpresa", à medida que ele se conscientiza dessa plenitude (e, inclusive, de ter sido maltratado), surgem muitas opções que podem ser adotadas diante de pessoas e ambientes degradantes, como aquela que ele escolheu para o amigo que o magoara.

Então, eis aqui a "psicologia do exterior" que discutimos no Capítulo 5: a terapia não precisa voltar-se para a adaptação a ambientes problemáticos ou abusivos; ela pode engendrar uma conscientização da ferida para que esses ambientes possam ser transformados, vencendo a muito criticada distância entre terapia e ação social.

Saída do Transe da Sobrevivência

Finalmente, observe que, nesse afloramento da autenticidade do cliente, há uma maior abertura tanto para os píncaros do inconsciente superior quanto para as profundezas do inconsciente inferior. Isso representa uma saída do transe da sobrevivência. Ele desenvolveu uma continuidade do ser ("Como se estivesse pisando em terreno firme ou algo assim") que lhe permite abraçar uma faixa experiencial bem maior que a de antes, pois vai das profundezas de sua solidão, seu desgosto e seu "sentir-[se] pequeno" aos píncaros da aceitação, do amor e da alegria.

A saída do transe significa também que o inconsciente médio, originalmente constrito pela cisão e repressão do inconsciente superior e do inconsciente inferior, agora está se expandindo. Essa expansão leva a pessoa a abrir-se para aprender padrões de comportamento novos, mais criativos, que incluem muito mais seus dotes e talentos do que é possível no transe. A paixão desse cliente pela poesia é um bom exemplo. Aqui ele está aprendendo a fazer algo que exige sua atuação com uma percepção expandida da realidade, não só para que ele possa informar sua poesia, como também absorver tanto a aridez, a luta e a incerteza do processo criador quanto a emoção da inspiração e da produção artística. Os terapeutas fazem muito bem em testemunhar expressões tão fortes de cura e integração, do afloramento do "eu".

E, naturalmente, enquanto ele administra todas essas dimensões da autenticidade, haverá momentos em que revisitará também os estágios anteriores da psicossíntese. É possível que ele veja seus antigos padrões se reafirmarem em certas situações e, assim, novamente caminhe na sobrevivência ou precise explorar mais algum novo material que aflore do inconsciente.

No geral, a autenticidade continua a substituir a sobrevivência enquanto o "eu" aflora. A pessoa está saindo do modo de sobrevivência, no qual é controlada por eventos interiores e exteriores, no qual padrões inconscientes a protegem automaticamente de feridas passadas e futuras. E está rumando para um modo no qual suas características físicas, reações emocionais e funcionamento cognitivo aos poucos deixam de dedicar-se a proteger e esconder feridas e passam a ser, cada vez mais, uma expressão do senso de "eu sou".

Aonde um cliente poderia ir depois disso? Essa autoatualização pessoal não é o bastante? Não basta estar consciente e desperto, livre para viver e agir com a plenitude de toda a nossa faixa experiencial e todos os nossos dotes pessoais? Muitas teorias psicológicas responderiam com uma afirmativa, mas qualquer psicologia transpessoal, como a psicossíntese, permanece aberta para novos passos no caminho. Amparada num campo de empatia espiritual, a pessoa bem pode começar a rumar para o estágio três da psicossíntese, o estágio de *contato com o Self*.

Capítulo Dez

Estágio três da psicossíntese: contato com o Self

Este é a realização do Eu, a experiência e a percepção consciente do Centro espiritual sintetizador.

— ROBERTO ASSAGIOLI

Após despertarmos do transe, adquirirmos algum autoconhecimento e descobrirmos um senso de verdadeira individualidade, seria natural que contemplássemos questões como o sentido e a finalidade da vida. O que mais me importa na vida? Qual é minha verdadeira vocação? O que considero minha meta no mundo?

Essas questões exigem um tipo de exploração diferente. Aqui, além de buscar nossa verdade mais profunda e nossos valores mais caros, estamos dando ouvidos a um apelo à sua expressão na vida. Estamos procurando a bússola de nossa vida, nosso senso de orientação. Nos termos da psicossíntese, essa é a busca do Self, um movimento em direção à realização mais consciente do Self. Essa busca nos leva ao estágio três da psicossíntese, *contato com o Self*.

Como discutimos no Capítulo 1, a realização do Self diz respeito à consumação de nossa relação com o Self no curso contínuo de nossa vida diária. E, dada a natureza transcendente-imanente do Self, pode-se encontrar essa relação em qualquer experiência, em qualquer nível da consciência, em qualquer nível de desenvolvimento e em qualquer evento da vida. Assim, embora tenhamos acabado de usar termos um tanto exaltados — "verdade mais profunda", "valores mais caros", "apelo" — para nos referir ao contato, esse contato pode se revestir (e muitas vezes se reveste) de formas muito menos impressionantes. Na verdade, o contato com o Self esteve presente em todos os estágios anteriores.

Por exemplo, a conscientização de padrões compulsivos no estágio de sobrevivência é contato com uma verdade mais profunda na própria vida; o impulso para explorar os próprios altos e baixos no estágio de exploração é um convite a um maior autoconhecimento; e, no estágio de afloramento, o apelo à liberdade, à responsabilidade e à autoatualização se faz ouvir em alto e bom som. Em essência, tudo isso é contato com o Self.

Sim, este estágio de Contato com o Self, nossa primeira menção à realização do Self nesse modelo de estágios, não pode ser visto como separado dos demais estágios. A natureza transcendente-imanente do Self, do "eu", e da relação eu-Self significa que o contato com o Self sempre estará presente, embora muitas vezes extremamente camuflado e implícito, formando o pano de fundo para outros eventos. Talvez este estágio devesse chamar-se "estágio de um contato mais consciente com o Self", momento em que a relação com o Self passa do segundo plano para o primeiro.

E, conforme discutido no Capítulo 2, essa transcendência-imanência do Self significa que o contato com o Self pode ser feito por meio de uma tremenda variedade de centros unificadores autênticos: desde seres humanos reais e fictícios a símbolos interiores e ambientes exteriores, intuições e palpites informes, práticas espirituais e religiosas, artes e ciências, animais e o mundo natural. À medida que adentrarem o estágio de contato, os clientes terão encontros com esses centros unificadores autênticos e os trabalharão na terapia. Aqui a curiosidade empática do terapeuta pode ajudar os clientes a reconhecer a sabedoria, a orientação e os chamados que provêm desses centros autênticos, além de dar-lhes apoio para recorrer a esses centros em sua vida.

Clientes e Terapeutas em Contato

CLIENTE: Não tenho nada que trabalhar hoje. Não está acontecendo nada. As coisas estão correndo normalmente.

TERAPEUTA: O que pensa a respeito?

CLIENTE: Para mim, tudo bem, acho. Mas o que faço na terapia?

TERAPEUTA: Lembra daquele senso de intuição que você já consultou antes? O que ele lhe diz?

CLIENTE: Sim, boa. Ele está dizendo que não importa; qualquer coisa que eu queira está bem.

TERAPEUTA: Ah.

CLIENTE: Acho que estava ficando um pouco ansioso, como se devesse trazer alguma coisa.

TERAPEUTA: E deveria?

CLIENTE: É, tenho essa sensação de não querer decepcionar você. Sempre detestei decepcionar as pessoas. Eu poderia examinar isso.

TERAPEUTA: O que sua intuição diz sobre isso?

CLIENTE: Ela está balançando a cabeça, se é que se pode dizer assim, como se para mostrar que está bem. Qualquer coisa que eu queira está bem.

•••••••

CLIENTE: Desde que me lembrei do Sr. Redmond, meu professor da quarta série, na sessão que tivemos na semana passada, ele tem estado comigo todos os dias. Sinto sua presença a meu lado, como quando era criança. Ele me dava apoio total.

TERAPEUTA: Como assim?

CLIENTE: Você quer dizer, tê-lo por perto? Ajuda muito. Tenho sentido medo de assumir esse projeto importante no escritório. Aí ele diz: "Você pode. Confie em si mesmo." [Risadas.] Como Obi-Wan com Luke. Eu queria que ele ficasse perto mais vezes.

TERAPEUTA: Como você poderia conseguir isso?

CLIENTE: Eu tinha uma foto dele no álbum daquele ano da escola, mas essas coisas já se acabaram há muito tempo.

TERAPEUTA: O que diz o Sr. Redmond?

CLIENTE: Ha, essa é boa. [Risos.] Certo, o que diz o Sr. Redmond? Ele diz: "Desenhe-me."

TERAPEUTA: Quer fazer isso agora? Tem material de desenho ali...

CLIENTE: Claro, seria legal. Poderia pendurar no meu quarto.

●●●●●●●

CLIENTE: Eu fui à praia no fim de semana e tive uma experiência incrível. Eu estava lá sentado, olhando o mar, e aconteceu uma coisa. Uma coisa espiritual. Eu me senti ligado ao mar e a tudo que existe no universo, como se fosse "parte" de tudo, em vez de ser "separado". Uma paz incrível.

TERAPEUTA: Uau. [Sussurrando.]

CLIENTE: Sim, foi uma coisa incrível. E permaneceu um pouco comigo esta semana.

TERAPEUTA: E você tem dito que queria uma vida mais espiritual, mais pacífica. Gostaria de explorar mais isso, digamos, com uma visualização?

CLIENTE: Claro.

TERAPEUTA: Certo, imagine que está na praia agora...

CLIENTE: OK, isso é fácil. Estou lá. Adoro. Posso até ouvir o barulho das ondas. A sensação é de conexão, integração.

TERAPEUTA: Há algo que você queira dizer ou fazer?

CLIENTE: Só estar com isso. Nossa, eu adoraria ser assim o tempo todo.

TERAPEUTA: Acontece alguma coisa em reação a esse desejo?

CLIENTE: Neste exato momento, lembro de minha mulher toda agitada hoje de manhã. Ela sempre fica assim. É uma coisa que me dá nos nervos, me irrita.

TERAPEUTA: Enquanto permanece à beira-mar, o que vê com relação a isso?

CLIENTE: Tenho a impressão de que preciso aceitar mais isso nela. É, na verdade, a agitação dela não é tão importante; não sei por que me dá nos nervos. Ficar irritado só faz piorar as coisas. Isso sem dúvida seria mais pacífico! [Risadas.]

•••••••

CLIENTE: Um sonho poderoso essa noite, com Tara. [Uma personificação da Divindade para esta cliente.] Sinto-me tão abençoada. Não lembro de muita coisa, mas lembro, sim, que ela era tão cheia de amor e de sabedoria e que eu só precisava ficar em silêncio para escutá-la.

TERAPEUTA: Como era isso?

CLIENTE: Era muito... Não sei, reconfortante. Eu a sentia tão próxima.

TERAPEUTA: Há algo que você queira fazer com isso, aqui? Estar com ela, por exemplo?

CLIENTE: Sim, mas é difícil. Eu tentei. Fico em silêncio, meditando, mas minha mente não para de saltar de um lado para o outro, preocupando-se com isso e aquilo...

TERAPEUTA: Você gostaria de ver o que acontece com isso, aqui, agora?

CLIENTE: Claro.

TERAPEUTA: OK, tente.

CLIENTE: [Fecha os olhos, longo silêncio.] Sim, consigo sentir sua presença. Não há imagem, nada, só uma presença. [Mais silêncio.] E minha mente se preocupa com o quanto isso está durando, estou desperdiçando meu tempo? Ela está dizendo... É interessante [...] posso confiar nisso? Talvez eu me machuque...

TERAPEUTA: O que acontece depois? [Longo silêncio.]

CLIENTE: Você sabe, só estou deixando os pensamentos correrem soltos. Estranho. Sinto o silêncio dela. E os pensamentos martelando em outro nível. As duas coisas estão aqui.

TERAPEUTA: O que acha disso?

CLIENTE: É bom. Confortável. Só amparado no silêncio. Além dos meus pensamentos. Só observo os pensamentos irem e virem.

Nesses exemplos, os clientes estão encontrando o Self por meio de centros unificadores autênticos (a intuição, o Sr. Redmond, a praia, uma figura da Divindade), ou seja, formas que lhes permitem contato com uma orientação e uma sabedoria que extrapolam seus modos habituais de operação. Na psicossíntese, essas são situações de contato com o "Eu espiritual, que já conhece seu problema, sua crise e sua perplexidade" (Assagioli, 2013, p. 213). Esses são momentos de realização consciente do Self.

Aqui, a tarefa fundamental do terapeuta é reconhecer a significação desse contato e testemunhar e apoiar a relação florescente do cliente com o centro unificador autêntico. Por exemplo, um terapeuta lembrou a relevância do uso da intuição pelo cliente e sugeriu seu uso na terapia. Com isso, facilita a relação do cliente com a própria sabedoria interior e com sua relação com o Self.

Evidentemente, esse foco nos centros unificadores autênticos significa a permanência em sintonia com a significação que o cliente atribui aos centros unificadores. Ou seja, os terapeutas não devem se concentrar nos centros unificadores autênticos só porque *eles* sabem que os centros são importantes contatos com o Self e, por isso, *devem* ser significativos para o cliente. Não, os terapeutas sempre buscam seguir o sentido que lhes dá o próprio cliente. Se o cliente não achar que é importante, que assim seja.

Mas os terapeutas podem ficar alertas para essas relações florescentes à medida que elas naturalmente surgirem no decorrer da terapia. Eles podem permanecer com os clientes enquanto estes fazem tais contatos, alimentando o sentido nascente com seu interesse e respeito. Essa curiosidade empática dá origem a intervenções como as ilustradas nos exemplos, intervenções que surgem organicamente do senso de interesse e sentido do próprio cliente. Quando vêm da morte e renascimento do terapeuta, e não de seus objetivos e problemas, as intervenções e as técnicas podem ser vistas como "aquilo que o cliente teria proposto se tivesse conhecimento e treinamento para tal".

Outra tarefa do terapeuta no estágio de contato é ajudar os clientes (se esse for o desejo deles) a reconhecer de que modos lhes está sendo exigida a consumação de uma conexão mais profunda com o Self. Como no exemplo do Sr. Redmond, isso pode ser feito por meio de uma referência ao próprio centro unificador autêntico do cliente: o cliente perguntou ao Sr. Redmond como poderia tê-lo mais em sua própria vida. Dar o passo concreto de desenhar o retrato e colocá-lo no quarto é uma forma de permitir que esse importante centro unificador autêntico tenha um impacto mais contínuo na vida dele.

O terapeuta também pode precisar facilitar a solução dos problemas que surgirem à medida que os clientes buscarem o contato com o Self: o homem de um dos exemplos de caso acima pode descobrir que sua sensação crônica de raiva diante da própria mulher é um obstáculo ao desejo de paz e espiritualidade, do mesmo modo que a mulher pode perceber que sua mente preocupada e hiperativa é um obstáculo à comunhão com a figura de Tara. Isso pode ser visto como um convite ou chamado à assimilação desses obstáculos e, assim, ao aprofundamento da conexão com os centros unificadores autênticos e, portanto, com o Self.

Seja Grato por seus Obstáculos

Embora nesses dois exemplos os clientes encontrem meios de administrar os problemas do momento, em geral exige-se um compromisso mais deliberado com esse tipo de obstáculo, o que envolve um retorno a estágios anteriores da psicossíntese.

Por exemplo, o homem que tinha raiva da própria mulher pode chegar extremamente confuso para a sessão seguinte da terapia por estar sentindo ainda mais raiva. Ele pode perder a esperança de jamais conseguir ficar em paz, desconcertado com o aumento da raiva e autocrítico por não saber administrar sua reação à mulher.

Quando começar a examinar mais detidamente essa raiva, ele pode descobrir que se trata de um padrão habitual, que funciona como uma compulsão ou vício: estágio zero, sobrevivência. A partir dessa constatação, ele poderia passar à exploração:

TERAPEUTA: O que você sente na fração de segundo que antecede a irritação com sua mulher?

CLIENTE: Logo antes? Hum, vejamos. [Continuando a se imaginar na situação.] É, sinto uma coisa mesmo. Tenho uma sensação de impotência, sabe, como se não pudesse fazer nada para resolver a preocupação dela. Sinto um oco no estômago.

TERAPEUTA: Algo mais?

CLIENTE: Sim, me sinto um inútil. Não consigo ajudá-la; me sinto só.

TERAPEUTA: Já se sentiu assim antes na vida?

CLIENTE: Sim, isso me transporta à época que minha mãe ficou muito doente, quando eu era criança.

Aqui o cliente percebe que essa raiva é deflagrada porque a preocupação da mulher o faz sentir-se impotente, inútil e só, ferida primal que ele sofreu na infância quando enfrentou a grave doença da mãe sem nenhum apoio de outras pessoas. Ele pode então explorar aquela época penosa de sua vida, o amor pela mãe, o pesar por tê-la perdido para a doença, o sentir-se mal consigo mesmo por não ter sido capaz de salvá-la. Ao levar a cura empática a esse nível de sua ferida (estágio de afloramento), ele vai descobrir não só que já não se mobiliza tanto, mas também que mais paz flui para sua vida. Em outras palavras, seu contato com o Self estará se aprofundando.

Observe então que, aqui, o problema da raiva se revela não tanto como obstáculo a seu desejo de mais paz e espiritualidade na vida, mas como uma porta que se abre *para* essas coisas. É como se ele ouvisse o apelo a uma relação mais estreita com o Self *por meio* do problema da raiva. O que inicialmente é vivido como obstáculo à realização do Self revela-se um ponto de partida para essa realização.

Do mesmo modo, a mulher cuja mente não parava de saltar de um lado para o outro pode chegar para a sessão e relatar que está se consumindo com raciocínios compulsivos e não consegue meditar de jeito nenhum:

CLIENTE: Minha meditação anda péssima. Minha "mente de macaco" me leva para onde quer.

TERAPEUTA: O que você gostaria de dizer à sua mente de macaco?

CLIENTE: Cala a boca! [Ri um pouco.]

TERAPEUTA: O que ela diz?

CLIENTE: "Você precisa de mim. Se não ficar em guarda, vai se machucar." É, e isso me é familiar. Eu sempre tinha de ficar vigilante com minha mãe. Ela poderia ficar bêbada a qualquer momento, entrar no meu quarto com um cinto na mão, quebrar coisas, o diabo.

TERAPEUTA: Uau. [Baixinho.]

CLIENTE: É, eu me sentia péssima, como se não fosse nada, como se não existisse.

Aqui também a mulher atravessa um encontro com o estágio de sobrevivência com um padrão compulsivo e entra no estágio de exploração revelando as origens desse padrão num trauma de infância. À medida que a terapia prosseguir, ela poderá trabalhar com algumas dessas experiências da ferida primal, estabelecendo um contato empático consigo mesma nesse nível, levando compreensão e segurança a essas áreas de sua personalidade (estágio de afloramento). Ela também poderá perceber o quanto seu medo de Tara é condicionado pelo medo da mãe.

Assim, à medida que o padrão for explorado e a cura for se processando, o padrão compulsivo de vigilância mental não precisará mais ser atuado, e a capacidade da mulher de permanecer nessa comunhão silenciosa se fortalecerá. Mais uma vez, o obstáculo se revelará um ponto de partida.

Indução e a Relação Eu-Self

Os dois exemplos que acabamos de discutir mostram algo fascinante e importante sobre a dinâmica da relação eu-Self. Para ambas as pessoas, o movimento em direção a um contato mais profundo com o Self energizou padrões psicológicos que impunham obstáculos a esse contato.

> *Seja grato por seus obstáculos.*
> – ROBERTO ASSAGIOLI

Chamamos esse fenômeno de *indução* (Firman e Gila, 2002) porque a energia é induzida na personalidade por um encontro mais próximo com o Self. Então, esse aumento do fluxo de energia da personalidade de certa forma "aquece" ou energiza as áreas que constituem obstáculos à expressão dessa energia.[1]

Assim, o que ocorre é que o movimento em direção ao Self *induz*, ou seja, energiza, estimula, destaca, os próprios problemas psicológicos que precisam ser abordados para que o movimento possa avançar. Por isso, os padrões de raiva e raciocínio compulsivo do homem e da mulher foram induzidos quando eles buscavam um contato mais profundo com o Self: inicialmente, em vez de melhorar, esses padrões pioraram. E, trabalhando com esses padrões de modo amoroso e empático, eles puderam continuar aprofundando o contato, percebendo com mais clareza tudo aquilo que estavam buscando.[2]

Em retrospectiva, parece que a ferida do homem ("impotente, inútil e só") e a ferida da mulher ("como se não fosse nada, como se não existisse") estavam sendo tocadas por seu movimento em direção ao Self — de fato, um movimento em direção a uma cura: "Você é digno, conectado e amparado na existência". À medida que esses locais extremamente vulneráveis se aproximaram da consciência, os padrões de sobrevivência da raiva e da vigilância compulsiva reagiram com força, tentando fazer seu trabalho: manter a ferida primal fora da consciência.[3]

Portanto, qualquer aspecto da personalidade que se baseie na repressão da ferida primal — isto é, qualquer aspecto da personalidade de sobrevivência — pode reagir quando uma percepção mais profunda da conexão eu-Self se apresenta. Porém, por mais caótica e penosa que possa ser, a indução é, *na verdade, um convite, um apelo a um contato mais próximo com o Self*. É como se, ao ver a direção de nossa jornada, nos conscientizássemos plenamente da próxima etapa dessa jornada.

Portanto, a boa nova a respeito da indução é que a assimilação dessas questões se torna uma rota direta para o aprofundamento do contato com o Self, ou, melhor dizendo, para consumar a união perene com o Self. Outra maneira de dizer isso seria: aqui, a *vontade pessoal* (do "eu") e a *vontade transpessoal* (do Self) alinham-se para pôr em evidência questões que são importantes para sua relação. É por isso que Assagioli (1973a) costumava dizer: "Seja grato por seus obstáculos."

Uma razão da utilidade dessa compreensão do apelo e da indução é o fato de permitir-nos reconhecer a dimensão espiritual implícita que subjaz às nossas lutas com padrões psicológicos problemáticos. Esses padrões não são simplesmente "resistências" e "defesas" que devem ser impostos em nome da realização do Self; eles *são* nossa realização do Self. Eles não são obstáculos ao caminho; eles *são* o caminho. Portanto, repetindo, embora no estágio de contato essa relação subjacente

> *A aspiração e a vontade do eu pessoal e a atração do Eu Transpessoal.*
>
> – ROBERTO ASSAGIOLI

entre "eu" e Self se torne mais consciente, essa jornada vinha ocorrendo o tempo todo.

A compreensão da indução contribui para dissipar uma concepção errônea comum de que o Self nos inflige o sofrimento desses padrões energizados. Ou seja, não estamos sofrendo porque haja no Self um "lado sombrio" que queira o nosso mal nem porque o Self esteja tentando nos testar, ensinar ou punir. Simplesmente existem em nós padrões de sobrevivência que estão se energizando porque estamos aceitando o convite do Self para uma maior intimidade. Culpar o Self por esse desconforto é como culpar a verdade quando a busca da verdade questiona nossas ilusões mais caras. Ao contrário, podemos saber que o amor e a empatia do Self estão conosco mesmo em meio à dor e ao tumulto da transformação.

E a mais importante razão para conhecermos a dinâmica da indução talvez seja a seguinte: ela nos permite uma compreensão do Self que respalda nossa busca de consumar nossa união com o Self, enquanto a ideia de um Self destrutivo, manipulador ou amoral simplesmente não tem esse poder.[4]

Discernimento das Estruturas do Inconsciente Inferior

Convém ao terapeuta que estiver trabalhando com clientes que estão no estágio de contato ajudá-los a manter uma relação com seus centros unificadores autênticos para alimentar o contato contínuo com o Self. Isso pode exigir-lhe que apoie os clientes no recurso a importantes centros unificadores autênticos, além de auxiliá-los em seu intuito de discernir a diferença entre as mensagens de tais centros e as de outras fontes.

Por exemplo, Jay, um carpinteiro de 30 anos de idade, desenvolveu ao longo da terapia uma relação significativa com a imagem interior de um homem sábio e amoroso a quem chama de "O Sábio". Tendo isso em vista, o terapeuta pode apoiar ativamente essa relação:

JAY: Tenho pensado muito em passar por cima do meu chefe e contar ao supervisor a merda que ele está fazendo.

TERAPEUTA: E o que você pensa?

JAY: Bom, meu chefe não escuta minhas reclamações, então sou obrigado a fazer isso. Só que estou com medo que ele vire uma fera.

TERAPEUTA: Quer fazer uma consulta a seu Sábio?

JAY: Claro. [Pausa, mantendo os olhos abertos.] Primeira coisa. Ele está sorrindo para mim. Eu relaxo.

TERAPEUTA: Veja o que quer acontecer.

JAY: Hum, estou pensando aqui que tenho medo de criar problemas — a velha questão de sempre. O Sábio ficou zangado comigo. Ele disse: "Você é um fracasso."

TERAPEUTA: Quem é que está falando?[5]

JAY: Hum! Tá, meu crítico novamente. Voltando ao Sábio. [Fechando os olhos, longo silêncio.] OK, sim, o que é que há, afinal, se falar com o supervisor não for uma coisa boa, pegue o emprego e enfie.

TERAPEUTA: Aquele que tinha medo — o crítico — precisa de alguma coisa de você?

JAY: Que eu diga aos dois que não tem problema. Tem um monte de trabalho por aí. Mas, você sabe, o supervisor deve saber o que está acontecendo.

TERAPEUTA: Mais alguma coisa sobre o Sábio?

JAY: Só aquele sorriso.

Ao facilitar essas relações com centros unificadores autênticos, os terapeutas são obrigados a respeitar a conexão do próprio cliente com o

Self e a abrir a terapia para a sabedoria, a orientação e a cura que emanam dessa fonte. Essa é também uma posição humilde, não autocentrada, para o terapeuta que, assim, respeita a sabedoria mais profunda que vem do cliente.

Esse exemplo mostra também o terapeuta fornecendo a Jay uma assistência ativa na administração do medo e da autocrítica que surgiram quando ele tentou dialogar com seu centro unificador autêntico. Repetindo, eis aí o compromisso ativo do terapeuta com a empatia espiritual, de fato conduzindo o cliente aonde ele quer ir. O retorno fácil de Jay à sua figura de sabedoria foi possibilitado pelo trabalho anterior, nos estágios de exploração e afloramento, com um padrão de silêncio de sua família, com seu medo da crítica e com o crítico interior degradante.

Como vimos em casos anteriores, se o medo e a autocrítica de Jay fossem fortes o bastante para bloquear sua conexão com essa figura sábia, ele poderia optar por abordá-los naquele momento. O mais provável é que isso exigisse a exploração da fonte familiar da atitude crítica e constrangedora, e das consequentes feridas de baixa autoestima. Esse trabalho psicológico abriria espaço para um contato mais claro com o centro unificador autêntico posteriormente. Mais uma vez, o obstáculo se torna um ponto de partida, um apelo do Self apresentando-se como indução.

O crítico nesse exemplo de caso pode ser visto como uma forma de centro unificador de sobrevivência condicionada pelo inconsciente inferior; nele, o senso de inutilidade e vergonha se justapõe a um crítico interior condenatório, evocando a ferida guardada em estruturas do inconsciente inferior. Portanto, esse crítico na verdade não é um centro unificador autêntico, a expressão clara de um Self amoroso e empático. Esse é possivelmente um caso de "aceitar como intuições e inspirações superiores certas sugestões [vozes do crítico e do medo] que, na realidade, são determinadas por forças, desejos e anseios inconscientes" (Assagioli, 2013, p. 41). Tal discernimento permite que o terapeuta ajude os clientes a retornarem ao centro unificador autêntico, *se* for isso o que os clientes estiverem buscando. Isso lhes possibilitará não apenas um contato mais claro com o Self, mas também um compromisso de cura com esses aspectos feridos da psique.[6]

Porém devemos observar muito bem uma coisa: *se for isso o que os clientes estiverem buscando!* E se o cliente não puder ou não quiser trabalhar com a relação constrangedora com o crítico interior? E se o cliente achar que essa baixa autoestima é verdadeira, que é o jeito que as coisas são? E se o cliente achar que esse crítico é Deus? Na empatia espiritual, não temos recurso a não ser entrar no mundo do cliente e lidar com nossas próprias reações a isso.

Talvez a percepção de que o cliente está tecnicamente no estágio de sobrevivência, e não no estágio de contato, possa nos ajudar. Porém, mesmo quando temos essa compreensão, permanece o fato de que o cliente *está* mantendo contato com o Self, ainda que esse contato esteja envolto em outra dinâmica psicológica. Talvez o cliente decida atender ao apelo de ser fiel ao crítico, de redimi-lo de algum modo dessa maneira. Talvez não seja oportuno abordar essa dinâmica; talvez outras coisas precisem acontecer primeiro no mundo interior ou exterior. Talvez nunca possamos saber.

Lembre-se: a relação eu-Self é transcendente-imanente e, por isso, sempre presente, mesmo quando recua para segundo plano. E é nosso amor pelos clientes e nosso respeito por seu caminho que vai permitir que essa relação venha mais para o primeiro plano (se esse for o caminho do cliente).

Ao descrevermos os estágios da psicossíntese, é essencial repetirmos que não devemos permitir que esses es-

> *O Eu superior não deve ser confundido, de forma alguma, com o superego freudiano.*
> – ROBERTO ASSAGIOLI

tágios formem pautas para as pessoas com quem caminhamos. Se, como terapeutas, nos prendermos a esquemas destinados a atingir as metas que *nós* desejamos, por maior que seja a sutileza com que o façamos, perderemos nossa capacidade de estar com os clientes onde eles estão, de nos dispormos a ir aonde eles querem, ou seja, de lhes propiciar a única fonte de cura e crescimento que existe.

Discernimento das Estruturas do Inconsciente Superior

Se as estruturas do inconsciente inferior podem obscurecer o contato com o Self, o mesmo vale para estruturas condicionadas por níveis do inconsciente superior. Eis a descrição de uma experiência de visualização em grupo feita pela participante de um *workshop*:

Eu estava sentindo a mesma terrível tristeza e abandono que sentira quando minha avó morreu. Eu tinha só 6 anos, você sabe, de modo que, apesar do louco amor que tinha por ela, não me deixaram ir ao funeral nem sequer sofrer sua perda. Eu me senti a criatura mais só do mundo.

No exercício, levei essas emoções a uma figura sábia e amorosa que se revelou um brilhante ser de luz, maravilhosamente resplandecente. Imediatamente me senti mais à vontade, reconfortada. Mas então o ser luminoso disse: "Não se sinta mal. Em essência, você é uma alma, de modo que essa experiência na verdade não a afetou em nada." Ou algo desse tipo.

Fiquei furiosa. Como aquela coisa luminosa se atrevia a me dizer isso? Como se minha experiência não valesse de nada! Era uma falta de respeito, comigo e com minha avó. Fiquei lívida, quase fora de mim. E disse exatamente isso àquele ser.

Então algo muito curioso aconteceu. A senhora luminosa me pediu desculpas! Ela disse que não havia percebido o quanto eu sofrera, que lamentava muitíssimo e que gostaria de sentar-se a meu lado. E, assim, ficamos sentadas e ela estava comigo enquanto eu chorava. Foi tudo muito consolador, terapêutico de algum modo.

Nesse exercício, a mulher encontrou uma estrutura não integrada do inconsciente superior na forma de uma figura luminosa que a convidou a uma pseudotranscendência, uma fuga para o inconsciente superior e uma renúncia à sua tristeza e solidão (veja a discussão sobre a identificação transpessoal no capítulo seguinte). A reação indignada da mulher indica o fracasso da empatia exprimido por esse "ser de luz", o que revela que ele não é de fato um centro unificador autêntico. *Se não há empatia espiritual, não é um centro unificador autêntico.*

Tal fracasso da empatia por uma figura luminosa é compreensível porque, embora incorporasse a faixa experiencial superior do amor e da luz, ela era empaticamente limitada; não tinha contato com a faixa mais sofrida do inconsciente médio, que estava mais próxima da experiência imediata da mulher. Porém, no exercício, a mulher começou relacionando-se com a estrutura superior, varando a ruptura empática entre elas.

Esse entrosamento com a estrutura superior permitiu que esta se transformasse e que a empatia crescesse e, por fim, curasse a dissociação entre elas. Assim, a faixa do inconsciente superior, representada pela figura luminosa, reuniu-se à experiência contínua da mulher no mundo (à sua faixa experiencial operacional ou janela de tolerância), tornando-se parte integrante de seu inconsciente médio.

Mas o que aconteceria se a mulher não entrasse em conflito com a figura luminosa? E se a mulher terminasse o exercício com a sensação de que, sim, já que era uma alma, sua perda e sua tristeza nada significavam? Se agora ela achasse que a avó estava num lugar melhor, por exemplo, e só pudesse sentir gratidão e felicidade? Você, como terapeuta, poderia estar com ela nisso, mesmo pensando que é negação e dissociação? Lembre-se: essa é sua tarefa. Você não pode saber o que é a jornada dela, mas pode caminhar com ela em sua jornada se a amar. Se alguma cura tiver de se processar por seu intermédio, ela só virá pela empatia espiritual que você lhe propiciar.

Portanto, convém aos clientes e terapeutas envolvidos no estágio de contato aprender a discernir o contato verdadeiro com centros unificadores autênticos do contato com estruturas não empáticas do inconsciente médio, do inconsciente superior e do inconsciente inferior. Podemos ver então o quanto são úteis os estágios anteriores da psicossíntese na preparação para o contato com o Self.

Sem alguma liberdade dos padrões de compulsão e dependência (estágio zero), sem alguma exploração dos inconscientes médio, superior e inferior (estágio um) e sem alguma capacidade de desidentificação de diferentes aspectos da personalidade (estágio dois), é fácil deixar-nos enganar por mensagens que aparentemente provêm do Self, mas que na verdade são expressões de uma dinâmica de distorção de nosso próprio mundo interior. O discernimento é também uma importante dinâmica do estágio final da psicossíntese, *reação ao Self*.

Capítulo Onze

Estágio quatro da psicossíntese: reação ao Self

> *Que a vontade do Self guie e oriente minha vida.*
>
> — ROBERTO ASSAGIOLI

Enquanto os clientes continuam a ser amparados em empatia espiritual, em amor altruísta, aprofundando o contato com centros unificadores autênticos, aproximando-se da sabedoria empática e da orientação do Self, a etapa seguinte parece não apenas lógica, como também inevitável: eles começam a reagir ao Self em sua vida. Como estão ficando cada vez mais conscientes de sua própria verdade, percebendo mais fortemente o próprio caminho e ouvindo com mais clareza de onde vem seu chamado, eles começam a expressar-se conforme sua própria natureza e seus valores mais profundos.[1]

Como o estágio de contato, o estágio de reação também ocorre ao longo de todos os estágios anteriores da psicossíntese. Desde a ação diante de padrões compulsivos à opção pelo contato com centros unificadores autênticos, passando pela exploração dos níveis do inconsciente e pela responsabilidade por si mesmos, os clientes já estão reagindo aos convites do Self. Trata-se de uma mudança de foco em nós que tira a reação do segundo plano e a traz para o primeiro e, por isso, um nome mais preciso para esse último estágio seria "uma reação mais consciente ao Self".

Portanto, o estágio de reação consiste em opções feitas pelos clientes em relação ao que parece mais verdadeiro, mais certo para eles. Como sempre, a tarefa do terapeuta é dar empatia espiritual, que, nesse estágio, alimenta a capacidade que os clientes têm para agir em relação à sua própria verdade. Também como sempre, essa tarefa pode trazer desafios aos terapeutas. Mas, primeiro, vejamos alguns exemplos desse estágio da psicossíntese.

CLIENTE: O que eu realmente devo fazer hoje é falar sobre meu abuso sexual. Tenho evitado abordar o assunto. Acho que agora estou me sentindo seguro o bastante.

TERAPEUTA: OK.

CLIENTE: Ainda fico nervoso, veja. [Sorri, limpando o suor do rosto.] Mas acho que tenho de ser fiel a mim mesmo. Mesmo que uma parte de mim diga que é loucura.

TERAPEUTA: Como assim?

CLIENTE: Ah, você sabe, me pergunto por que falar nisso. Digo que não é tão importante assim. Mas eu sei que é. Romper o silêncio é uma coisa que eu preciso fazer.

•••••••

CLIENTE: Finalmente disse a meu namorado que não gostava que ele paquerasse outras mulheres. Fiquei pasma: ele entendeu! E até me agradeceu! [Sorriso largo, radiante, para o terapeuta.]

TERAPEUTA: Uau.

CLIENTE: Pois é, não acredito que fiz isso.

TERAPEUTA: Como foi?

CLIENTE: Estávamos jantando e me pareceu que aquela era a hora, sabe? Meu coração disparou; eu pensava: "Ele vai me deixar." Mas, aí, simplesmente saiu. Fiquei espantada.

TERAPEUTA: Como conseguiu fazer isso?

CLIENTE: Bom, falar aqui a respeito disso ajudou, com certeza. Ver meu medo de perdê-lo, do abandono, de meu pai, tudo isso. E alguma coisa naquele momento... alguma coisa me disse que estava na hora. Meu guia interior.

•••••••

CLIENTE: Tenho tido uma experiência estranha. Desde que entrei em recuperação — "entreguei a vontade e a vida às mãos de Deus" — minha vida está mais que pacífica. Sem caos. Sem drama. Não estou acostumado.

TERAPEUTA: E como é isso?

CLIENTE: É simplesmente estranho. Não sei. É tranquilo, normal, eu acho. É incômodo. [Risos.] Mas é o meu caminho, eu sei.

TERAPEUTA: E como você sabe que é o seu caminho?

CLIENTE: Hoje eu me relaciono com um Poder Supremo. Falo com Ele. Nós nos tratamos pelo nome!

TERAPEUTA: Então, o que diz seu Poder Supremo sobre essa estranheza?

CLIENTE: Boa pergunta. [Pausa.] Ele diz que vou me acostumar. Estou exatamente onde deveria estar.

Em todos esses exemplos, os clientes estão claramente reagindo ao convite ou apelo de um senso mais profundo de verdade: "o que eu realmente devo fazer", "uma coisa que eu preciso fazer", "alguma coisa me disse que estava na hora", "é o meu caminho". Nos termos da psicossíntese, essas são reações ao Self, momentos de realização consciente do Self.

Observe que essas reações ocorrem no contexto de sensações físicas (suor, coração disparando), reações emocionais (nervosismo, medo, incômodo) e funcionamento cognitivo ("parte de mim diz que é loucura", "Ele vai me deixar"). Em vez de ignorar esses conteúdos, as pessoas penetram neles enquanto manifestam suas opções. Assim funciona o "eu", um centro de consciência e vontade que é distinto, mas não separado, do conteúdo e do processo da personalidade, permanecendo transcendente-imanente no que a eles se refere.

Podemos ver também o funcionamento de uma sensação do que é certo, de um chamado ou vocação, que atua de forma semelhante, distinta, mas não separada, desses conteúdos, ou seja, é transcendente-imanente a eles. Quando disseram: "eu sei que é [importante]", "me pareceu que aquela era a hora", "é o meu caminho", todos estavam reagindo a uma fonte de sabedoria mais profunda ou sublime que seu funcionamento consciente normal. Porém essa fonte mais profunda estava plenamente presente para sua experiência do aqui e agora.

Nisso está a relação transcendente-imanente entre o "eu" e o Self. Ela é uma relação que não pode ser completamente equiparada a nenhuma forma particular e, por isso, pode manifestar-se de muitas diferentes formas. O estágio de reação da psicossíntese é o momento em que essa relação — e, especificamente, a reação a essa relação — assume o primeiro plano.

A Relação Eu-Self

Essencialmente, a "reação" do estágio de reação é uma reação da vontade pessoal do "eu" à vontade transpessoal do Self. Assagioli diz o seguinte a respeito da vontade transpessoal: "Ela é ação que é sentida pelo self pessoal, ou 'eu', como 'atração' ou 'apelo'." E, prosseguindo, descreve a relação entre a vontade pessoal e a vontade transpessoal:

Relatos de experiências religiosas muitas vezes falam em um "apelo" de Deus ou na "atração" exercida por um Poder Supremo; isso às vezes inicia entre o homem [ou mulher] e essa "Fonte superior" um "diálogo" no qual ambos se alternam em invocar e evocar um ao outro. (Assagioli, 1973b, p. 114)

Nesse ponto, Assagioli apresenta o "eu" e o Self como entidades distintas que podem relacionar-se uma com a outra por meio de suas respectivas vontades. Está claro que ele vê o indivíduo como dotado de liberdade, de escolha, quanto a se alinhar ou não com a vontade transpessoal. Por isso, não se trata de modo algum de um domínio da vontade pessoal pela vontade transpessoal, do "eu" pelo Self. Afinal, o "eu" é a projeção ou reflexo do Self, a criação do Self. Portanto, se diminuísse ou subjugasse de alguma maneira a vontade pessoal, o Self estaria negando seu próprio ato de criação.

Ao contrário, como um reflexo integral do Self que tem consciência e vontade, o "eu" tem poder de dizer ao Self "sim", "não" ou "talvez". Além disso, o "eu" tem a prerrogativa de tomar a iniciativa, de "invocar e evocar" o Self. Vimos essa liberdade da vontade pessoal na troca animada e franca de ideias que ocorre entre as pessoas e seus centros unificadores autênticos.

Essa liberdade de expressão pessoal pode ser vista na força e no propósito das ações dos clientes de nossos exemplos. Elas são fortes expressões da individualidade de pessoas que tomam decisões corajosas em relação ao que acreditam ser certo e bom. Fica implícita a sensação de que elas poderiam escolher outra coisa, de que aqui o livre-arbítrio prevalece.

Entretanto, essa experiência de independência e liberdade em relação ao apelo é apenas um dos tipos de experiência do estágio de reação. A esse respeito, Assagioli diz o seguinte:

Não existem realmente dois eus, duas entidades independentes e separadas. O Eu é uno; manifesta-se em diferentes graus de consciência e autorrealização. A reflexão parece ser autoexistente, mas, na realidade, não tem substancialidade autônoma. Em outras palavras, não é uma nova e diferente luz, mas uma projeção de sua fonte luminosa (Assagioli, 2013, p. 34).

Desse ponto de vista, não há "eu", não há self nem vontade pessoal. Há apenas Self e vontade transpessoal. Por mais contrário que isso pareça à livre interação entre a vontade pessoal e a vontade transpessoal, já pudemos ver esse tipo de experiência nos exemplos anteriores.[2] O homem que decidiu falar a respeito de seu abuso sexual, por exemplo, afirma que isso é "uma coisa que eu preciso fazer". Em outras palavras, ele se sentiu tão impelido pela própria noção do que é certo que agiu como se não tivesse opção a não ser obedecer-lhe.

Do mesmo modo, a mulher que disse a verdade ao namorado quanto a paquerar outras mulheres afirma: "Mas, aí, simplesmente saiu. Fiquei espantada." Ou seja, de certo modo não era ela quem agia naquele momento, mas sim uma sabedoria mais profunda agindo através dela, mesmo a despeito de seu medo e sua insegurança.

Finalmente, essa aparente falta de vontade pessoal é evidente no alcoólico em recuperação que entregou "a vontade e a vida" a seu Poder Supremo e foi lançado a uma vida inteiramente nova, à qual ele agora se esforçava para se ajustar. Aqui houve uma rendição da vontade pessoal e da individualidade independente.

Assim, no estágio de reação, sempre está presente uma mistura paradoxal de "self" e "não self", liberdade e destino, vontade pessoal e vontade transpessoal. Mas não importa: ver-se escolhendo ativamente o caminho como uma identidade forte ou simplesmente arrebatado pelo Espírito, é reagir ao Self. Ambas as experiências podem ser encontradas em diferentes ocasiões, em diferentes pessoas, em diferentes lugares de seus caminhos.[3]

O Cliente na Reação

Então que natureza poderia ter a terapia no estágio de reação? A seguir, apresentamos parte de uma sessão com um advogado de 42 anos chamado Daniel. Ele sentiu-se chamado a deixar o alto cargo que exercia num prestigioso escritório de advocacia para trabalhar para um grupo de proteção ambiental sem fins lucrativos:

DANIEL: Estou me sentindo muito confuso hoje. Não sei por quê. Estava bem hoje de manhã.

TERAPEUTA: Aconteceu alguma coisa?

DANIEL: Nada de importante. Vejamos, almocei com um amigo... Ah, foi isso. Estou inquieto porque Don [...] que está em avaliação para se tornar sócio do escritório [...] acha que sou inteiramente louco for ir embora. Ele foi bem cruel, eu acho. É, desde então tem sido só nuvens negras.

TERAPEUTA: Quer explorar isso?

DANIEL: Está na minha cara, com certeza.

TERAPEUTA: Visualização? Desenho? Movimento? Caixa de areia?

DANIEL: Acho que desenho; é, vamos lá. (Após vinte minutos rabiscando com creions coloridos, ele se afasta para ver o que desenhou.) Nossa. Aí está a minha nuvem. Preocupação, dúvida, medo, tudo. Sim, preto e vermelho. [Indicando no desenho.] Toda essa loucura. É o que diz. Don certamente me deu muito apoio. [Risadinha irônica.] Mas eu sinto o quanto esse novo emprego é certo para mim. Não sei explicar. Quando eles ligaram, eu sabia que esse seria meu próximo passo.

TERAPEUTA: Próximo passo...

DANIEL: Claro, é uma grande incógnita. Um novo tipo de direito, um grande corte no salário. Nenhum apartamento à vista. Mas não preciso nem pensar, como se meu rio fluísse para lá.

Aqui vemos Daniel encontrando obstáculos ao seu chamado: preocupação, dúvida, medo. Mas, como já sabemos, os obstáculos são parte do chamado, mais pontos de partida que desvios da jornada. Encontrar obstáculos ou "resistências" convida clientes e terapeutas (caso se disponham) a caminhar com os estágios anteriores da psicossíntese. E, como sempre, os terapeutas são estimulados a caminhar com empatia espiritual, permitindo que a jornada do próprio cliente se desenrole.

No decorrer da terapia, Daniel sentiu vontade de examinar mais detidamente suas reações de inquietação diante dos que se opõem à sua saída da firma. Ao fazer isso, ele percebeu que uma das razões para que essa pressão o afetasse tanto era o fato de ainda ter um apego inconsciente ao prestígio de seu atual emprego, uma dinâmica do estágio de sobrevivência. Esse apego era constantemente energizado pelos comentários negativos dos outros sobre sua opção e pelo alarde que faziam das vantagens do emprego, revelando assim um conflito íntimo entre o apego de Daniel e a reação que pretendia adotar diante do chamado. Isso levou Daniel a estágios anteriores da psicossíntese.

Retorno a Estágios Anteriores em Contato e Reação

Analisando o apego a seu cargo prestigioso, Daniel descobriu o senso de self inflacionado que ele lhe dava, um senso de sucesso idealizado e de aceitação aos olhos dos pais e da sociedade. Vendo através dessa inflação, ele então entrou numa crise de transformação quando sensações como fracasso e solidão vieram à tona. Agora a ferida primal mais antiga estava aflorando, uma ferida que a identificação inflacionada — a personalidade de sobrevivência — o ajudara a administrar.

Quando entrou no estágio de exploração, Daniel ficou surpreso ao ver-se lidando com o luto pelo irmão que morrera quando ele ainda era adolescente. Embora tivesse sofrido com essa morte na época, Daniel descobrira agora uma nova dimensão de vazio, raiva e desamparo que não havia sido tocada então (inconsciente inferior). Mas, ao dar vazão a esse luto, Daniel teve uma lembrança muito forte do irmão e do amor à natureza que ambos tinham (inconsciente superior). Das primeiras explorações das colinas que havia perto de casa a excursões posteriores mais longas e a locais mais distantes, o laço entre os dois passava por uma admiração compartilhada pelo mundo natural, e era essa admiração que agora figurava no novo caminho profissional de Daniel. Sua faixa experiencial estava se expandindo, pois agora seu inconsciente médio incluía alguns dos altos e baixos que haviam permanecido além de sua faixa normal de experiência.

Sempre amparado no campo empático, Daniel decidira conscientemente adotar medidas ativas no sentido de alimentar essas dimensões recém-descobertas de si mesmo: o estágio de afloramento do "eu". No intuito de facilitar o processo interrompido de seu luto, ele resolveu visitar o túmulo do irmão, falar com familiares sobre aquela época e reconhecer o aniversário da morte do jovem. Além disso, à medida que seu amor e admiração pelo mundo natural se tornavam cada vez maiores, ele sentia crescerem também a paixão e o empenho em protegê-lo e preservá-lo.

E ocorreu também um retorno ao estágio de contato, pois Daniel relembrou com gratidão o amigo da família que lhe dera apoio quando os pais ficaram de certo modo impossibilitados de fazê-lo, presos como estavam no próprio luto pela morte do outro filho. Num diálogo imaginário, Daniel retomou o contato com esse amigo já falecido e voltou a se abrir para o consolo e o *holding* que recebera dessa pessoa. Além disso, procurou e descobriu amigos e familiares que entendiam sua opção profissional, enquanto redobrava a prática espiritual. Seu processo de realização do Self encontrou um apoio cada vez maior em centros unificadores autênticos.

É claro que outra pessoa que estivesse no estágio de reação poderia não fazer nenhuma dessas coisas. Tudo depende do lugar de onde vem o chamado de cada um. Vale ressaltar, mais uma vez, que é a empatia espiritual que permite ao terapeuta caminhar com o cliente em qualquer direção que surja.

Discordância Entre a Vontade Pessoal e a Vontade Transpessoal

No caso de Daniel, a reação ao chamado foi inabalável, prevalecendo ao longo de todas as diferentes induções que estavam ocorrendo em sua personalidade. Nas palavras de Assagioli, ele estava "eliminando, tanto quanto possível, os obstáculos e resistências inerentes à [sua] personalidade; ampliando o canal de comunicação com o Eu superior [...] e deixando assim que o poder criador do Espírito atue, limitando-se a confiar nele e a obedecer-lhe" (Assagioli, 2013, 41). Em outras palavras, Daniel viveu um forte alinhamento entre a vontade pessoal e a vontade transpessoal, evidenciando a unidade do self pessoal e do Self transpessoal.

Entretanto, pode haver experiências nas quais a vontade pessoal e a vontade transpessoal pareçam fora de alinhamento, quando os clientes se veem em conflito com o próprio senso do que é certo e bom. Essa falta de alinhamento pode causar muita perturbação, como no caso de Ashley, uma jovem de 18 anos:

ASHLEY: Estou muito chateada.

TERAPEUTA: O que foi?

ASHLEY: É constrangedor. [Longa pausa.] Tá, eu fiquei "alta" ontem à noite e... eu, eu acabei dormindo com o namorado de Suzie. Bem, ex-namorado, na verdade. Mas ainda estou meio, assim, paralisada. Isso não é a minha cara.

TERAPEUTA: Quer falar sobre isso?

ASHLEY: Acho que sim. Me parece uma coisa tão, mas tão errada. Tenho que contar a ela, você sabe. Suzie é a minha melhor amiga.

TERAPEUTA: Algo a impede?

ASHLEY: Não. Só que... estou com medo.

TERAPEUTA: Com medo de...?

ASHLEY: De ela ficar louca de raiva, eu acho. Mas acho que logo viria com um papo tipo: "Eu te perdoo!" Mas eu simplesmente *tenho* de contar e ponto.

Aqui, Ashley está vivenciando uma dissonância com o próprio senso do que é bom, certo e verdadeiro. Essa dissonância tem dois aspectos. O primeiro é uma dissonância entre seu senso de identidade pessoal e seu Self mais profundo, ou seja, uma sensação de vergonha ("constrangedor", "isso não é a minha cara"). O segundo é uma dissonância entre a vontade pessoal e a vontade transpessoal, ou seja, uma sensação de culpa ("Me parece uma coisa tão, mas tão errada"). É isso que Maslow chamava de "culpa real", uma culpa que deriva de "não ser fiel a si mesmo, a seu próprio destino na vida, a sua natureza intrínseca" (Maslow, 1962, p. 114).

A vergonha e a culpa de Ashley são o que denominamos *vergonha autêntica* e *culpa autêntica* para distinguir a *vergonha de sobrevivência* (baixa autoestima, sensação de inutilidade) e a *culpa de sobrevivência* (julgamento, censura), que derivam da dissonância com o centro unificador de sobrevivência (Firman e Gila, 1997). É importante fazer essa distinção porque esses tipos de experiência são abordados de modos diferentes.

A vergonha e a culpa autênticas se resolvem quando a pessoa realinha a vontade pessoal e a vontade transpessoal, em geral adotando medidas interiores e exteriores para promover algum tipo de reparação, o que ocorreria em nosso exemplo se Ashley contasse à amiga o que tinha acontecido. A vergonha e a culpa de sobrevivência, por sua vez, geralmente exigem uma exploração da ferida da infância que subjaz às estruturas de sobrevivência. E, evidentemente, pode haver uma mistura desses dois tipos de sensação.

A reação de Ashley ao Self pode levá-la a seguir inúmeras diferentes direções na terapia, a depender das questões que forem induzidas por sua decisão. Ela poderia, por exemplo, começar por reconhecer que está habituada a usar o álcool de maneiras problemáticas e optar por tratar disso com um trabalho no estágio de sobrevivência. Ou pode ser que o medo que sente represente um obstáculo fundamental que a leve a explorar a relação na infância com uma mãe enfurecida e imprevisível.

Subsequentemente, ela poderia entrar também no estágio de afloramento promovendo mudanças na vida que lhe permitam a inclusão dos aspectos feridos, sensíveis e mais vulneráveis de si. Por fim, ela poderia retornar ao estágio de contato por meio da consulta a centros unificadores autênticos internos e externos (amigos, família, religião, grupo de apoio) quanto a sua decisão de falar com a amiga.

> *O senso moral, ou consciência, é uma das características diretas do Eu espiritual.*
> – ROBERTO ASSAGIOLI

Assim, o estágio de reação diz respeito, em última análise, à ação que se baseia na unidade subjacente entre "eu" e Self. Nele, buscamos agir em uníssono com nosso senso mais profundo de sentido e finalidade nos detalhes concretos do dia a dia. Mas há outro possível problema no estágio de reação que deve ser abordado.

A Cristalização da Reação

Há indivíduos que reagem à sensação autêntica de um chamado, mas acabam levando essa reação a criar na personalidade uma formação que se torna problemática. Nesses casos, o compromisso da pessoa com o chamado degringola em personalidade de sobrevivência, e o que antes era uma reação livre da pessoa como um todo torna-se uma identificação limitada a apenas uma parte da personalidade. Isso aconteceu com Shana.

Por pertencer a uma minoria, Shana cresceu com uma aguda percepção da discriminação e da injustiça da sociedade. Segundo ela mesma conta, quando tinha seus vinte e tantos anos, vivenciou uma profunda união com Deus e sentiu um forte impulso de trabalhar contra algumas dessas injustiças. Entrou num grupo dedicado à promoção da justiça social e, no decorrer dos dez anos seguintes, tornou-se uma das líderes desse trabalho. Eis aqui uma parte essencial de sua sessão:

SHANA: Odeio admitir... Mas estou exausta. Estafada. Sinto-me má.

TERAPEUTA: Má?

SHANA: Sim. O trabalho é tão importante, você sabe, o mundo precisa tanto dele. Quando penso em todo o sofrimento, toda a opressão... como posso não servir?

TERAPEUTA: O que deseja para você mesma nisso?

SHANA: Não tenho certeza. Bem, o ideal seria ter uma energia infinita... Mas isso não é realista. Então não sei, talvez um pouco de equilíbrio. Tempo para mim mesma?

TERAPEUTA: Como seria isso?

SHANA: Uma parte de mim daria pulos de alegria. Eu voltaria a praticar a meditação regularmente, a ler aqueles livros que estão ficando empilhados na minha mesinha de cabeceira. Mas — pá! — outra parte de mim está aqui, dizendo: "Isso é egoísmo, falta de compaixão. Vou decepcionar as pessoas do Centro. O que será d'A Luta?" Ufa. A parte de mim que serve, eu acho. Me sinto uma menininha má.

TERAPEUTA: Como você reage à sua parte que serve?

SHANA: Se continuarmos assim, não haverá mais serviço nenhum. [Suspiro.]

TERAPEUTA: E a parte que serve?

SHANA: Hum... Ela diz: "E aquela noite em que você ficou tão perto de Deus? Como podemos ignorar isso?" É, foi uma coisa forte. Mudou minha vida. Você sabe. Mas o que pode haver de bom em entrar em estafa? Isso não é bondade nem amor, não é mesmo?

TERAPEUTA: E a parte que serve?

SHANA: Ela está entendendo. "Talvez você tenha razão." [Risos.] Ela diz: "Talvez pudéssemos até servir ainda melhor se fizéssemos uma pausa!" É isso que a minha parte que serve tem a lhe dizer. Mas já sinto uma certa paz só em falar a respeito.

TERAPEUTA: Há algo que Deus queira dizer?

SHANA: "Lembre-se: nem tudo é tarefa sua."

Inicialmente, o problema da estafa de Shana se apresentou como obstáculo ao seu chamado ao serviço. Ao explorá-lo, ela descobriu uma estrutura psicológica que na verdade havia cooptado seu chamado e sua reação. O que havia começado como uma reação autêntica de todo o seu ser a seu mais profundo senso de verdade, com o tempo se organizara dentro de uma parte dela, a "parte que serve", a qual por fim acabara colocando sua reação ao Self em conflito com outros aspectos de sua personalidade. A estafa não era decorrência do serviço em si, mas sim de um intenso conflito íntimo resultante da tentativa de viver a partir de uma pequena parte de quem ela era (a subpersonalidade cujo objetivo era servir) e suprimir outros aspectos importantes de sua personalidade.

Portanto, a situação de Shana começou com contato e reação autênticos. Mas, com o tempo, passara a ser um padrão de sobrevivência mantido pela ferida: as palavras "Me sinto uma menininha má" indicavam que uma ferida da infância estava sendo tocada. À medida que ela começou a se desidentificar e a sair do transe desse modo de sobrevivência, a ferida pôde aflorar e ela subsequentemente a assimilou na terapia, levando compaixão e cura àquele nível anterior, mais jovem, de si mesma.

Tecnicamente, com o tempo, Shana voltara do estágio de reação ao estágio de sobrevivência, do estágio quatro ao estágio zero. Sua personalidade de sobrevivência subsumira sua mais profunda experiência de Espírito e de chamado, formando o que podemos chamar de *identificação transpessoal* (Firman e Gila, 2002). A identificação transpessoal é basicamente a integração de experiências mais sublimes pela personalidade de sobrevivência, que as usa como usa qualquer outra coisa: para proteger a pessoa da ferida primal da infância. É essa a sua função, uma função crucial à vida em épocas de trauma; podemos ser gratos por isso, mesmo quando trabalharmos para nos libertar do controle desses padrões.[4]

Com efeito, por meio da estafa, Shana precisara expor essa identificação transpessoal que havia se desenvolvido gradualmente no correr do tempo e, assim, restabelecer uma relação mais consciente com o Espírito. Na reação a esse chamado, ela analisou a estafa, que era o aparente obstáculo em seu caminho, e descobriu que ela era um ponto de partida no desenrolar de sua jornada.

A jornada de Shana mostra, mais uma vez, que nossa relação com o Self prevalece em todos os estágios da psicossíntese. Os estágios de contato e reação simplesmente indicam uma expressão mais consciente e intencional dessa união perene com o Self. A fundamental união transcendente-imanente entre "eu" e Self está presente e funcional em todas as lutas da sobrevivência, na aventura da exploração e na liberdade do afloramento.

A Hipótese da Realização do Self

O fato de que contato e reação podem ser vislumbrados, ainda que vagamente, nos demais estágios da psicossíntese traz à baila um ponto importante para a compreensão e a expressão do amor altruísta: todo ser humano está em união com o Self e, portanto, um com o outro e com o mundo. No nível mais profundo, isso é o que somos e o que buscamos realizar. Todos nós, inclusive nossos piores inimigos.

Esta visão é o que poderíamos chamar de hipótese da realização do Self: *todos trilham o caminho da realização do Self, por mais distorcido e incompleto que esse caminho possa parecer.* Sejamos crianças ou anciãos, santos ou pecadores, enfermos ou sãos, crentes ou descrentes, nossa vida afinal consiste em realizar e expressar esse amor unitivo que lastreia nosso ser.

Podemos encontrar a hipótese da realização do Self na obra de inúmeros pensadores da psicologia. William James (1961), por exemplo, acreditava que o alcoolismo era a expressão de uma busca espiritual, percepção ampliada por Christina Grof (1993) com a "sede [espiritual] de plenitude" que impulsiona nossas dependências. Fazemos uma análise semelhante em nossos dois primeiros livros (Firman e Gila, 1997; 2002), considerando padrões de dependência, compulsão e distúrbios psicológicos como tentativas de integração do inconsciente superior e do inconsciente inferior.

No campo da psicanálise, Christopher Bollas (1987) viu a esperança da experiência transformacional (a busca do "objeto transformacional") impulsionando a busca do parceiro perfeito, a compulsão do jogador, a repetição de eventos traumáticos e até a busca do crime perfeito pelo criminoso. E o junguiano James Hillman (1996) afirma a experiência fundamental do chamado (o "código do ser"), mesmo que ela possa acarretar distúrbios psicológicos e até comportamentos antissociais.

Como já dissemos, na psicologia humanista, a ideia de Rogers da tendência atualizante indica claramente um profundo apelo à atualização que "existe em todo indivíduo", mesmo que esteja "profundamente enterrad[o] sob camadas e camadas de defesas psicológicas incrustadas" (Rogers, 1961, pp. 350-51). Mais recentemente, Arthur Bohart e Robert Rosenbaum alegam que as pessoas sempre estão tentando "orquestrar" ou "compor" a própria vida e que o terapeuta precisa reconhecer e apoiar esse impulso positivo, mesmo quando a pessoa lutar com "formas" criativas que forem penosas e destrutivas:

> Entender o cliente, no sentido de perceber e relacionar-se com a "boa forma" implícita em sua luta para organizar e compor sua vida, torna-se uma importante interação terapêutica. Qualquer organização pessoal pode ser conduzida de maneiras produtivas ou improdutivas. Podemos pensar o lugar em que o cliente está como uma espécie de "rascunho" que pode ser aprimorado de

maneiras positivas ou negativas. O terapeuta relaciona-se com a boa forma potencial (isto é, aonde o cliente está tentando chegar num sentido positivo) do modelo do cliente e, assim, assiste ao cliente para que a leve adiante. As "intervenções" tornam-se então meios de reagir a esse entendimento, um meio de exprimir esse entendimento. Como tais, as "intervenções" *são fundamentalmente* baseadas na empatia. (Bohart e Rosenbaum, 1995, p. 10)

Finalmente, Huston Smith expressa com veemência a hipótese da realização do Self como a busca do ser:

> Mesmo o viciado que ronda as ruas para saciar a "fissura" violenta e o assassino que espreita a vítima predestinada estão em busca do ser. Os becos que percorrem não têm saída; a julgar pelo ser maior que eles excluem ou pelo dano que causam ao ser dos outros, eles são condenáveis. Mas se fosse possível considerar a euforia da cocaína em si mesma, dissociando-a de suas consequências, ela seria julgada boa; o mesmo vale para a satisfação que invade o assassino quando leva a cabo sua vingança. (Smith, 1976, p. 77)

Todo ser humano busca o bem, mesmo que essa busca assuma formas distorcidas e destrutivas. Assim, a hipótese da realização do Self respalda nosso amor ao próximo e, por conseguinte, nosso trabalho com ele no amor. Não importa o que as pessoas façam, podemos saber que, de algum modo, elas estão em busca da realização do Self. Isso não significa que admitamos a dependência, desculpemos a criminalidade ou permitamos que as pessoas nos usem ou abusem de nós; significa que podemos amar os que estão presos a esses comportamentos (inclusive enquanto os ajudamos a tratar deles) sabendo que, no fim das contas, eles estão tentando realizar nossa união mútua em Espírito.

Além disso, em termos bem práticos, a hipótese da realização do Self pode às vezes levar-nos a ajudar os clientes a descobrirem essa motivação mais profunda por trás de seus padrões penosos e comportamentos destrutivos. Com o tempo, a pessoa que luta contra a dependência pode descobrir que ela é uma tentativa de administrar a ansiedade decorrente de abuso na infância e de alcançar contato e intimidade; a pessoa presa a um padrão penoso de raciocínio e comportamento pode concluir que esse padrão se baseia no abandono emocional precoce e na busca de uma sensação de amparo e segurança; até o comportamento antissocial pode revelar-se o esforço máximo da pessoa para encontrar um senso de individualidade e aceitação, que contrabalance o isolamento e o desamparo interior criados por ambientes não empáticos.

Evidentemente, essas não são conclusões nada simples e fáceis para os que sofrem assim e podem exigir uma longa luta com as consequências penosas de suas atitudes e comportamentos. E, sim, alguns aparentemente nunca despertam do transe para tocar conscientemente esse terreno mais profundo e amoroso da existência de um modo estável. Entretanto, a hipótese da realização do Self afirma que o amor altruísta é a realidade que subjaz a toda a vida, por mais incompleta e irremediável que ela possa parecer.

Na verdade, acreditamos que quem quer que seja chamado a trilhar o caminho do psicoterapeuta muito provavelmente age até certo ponto com base na hipótese da realização do Self. Do contrário, como explicar pessoas capazes de amar o inamável, esperar o inesperável, administrar ao incurável e discernir a centelha do espírito humano mesmo nas situações mais desesperadas?

E assim fechamos o ciclo completo. Este livro foi escrito em apoio aos que atenderam ao apelo da psicoterapia como expressão do amor altruísta e empático. Esperamos ter conseguido mostrar que, de muitos diferentes pontos de vista e disciplinas, esse amor pode ser considerado o fator de nutrição e cura que atua na psicoterapia. Para encerrar, vejamos até onde conseguimos chegar em nosso intuito de revelar a psicossíntese como uma psicologia do amor e, em seguida, falemos dos terapeutas que foram chamados a amar desse modo.

Capítulo Doze

A psicossíntese como uma psicologia do amor

Aqui temos um amor fraternal, altruísta e humanitário [que] deriva fundamentalmente de uma sensação de identidade essencial com nossos irmãos na condição humana.

— ROBERTO ASSAGIOLI

Nos capítulos precedentes, descrevemos uma teoria do desenvolvimento, uma teoria da personalidade e uma teoria clínica na psicossíntese, todas elas embasadas na força e nos meios do amor altruísta. O amor altruísta foi visto como principal móvel do desenvolvimento humano ideal ao longo da vida, da formação e do florescimento da personalidade autêntica e da cura e resistência do ser humano. Quando somos amados pelo que somos, e não apenas por nossas características físicas, nosso comportamento, nossas emoções ou nosso intelecto, percebemos quem somos e podemos reagir a nossos chamados na vida.

A psicossíntese revela-se, assim, como propiciadora de uma psicologia e uma psicoterapia do amor empático. Já que a falta desse amor causa a ferida primal e o jugo da orientação de sobrevivência, é esse amor que pode corrigi-los e permitir a ressurgência da personalidade autêntica. Na medida em que morrem para seu mundo à parte e consumam a união fundamental do amor empático, os terapeutas podem oferecer uma empatia espiritual que permite aos clientes empreender a jornada de cura e crescimento delineada nos estágios da psicossíntese. A terapia da psicossíntese *é*, antes de qualquer outra coisa, uma psicologia do amor.

O Apelo do Terapeuta ao Amor

Sem dúvida, a terapia da psicossíntese não é uma técnica ou método de terapia, mas sim um modo de amar profundamente o outro. Aprender a praticar esse tipo de terapia é essencialmente aprender a amar. O amor tem precedência sobre qualquer hipótese acerca do presente problema do cliente, qualquer ideia sobre a direção da terapia, qualquer tipo de técnica, método ou protocolo. Todas essas devem ser preocupações secundárias porque, sem o amor empático, todos os esforços terapêuticos afinal serão vazios.

Porém a expressão do amor altruísta requer do terapeuta a consumação contínua de nossa união compartilhada em Espírito, a assimilação de uma realidade que se estende muito além dos limites da situação terapêutica. Aqui, Assagioli fala da grandiosidade desse amor:

> O amor altruísta não se limita aos membros da família humana. Ele também pode abarcar todas as coisas vivas dos reinos animal e vegetal da natureza. Essa inclusão é expressa no amor budista por todas as criaturas vivas e por São Francisco em seu "Cântico das Criaturas". Poder-se-ia dizer que há uma sensação cada vez mais consciente dessa fraternidade universal por trás da crescente tendência ao cultivo de relações harmoniosas com o meio ambiente. Esse é o mais amplo e sublime aspecto da ecologia (Assagioli, 1973b, p. 117).

Obviamente, esse amor não é simplesmente uma atitude positiva e calorosa que se conjura para a hora terapêutica. Esse é um amor de largo alcance que provém da percepção de que quem somos, nossa mais profunda identidade pessoal, está em estreita união com os outros, com "todas as criaturas vivas", e até com o mundo natural.

Além disso, a abrangência e a profundidade desse amor implicam que a prática da psicoterapia só pode ser uma forma de expressão desse amor na vida de um terapeuta. Esse não é um amor que se possa "ligar" na situação terapêutica e depois "desligar" para viver a vida no mundo lá fora. Ele constitui uma postura pessoal, um estilo de vida e uma jornada de vida. Para amar assim, o terapeuta precisa ter compromisso com um caminho de amor na vida pessoal, um caminho que vai tocar e transformar constantemente a ele e ao seu mundo.

Por isso, o treinamento para ser esse tipo de terapeuta exige mais que a faculdade, as residências e o credenciamento profissional: ele exige a transformação contínua da própria vida. Em outras palavras, para amar nesse nível, o terapeuta precisa ter sido chamado para isso em sua vida pessoal como um todo; sua função como terapeuta é o serviço, a expressão de um caminho de amor maior na vida. Assagioli citou Kretschmer ao escrever que o "psicoterapeuta deve ter, além da técnica, um senso de vocação" (Kretschmer, 2000, pp. 277-78). Diríamos que essa "vocação" é um apelo a trilhar o caminho do terapeuta.

O CAMINHO DO TERAPEUTA

Os que são chamados a seguir o caminho do terapeuta veem-se necessariamente submetidos aos tipos de experiências delimitados nos estágios da psicossíntese. Eles precisarão lutar com padrões de sobrevivência, inclusive grandes e pequenas dependências; sofrer crises importantes e secundárias de transformação; explorar as profundezas de sua própria ferida e os píncaros de sua própria percepção transpessoal; tornar-se cada vez mais proativos na vida interior e na expressão exterior, e nutrir uma relação contínua com a verdade mais profunda de sua própria vida. Todos os estágios serão facetas vitalícias e contínuas da jornada do terapeuta.

Uma dinâmica central nesse compromisso com os estágios são as experiências de morte e renascimento que os terapeutas terão na vida, transições de transformação, crises e experiências não ordinárias que os levam além dos limites de sua personalidade de sobrevivência e de seus centros unificadores de sobrevivência. Como indicamos no Capítulo 4, talvez a experiência da morte seja um dos maiores presentes que os terapeutas possam dar a seus clientes. É esse compromisso com os altos e baixos de toda a sua faixa experiencial e esse acesso a sua vida mais profunda em Espírito que lhes permite tornar-se centros unificadores autênticos para os outros:

> Qualquer terapeuta que conduza outras pessoas a alturas e profundezas psíquicas deve estar apto a atingir, ele próprio, essas alturas e profundezas. Os psicoterapeutas contemporâneos terão de começar treinando-se na escalada e descida através de sua própria psique, e experienciando desse modo os múltiplos componentes no íntimo do homem, assim como as forças impulsoras da vida humana (Assagioli, 2013, p. 324).

Por ironia, esse "treinamento" em escalada e descida, essa recuperação do modo de sobrevivência, muitas vezes começa bem antes de os terapeutas perceberem o apelo para trilhar o caminho. É simplesmente na labuta de sua própria vida, na busca de sua verdade por meio de triunfos e fracassos, amores e perdas, que eles vivenciam as vastíssimas possibilidades da existência humana. Portanto, essa reação ao chamado pode não ser produto de algum tipo de projeto intencional, mas sim o fruto do lento amadurecer de uma vida de lições duras e vividas. Por meio disso tudo se atinge a possibilidade de levar uma presença expandida e um amor experiente aos que precisam: é o caminho do terapeuta se revelando.

O Terapeuta como Ativista

Além disso, esse processo de morte e renascimento requer uma saída do transe da sobrevivência vigente na cultura. A saída desse transe é importante porque os terapeutas precisarão sentir-se à vontade com os clientes que lutarem com experiências que se situam além da faixa considerada normal pela cultura. Para poder amar essas pessoas empaticamente, os terapeutas precisam eles mesmos não se incomodar em atuar além dessa faixa.

Por isso, talvez os terapeutas tenham descoberto por experiência própria o que é ser subestimado e marginalizado, sentir-se alienado da sociedade "normal" e buscar outros centros unificadores que possam amparar sua experiência "anormal". Na verdade, nisso os terapeutas seguem à frente dos clientes e, muitas vezes bem antes de conhecê-los, estão prospectando caminhos além do transe consensual da sobrevivência.

O aumento da altura e da profundidade da faixa experiencial bem pode ser acompanhado por um aumento de "abrangência": o caminho do terapeuta pode levá-lo a experiências com diferentes tipos psicológicos, distúrbios psicológicos, enfermidades e deficiências físicas, faixas etárias, orientações sexuais, gêneros, religiões, culturas e grupos étnicos. Saber entender e apreciar a tremenda gama de experiências humanas possíveis permite que o amor empático do terapeuta esteja com os outros no mais vasto "terreno" possível da jornada humana.

Pode ser também que esse caminho tumultuado seja interpretado (por terceiros e, às vezes, pelo próprio terapeuta) como uma vida mal orientada ou até desperdiçada que finalmente é redimida quando a pessoa topa com a profissão de terapeuta. Esse é um ponto de vista. Sugerimos outra possibilidade: a de que, por sua própria natureza, o caminho do terapeuta deva revelar-se exatamente num contexto em que haja essas vidas "anormais". Por mais penosas e confusas que possam ser, essas vidas podem ser necessárias quando se almeja ir além de uma sociedade que normaliza dependências e compulsões, que não percebe ou não tolera toda a gama de experiências humanas, que está repleta de abusos e de negligências em todos os níveis e que habitualmente objetifica os seres humanos e desrespeita o mundo natural — em resumo, que não consegue amar e, portanto, oprime.[1]

Compreensivelmente, o caminho do terapeuta não pode ser o caminho de vida tranquilo e bem sinalizado que essa sociedade movida pelo inconsciente oferece, e não se pode esperar que ele conduza à fama, à fortuna e ao poder num sistema assim. O terapeuta é, na verdade, um ativista do amor que trabalha em tensão com as preocupações coletivas da sociedade e, como tal, está mais destinado a ser marginalizado que tratado como celebridade.

Essa postura contracultural *de facto* também pode colocar os terapeutas em conflito com certas correntes internas na própria profissão. Por exemplo, existem tendências que preferem levar a área da psicoterapia para a objetificação daqueles que nela buscam ajuda, o que constitui o exato oposto do amor empático. Aqui, a ênfase em diagnóstico e técnica, controle social e objetivos institucionais, além de abordagens "baseadas em evidências" interpretadas com estreiteza, eclipsa o amor empático característico da relação cliente-terapeuta, levando por fim a uma "manualização" em que um manual-padrão dita o tratamento indicado para cada diagnóstico. Embora essa tendência ainda não tenha dominado a área e tenha críticos veementes (Bohart, 2002; Bozarth, 2002; Proctor, 2005; Sanders, 2005), os terapeutas continuam enfrentando teorias e procedimentos clínicos não empáticos ao longo de toda a sua carreira e terão de encontrar meios de amar apesar deles.

Cuidados do Terapeuta Consigo Mesmo

Assim, o caminho do terapeuta é um caminho de vida, uma jornada espiritual. Essenciais nesse caminho são centros unificadores autênticos, pessoas, lugares e coisas que apoiem o terapeuta em seu movimento de passagem pelas transformações contínuas que compõem sua jornada.

Dado esse compromisso constante e necessário com seu próprio caminho transformador, os terapeutas que escolhem essa prática precisam de sistemas de apoio em sua vida, de centros unificadores autênticos que lhes propiciem amor e espelhamento enquanto eles amam e trabalham. Prática espiritual, grupos de apoio, supervisão, terapia, consultas, expressão criadora, recriação e retiros são apenas alguns dos meios a que os terapeutas recorrem para seguir a própria jornada enquanto caminham com outros.

Para assistir aos terapeutas em seu caminho, Assagioli recomenda ainda uma *psicossíntese didática*, um curso de autoanálise intensiva no qual os praticantes trabalham com os problemas que surgem ao longo de sua jornada: "É claro, grande ajuda pode ser prestada pela psicossíntese didática; portanto, é aconselhável — e recomendo instantemente — a realização de um treinamento didático, à semelhança do que é feito na psicanálise" (Assagioli, 2013, p. 23).

É importante entender que o compromisso consciente dos terapeutas com sua jornada não implica que eles se tornem doadores perfeitos de amor altruísta para poder servir aos outros. Trata-se mais de aprender a trilhar o próprio caminho continuamente, sabendo que esse é um processo para toda a vida e que sempre surgirão novos problemas à medida que prosseguirem.

Deixemos claro também que todo mundo se flagra em atitudes e comportamentos não empáticos e não amorosos num momento ou noutro. Isso é inevitável. Portanto, não é preciso "pisar em ovos" para evitar ser não empático e não amoroso. O que é preciso é permanecer atento para poder lidar com os lapsos de amor que surgirem. Como nos garante Assagioli, "A mistura de motivações egoístas e altruístas é frequente" (Assagioli, 1973b, p. 144).

Se *esperarem* objetificar e ser não empáticos e não amorosos com os clientes às vezes, os terapeutas serão mais capazes de reconhecer esses momentos e de lidar com eles conforme forem surgindo. Bem mais problemático é pensar que se é tão experiente, tão bem treinado, tão desenvolvido moralmente ou tão iluminado espiritualmente que será impossível deixar de amar. Como já vimos, até mesmo a personalidade autêntica de hoje pode se tornar a personalidade de sobrevivência de amanhã. Se esquecerem disso, os terapeutas podem não atentar para seus lapsos de amor e depois se surpreenderem quando os clientes reagirem negativamente, talvez até interpretando essas reações como resistência à terapia.

Com isso, caro leitor, precisamos encerrar. Se pudermos deixar-lhe alguma coisa após a leitura deste livro, que seja isto: *Pode ter certeza de que sua expressão do amor empático é aquilo de que seus clientes mais precisam.* Que você possa encontrar quem o ajude a lembrar a profunda união no Self da qual esse amor flui. Esperamos também que este livro possa tê-lo ajudado um pouco em seu caminho.

Notas

INTRODUÇÃO

1. Recentemente, autores da nova área da psicologia positiva (Hendrick e Hendrick, 2005), que é uma abordagem que se volta para os aspectos positivos dos seres humanos, defenderam a necessidade de uma psicologia do amor:

> O que é mais importante que o amor para que o ser humano seja feliz na vida? Nossa resposta é: "Nada é mais importante", e nela advogamos o amor como núcleo da psicologia positiva (p. 472).
>
> O estudo do amor precisa se tornar uma prioridade para pesquisadores e agências de financiamento *no futuro próximo*. Basta olhar à nossa volta para entender que o amor já é uma prioridade para boa parte da humanidade (p. 480).

2. A esse respeito, diz o conhecido psiquiatra e autor Irvin D. Yalom:

> Hoje, meio século depois, a abordagem terapêutica de [Carl] Rogers parece tão acertada, tão evidente em si mesma e tão respaldada por décadas de pesquisa em psicoterapia que é difícil apreciar a intensidade dessas batalhas ou até compreender em que consistiam. Hoje os terapeutas experientes concordam que o aspecto crucial da terapia, como Rogers captou bem cedo em sua trajetória profissional, é a relação terapêutica. *Claro*, é imperativo que o terapeuta se relacione genuinamente com o paciente: quanto mais o terapeuta se tornar uma pessoa real e evitar máscaras ou funções autoprotetoras ou profissionais, mais o paciente retribuirá e

mudará de modo construtivo. *Claro*, o terapeuta deve aceitar o paciente imparcial e incondicionalmente. E, *claro*, o terapeuta deve entrar empaticamente no mundo particular do cliente. (Yalom, 1980, pp. ix-x)

(Veja também Bohart e Greenberg, 1997; Lewis, Amini e Lannon, 2001; Moursund e Kenny, 2002.)

3. Veja as diferentes formas de amor propostas em, por exemplo, Assagioli, 1973b; Hendrick e Hendrick, 2005; Lewis, 1960; May, 1969.

CAPÍTULO UM
A TEORIA DA PERSONALIDADE DA PSICOSSÍNTESE

1. Assagioli apresenta seu modelo como um meio de levar "coordenação e síntese" às conclusões de várias abordagens psicológicas e espirituais díspares, de certo modo com o intuito de discernir a natureza do ser humano conforme a revelam as "lentes" dessas diferentes escolas. Assim, seu modelo integral da personalidade tenta levar em conta nove pontos de vista, com a seguinte advertência: "Esta enumeração é meramente indicativa; a lista de investigadores é muito incompleta e pedimos desculpas àqueles que não foram mencionados" (Assagioli, 2013, pp. 28-30). Eis aqui uma versão editada da lista de Assagioli:

1. A Medicina Psicossomática.
2. A Psicologia da Religião, que investiga as várias manifestações de consciência religiosa e de estados místicos (James, Underhill).
3. A Investigação do Superconsciente (e suas manifestações, como a intuição e a iluminação), do gênio e da atividade criadora; e de crianças altamente dotadas (Bucke, Ouspensky, Hall, Maslow).
4. A "Pesquisa Psíquica" ou Parapsicologia (Meyers, James, Rhine).
5. A Psicologia Oriental (especialmente a indiana), antiga e moderna.
6. A "Compreensão Criadora", que enfatiza o poder criativo da compreensão espiritual e do significado íntimo (Keyserling).

7. A Abordagem Holística e a Psicologia da Personalidade (Smuts, Allport, Angyal, Goldstein, Maslow, Murphy, Perls e Progoff).

8. A Psicologia e Psiquiatria Interindividual e Social e o Estudo Antropológico do Homem (Sullivan, Lewin, Sorokin, Baruk, Hauser e Mead).

9. "Técnicas Ativas" para o Tratamento e o Desenvolvimento da Personalidade.

Depois de apresentar essa lista "indicativa" e "incompleta", Assagioli prossegue:

> Se reunirmos os fatos comprovados, as contribuições positivas e bem autenticadas e as interpretações bem fundamentadas, ignorando os exageros e as superestruturas teóricas das várias escolas, chegamos a uma concepção pluridimensional da personalidade humana que, embora longe de ser perfeita ou final, é, pensamos nós, mais abrangente e está mais próxima da realidade do que as formulações anteriores. (Assagioli, 2013, p. 30)

2. Assagioli também ilustra esse processo com o exemplo da aprendizagem da direção de um automóvel:

> Quando ele estava aprendendo a dirigir, essas operações lhe exigiam muito esforço e atenção consciente. Porém, à medida que se tornava mais proficiente em sua execução, a mecânica da direção lhe exigia cada vez menos intervenção consciente. Esse controle subconsciente geralmente é descrito como um processo automático. Mas isso é enganoso caso se pense que o termo "automático" significa algo fixo e rígido. Ao contrário, nesse caso temos uma ação inteligente que é continuamente modificada de acordo com informações recebidas da visão, da audição e de dados cinestésicos. E, se necessário, a ação inteiramente consciente pode ser retomada a qualquer momento, quando se quiser. (Assagioli, 1973b, p. 190)

3. Do ponto de vista da neurobiologia, a perda de aspectos de nós mesmos nos traumas pode ser descrita em termos de redes neurais dissociadas:

Quando somos subjugados por experiências traumáticas, nosso cérebro perde a capacidade de manter a integração neural ao longo das diversas redes dedicadas a comportamento, emoção, sensação e percepção consciente. Quando as lembranças são armazenadas em redes sensoriais e emocionais, mas estão dissociadas daquelas que organizam a cognição, o conhecimento e a perspectiva, ficamos sujeitos à intromissão de experiências passadas em decorrência de pistas ambientais e internas. (Cozolino, 2006, p. 32)

Pode-se dizer ainda que o que vamos chamar de *personalidade de sobrevivência* e *centro unificador de sobrevivência* no próximo capítulo formam um forte circuito neural, um "atrator" ou "estado de atrator" (Lewis, Amini e Lannon, 2001; Siegel, 1999), que torna mais estreita a "janela de tolerância". Aqui, as experiências que estão fora da janela causarão a desestabilização do sistema, levando a experiências de inundação nas quais há uma atenuação do funcionamento normal da pessoa.

4. Essa lista é extraída de "Transpersonal Qualities" (Anônimo, 1970). Maslow (Maslow, 1962; 1971) chamava essas qualidades de "valores do ser" e "cognições do ser". Elas podem ser vistas na "consciência cósmica" de Richard Bucke (1967); nos momentos que William James (1961) estudou como "variedades da experiência religiosa"; no que Marghanita Laski (1968) analisou como "êxtase"; e nas "experiências de pico" pesquisadas por Maslow.

5. Embora Assagioli nunca tenha discutido a formação do inconsciente superior e do inconsciente inferior como uma forma de cisão entre as "relações objetais" positivas e negativas, é assim que a vemos. Essas relações objetais poderiam ser conceitualizadas como (a) uma *personalidade positiva* (senso de self inflacionado e idealizado, "ego idealizado") que está em relação com um *centro unificador positivo* (fonte espiritual idealizada, "objeto idealizado") formando o inconsciente superior e (b) uma *personalidade negativa* (vítima ferida, oprimido, "ego mau") que está em relação com um *centro unificador negativo* (crítico constrange-

dor, agressor interior, "objeto mau") formando o inconsciente inferior. Como ressaltou Chris Meriam (1994), pode-se ver nessas estruturas condicionantes, por sua vez, a formação de vários tipos de subpersonalidades também no inconsciente médio. Veja uma discussão detalhada da cisão em *The Primal Wound* (Firman e Gila, 1997).

6. Na maioria das vezes, preferimos usar o termo "eu" ao termo "self pessoal", reservando a palavra "self" à expressão "Self superior" ou "Self transpessoal". O procedimento é útil para esclarecer a distinção entre "eu" e Self, além de evitar a confusa proliferação de "selves" que pode ocorrer nas teorias da personalidade (por exemplo, "self observador", "self emocional", "self físico", e assim *ad infinitum*).

7. Aqui estamos usando o exercício de "autoidentificação" de Assagioli, e não seu "Exercício de des-identificação". A razão disso é que, em vez de se basear na observação interior objetiva, esse último exercício consiste em fazer declarações ou afirmações intelectuais sobre a natureza do que está sendo observado: "Eu tenho um corpo, mas não sou meu corpo. Eu tenho sentimentos, mas não sou meus sentimentos. Eu tenho pensamentos, mas não sou meus pensamentos." Tais afirmações vão além da pura introspecção; elas impõem um sistema de crenças à experiência e tendem a introduzir um elemento de dissociação da experiência (Firman, 1991; O'Regan, 1984).

8. Esse nível de desidentificação pode ser visto no relato de Roger Walsh sobre uma experiência que viveu durante a meditação:

A primeira experiência ocorreu em um ou dois momentos de especial lucidez, nos quais eu observava — de uma maneira que achei não identificada — o surgir dos pensamentos. Entretanto, de repente percebi que, na verdade, eu estava me identificando com certos pensamentos, basicamente os que continham "eu", como por exemplo: "Eu não estou identificado com nenhum desses pensamentos", e que, devido a essa identificação, eu não me dava conta deles. Tendo visto esse processo, consegui observar sem identificação pelo menos alguns desses pensamentos que continham "eu", embora obviamente não possa dizer em que percentual, já que a identificação com eles inviabiliza sua observação. Logo depois seguiu-se uma poderosa percepção, acompanhada de uma intensa emoção, de que "eu" não existia e de que tudo que existia eram pensamentos que continham "eu" sucedendo-se rapidamente uns após os outros. Quase que ao mesmo tempo, surgiu o pensamento: "Meu Deus, aí não há ninguém!", e minha consciência voltou a seu estado habitual. (Walsh, 1978, p. 7)

Aqui, o aspecto transcendente do "eu" inicialmente permitiu uma desidentificação dos "pensamentos que continham 'eu'". Logo depois dessa desidentificação, o aspecto imanente do "eu" permitiu o envolvimento com uma nova experiência: a percepção de que "eu não existo". A natureza transcendente-imanente do "eu" permitiu a passagem de uma experiência de existência enquanto "pensamentos que continham 'eu'" à experiência de não existir absolutamente. Nos termos da psicossíntese, foi o "eu" quem teve ambas as experiências.

O psiquiatra e pensador transpessoal Arthur Deikman consideraria a experiência de Walsh uma percepção da distinção entre o "self observador" e o "self objetivo" (os "pensamentos que continham 'eu'"). Ele diz o mesmo sobre a persistência do self observador, mesmo em meio a uma tal experiência do "não self": "Novamente, a voz na noite declara que não há voz na noite. 'Ele sabe que 'eu sou' é uma concepção errônea.' Quem sabe disso?" (Deikman, 1982, p. 141)

Pode-se dizer que esse tipo de experiência do "não self" propicia também uma experiência de "não dualidade" (uma transcendência da dualidade sujeito-objeto), que contraria o senso "dual" do self como separado dos objetos da experiência. Como Deikman, Judith Blackstone, uma pesquisadora da experiência não dual, aponta a persistência de uma "subjetividade pessoal" bastante análoga ao que estamos chamando de "eu" em tais experiências:

Podemos sentir que somos tanto a árvore quanto a luminária ou a pessoa que temos diante de nós quanto somos nós mesmos, mas, ao mesmo tempo, sempre somos nós mesmos, nossa própria subjetividade pessoal. Por exemplo, não podemos perceber a sala da perspectiva dessa outra pessoa nem levantar e sair da sala como essa outra pessoa. Como consciência não dual, nós não nos vivenciamos como separados de nossa experiência, somos envoltos nos estímulos do momento presente e, no entanto, continuamos vivenciando e sabendo. Nós nos vivenciamos como transparentes, dissolvidos no espaço e, no entanto, é nossa própria subjetividade que vivencia isso. (Blackstone, 2006, p. 31)

Como indicam esses autores, parece claro que se realmente não existíssemos nos momentos de não self ou não dualidade, não haveria ninguém presente para assimilar a experiência, não haveria ninguém ali para vivenciar absolutamente nada. Assagioli decidiu usar o termo "eu" para referir-se ao "quem" que pode ter essas experiências.

9. Assagioli esclareceu plenamente suas razões:

Por estar acima do *continuum* da percepção, este Self não é afetado por ele nem por condições físicas, e o eu self consciente pessoal deve ser considerado meramente como seu reflexo, sua "projeção" no campo da personalidade. (Assagioli, 2013, p. 33)

A reflexão [o "eu"] parece ser autoexistente, mas, na realidade, não tem substância autônoma. Em outras palavras, não é uma nova e diferente luz, mas uma projeção de sua fonte luminosa. (Assagioli, 2013, p. 34)

[...] o eu consciente pessoal ou "ego", o qual deve ser considerado meramente o reflexo do Eu espiritual, sua "projeção", no campo da personalidade. (Assagioli, 2013, p. 51)

Esses casos harmonizam-se com a concepção do eu como uma projeção do Eu superior. (Assagioli, 2013, p. 89)

10. Algumas pessoas da área preferem preservar a representação anterior do Self, embora até mesmo elas concordem que a presença perene

do Self ao longo de todos os níveis deva ser ressaltada (Djukic, 1997; Marabini e Marabini, 1996).

11. James Vargiu, um dos primeiros pensadores da psicossíntese, reconheceu que o Self escapa à objetificação e à conceitualização: "Mas a natureza transcendente do Self [e do 'eu'] o situa além do poder de compreensão da mente concreta e, consequentemente, além da possibilidade de descrevê-lo com palavras. O único recurso é descrever o que o Self não é" (Vargiu, 1973, p. 7).

12. Assagioli diz, a respeito da realização do Eu: "Essa é a realização do Eu, a experiência e a percepção consciente do Centro espiritual sintetizador" (Assagioli, 2013, p. 51). E ele deixa bem claro que essa realização do Eu é diferente das experiências do inconsciente superior: "O despertar espiritual e a realização espiritual são algo diferente da percepção consciente do Eu. Incluem várias espécies de percepção do conteúdo superconsciente" (Assagioli, 2013, p. 52). Entretanto, ele tende a confundir conceitualmente a realização do Eu com a integração de conteúdos do inconsciente superior:

> Existem duas maneiras principais de chegar à psicossíntese espiritual. Uma poderia ser chamada a maneira abrupta, dramática, tal como se verifica nos casos de conversão religiosa e na forma de súbito despertar ou "iluminação" — esta última é a técnica usada de uma maneira extrema pelo zen-budismo. Mas, em muitos casos e talvez, na atualidade, na maioria dos casos, verifica-se, pelo contrário, um desenvolvimento gradual da personalidade integrada no sentido da *inclusão de elementos superconscientes*, uma gradual aproximação da autoconsciência pessoal no sentido do Eu espiritual, da autoidentidade na acepção pessoal para a realização espiritual (Assagioli, 2013, p. 199, itálico nosso).

Embora de outro modo esteja bastante claro que a realização do Self possa ocorrer sem conteúdo do inconsciente superior (Assagioli 2000, p. 183), esse trecho mistura a realização do Self com a "inclusão de elementos superconscientes". Essa confusão é um dos problemas da colocação do Self na parte superior do diagrama oval, dando a impressão de que o caminho para o Self passa "verticalmente" pelo inconsciente superior.

CAPÍTULO DOIS
UMA TEORIA DO DESENVOLVIMENTO NA PSICOSSÍNTESE

1. Inspirado por seu estudo da pesquisa de bebês, Daniel Stern descreve precisamente um modelo de desenvolvimento assim, "em camadas":

> Ao contrário dos modelos convencionais em estágios, nos quais cada sucessiva fase do desenvolvimento não só substitui a anterior como também essencialmente a desmantela, reorganizando toda a perspectiva, *o modelo de desenvolvimento em camadas aqui postulado presume um acúmulo progressivo de sensos do self, competências socioafetivas e modos de estar com os outros.* Nenhum domínio emergente desaparece; todos permanecem ativos e interagem dinamicamente com todos os demais. Na verdade, cada domínio facilita a emergência dos que vêm depois. Assim, todos os sensos de self, todas as competências socioafetivas e todos os modos de estar com os outros permanecem conosco a vida inteira, embora, conforme o modelo em estágios, uma organização de desenvolvimento anterior só possa ser acessada por meio de uma regressão processual. (Stern, 1985, p. xii, itálico nosso)

2. Nos termos da neurociência,

> Os apegos seguros e a sensação de um mundo seguro criam o contexto para o desenvolvimento do verdadeiro self [...] [que] reflete a integração neural e o acesso a todos os modos de processamento de informações, além da percepção da diferença entre as formas reflexivas e refletidoras da linguagem. O verdadeiro self expressa um diálogo aberto e contínuo entre o coração, a mente e o corpo. (Cozolino, 2002, p. 198)

3. Para mais detalhes sobre os tipos e funções dos centros unificadores, consulte Firman e Gila (1997; 2000).

4. Para mais detalhes sobre a indução da empatia pela empatia, consulte Godfrey T. Barrett-Lennard (1997).

5. Essa é uma visão comum a muitos sistemas religiosos e filosóficos, mas pode ser observada também no conceito de "narcisismo cósmico", de Kohut, que "transcende os limites do indivíduo" por meio da "participação numa existência supraindividual e atemporal", o que leva a uma "postura tranquila, superior, que lhe permite contemplar seu próprio fim filosoficamente" (Kohut, 1985, pp. 119-20).

6. Esse centro unificador interno seria chamado de "objeto internalizado" ou "representação do objeto" na teoria das relações objetais ou, nos termos de Winnicott, ele é a formação de um "ambiente interno" condicionado pelo ambiente externo empático propiciador de *holding* (Winnicott, 1987, p. 34). Esse mesmo processo é descrito por Kohut como "internalização transmutativa": "a aquisição de estruturas psicológicas permanentes que continuam, endopsiquicamente, as funções que o objeto do self idealizador havia cumprido" (Kohut, 1971, p. 45).

Essa internalização da relação envolve um tipo de fenômeno chamado "esquemas" (Piaget, 1976; Piaget e Inhelder, 1967), "modelos operacionais internos do self e figuras de apego" (Bowlby, 1973; 1988) e "representações de interações que foram generalizadas" (Stern, 1985). Na neurociência, os centros unificadores internos podem ser entendidos como circuitos neurais do cérebro que são "esculpidos" pelas conexões com figuras de apego: "Como os mamíferos precisam de relacionamento para que sua neurofisiologia se consolide corretamente, a maior parte do que torna o ser humano socialmente funcional vem da conexão, a força fisiológica formadora do amor" (Lewis, Amini e Lannon, 2001, p. 218).

7. Devemos ressaltar que, embora afirmasse que a potência do centro unificador externo "não deve[ria] ser subestimada", Assagioli considerava que o funcionamento desse tipo de centro "não representa o caminho mais direto ou a realização suprema" (Assagioli, 2013, p. 39).

Essa afirmação é compreensível porque ele não incluiu em seu conceito de centro unificador os centros unificadores internos (nem, evidentemente, nossas expansões subsequentes de sua ideia de centro unificador, como centro unificador autêntico e centro unificador de sobrevivência). Se não incluirmos a compreensão desse processo de internalização, na verdade acabaremos "presos", tendo o centro unificador externo como única fonte de espelhamento empático, o que não é, como bem ressalta Assagioli, uma situação ideal.

8. Observe que essa aniquilação não é o não self, o desprendimento nem a transcendência do ego que muitas tradições espirituais se referem, mas um verdadeiro ataque à nossa natureza espiritual, ao nosso sentido essencial de "eu sou". Na verdade, é preciso ter um senso de "eu" alimentado com empatia para vivenciar a entrega e a sensação de não coisa encontradas na prática espiritual. A ferida primal é um ataque à nossa capacidade de viver, agir e ser, criando experiências insuportáveis de ansiedade, culpa, vergonha, isolamento, fragmentação e abandono.

9. Muitos pensadores reconhecem aquilo que estamos chamando de ferida primal e as experiências de não ser a ela associadas. Como vimos, a ferida primal é análoga ao que Winnicott (1987) chama de "aniquilação do ser pessoal" ou simplesmente "aniquilação". Kohut (1977), por sua vez, fala do "pavor inominável" e da "ansiedade da desintegração" que decorrem do "risco da dissolução do self". De igual modo, o psicanalista Michael Balint (1968) descreve o que chama de "culpa básica", que se caracteriza pela sensação de "vazio, perder-se, morte, inutilidade" causada pela "falta de 'ajuste' entre a criança e as pessoas que representam seu ambiente".

Também podemos reconhecer a ferida primal no pensamento de Erich Neumann. Neumann fala de uma ruptura na "relação primal" da criança com a mãe/Self, que então causa a ansiosa experiência de "fome, dor, vazio, frio, desamparo, absoluta solidão, perda de toda a segurança e proteção, [...] um mergulho de cabeça no abandono e no medo do vazio sem fundo" (Neumann, 1973, p. 75).

Tomando como base o pensamento de filósofos como Søren Kierkegaard e Martin Heidegger, a psicologia existencial voltou-se desde o início para o não ser e a ansiedade existencial que a acompanha. Rollo May (1977), por exemplo, descreve a ansiedade como "a constatação de que podemos deixar de existir como self" e, como o teólogo Paul Tillich, denominou essa constatação de "ameaça de não ser".

Outro psicoterapeuta existencial, Ludwig Binswanger, afirma que a ansiedade é causada pela ruptura da continuidade entre self e mundo, que leva à "entrega da existência ao vazio, o 'horror nu', pavoroso e intolerável", atribuindo numa descrição vívida o surgimento do não ser a uma ruptura na relação (Binswanger, 1958, p. 205). Conceitos existencialistas como ansiedade, vazio, angústia, *angst* e pavor apontam para uma percepção do não ser subjacente à vida humana causada pela ruptura entre o indivíduo e seu mundo (May, Angel e Ellenberger, 1958).

Na psicologia humanista, Abraham Maslow (1962) atribui à ruptura na relação a causa de uma ansiedade que atravanca o crescimento humano. Ele vê essa ferida em termos do "perigo primal, aterrorizante" criado quando os pais não satisfazem as necessidades fundamentais de segurança e aceitação do filho. Sem essa conexão básica e segura, o "Ser interior" ou "Self" se perderá, dando lugar a um "pseudo-self" e um "pseudocrescimento".

Por fim, na área da psicologia transpessoal, veja a "ferida que expõe o ego a um 'buraco negro' aterrorizante na alma" (Washburn, 1994, p. 26), a ideia da *ferida da alma* (Yeomans, 1999), a "corrosiva sensação de vazio" causada pela negligência parental (Epstein, 1995) e a "ferida nuclear" causada pela "desconexão de nosso próprio ser" (Welwood, 2000). Veja também nossa discussão detalhada da ferida primal (Firman e Gila, 1997).

10. Na neurociência, isso poderia ser dito da seguinte maneira:

Tanto a arquitetura neural interna do cérebro social e as narrativas co-construídas passam a refletir as necessidades do pai/mãe; o crescimento do self da criança é suspenso temporária ou permanentemente. A constante vigilância do ambiente frustra a organização de uma perspectiva subjetiva coerente e um senso contínuo de self. (Cozolino, 2002, p. 199)

11. Nossas três dimensões da sobrevivência seguem Arthur Deikman (1982) e Charles Tart (1987) ao incorporar o trabalho de Ronald Shor (1965) para descrever suas ideias de "transe do dia a dia" e "transe consensual: o sono do cotidiano", respectivamente.

Trabalhando no campo da hipnose, Shor delineia os fatores que criam um sujeito fortemente hipnotizado ao estabelecer as "três dimensões da profundidade hipnótica". A primeira delas é o "envolvimento hipnótico no desempenho de papéis", que corresponde à nossa *identificação com a personalidade de sobrevivência*. Nesse processo, os sujeitos da hipnose cooperam com o hipnotista quando começam a assumir o papel de alguém hipnotizado, o qual depois se torna inconsciente.

A segunda dimensão da profundidade hipnótica é denominada por Shor simplesmente como "transe", que corresponde à nossa ideia de *entrada no transe da sobrevivência*. Com "transe", ele se refere a uma perda, por parte do sujeito hipnotizado, do senso de uma realidade mais ampla (a "orientação generalizada da realidade"), de modo que a realidade imediata do sujeito se estreite para abranger apenas a situação hipnótica imediata.

A terceira dimensão de Shor é o "envolvimento arcaico", análogo ao nosso conceito de *apego a um centro unificador de sobrevivência*, no qual há uma transferência para o hipnotista da relação dependente, aberta e confiante que tínhamos com nossos pais quando éramos bebês.

O resumo que Shor apresenta dessas três dimensões da profundidade hipnótica é uma descrição cabal e arrepiante da condição humana, a "enfermidade fundamental do homem" de Assagioli, que abordamos posteriormente neste capítulo e a essência da orientação de sobrevivência:

> Quando a profundidade é grande em todas as três dimensões, verifica-se uma situação que possui as seguintes características: (a) as representações de papéis se infiltraram em níveis não conscientes; (b) os acontecimentos hipnóticos tornam-se fenomenologicamente a única "realidade" possível no momento; (c) formam-se relações objetais intensas, arcaicas, sobre a pessoa do hipnotizador; (d) em geral, podem-se produzir todos os fenômenos hipnóticos clássicos. (Shor, 1965, p. 314)

É bem significativo que as três dimensões da profundidade hipnótica de Shor tenham sido usadas independentemente tanto por Deikman quanto por Tart para explicar sua análise do transe cultural maior e também que se prestem tanto à aplicação na psicossíntese.

12. Num importante estudo sobre a opressão e a libertação, o professor, terapeuta e ativista social Raúl Quiñones Rosado diz:

> Porém, dada a disseminação da cultura da opressão no meio social, não é de surpreender que a socialização resulte em **autoimagem negativa, autoconceito limitador, baixa autoestima e falta de amor-próprio** para os membros do grupo subordinado. Já para os membros do grupo dominante, o processo resulta numa autoimagem positiva, embora distorcida, num autoconceito exagerado, e em autoestima e narcisismo inflacionados, particularmente quando considerados em relação às suas contrapartes subordinadas. Da perspectiva do todo, é preciso dizer que os membros do grupo dominante também são negativamente afetados. (Quiñones Rosado, 2007, 84, palavras em negrito no original).

13. Eis aqui o que diz o economista E. F. Schumacher:

> A maior parte de nossa vida é gasta em algum tipo de servidão; somos cativados por isso ou aquilo, derivamos em nosso cativeiro e executamos programas que foram alojados em nossa máquina, não sabemos como, quando ou por quem. (Schumacher, 1977, p. 68)

O psiquiatra Arthur Deikman:

> A maioria dos que param para observar os próprios pensamentos, preocupações e desejos se conscientiza de passar a maior parte de seu tempo em um sono de fantasia — um transe — ainda que, ao mesmo tempo, esteja conscientemente perseguindo metas práticas. (Deikman, 1982, p. 126)

E o psicólogo Charles Tart:

> Passamos cerca de um terço de nossa vida no nível do sono e do sonho noturnos; os dois terços restantes, em transe consensual. (Tart, 1987, p. 213)

Veja também nossa abordagem do transe da sobrevivência em nossos dois trabalhos anteriores (Firman e Gila, 1997; 2002).

CAPÍTULO TRÊS
EMPATIA ESPIRITUAL

1. E, mais uma vez, a neurociência poderia descrever esse princípio em termos da "força fisiológica do amor", a formação relacional das redes neurais: "Quando uma conexão límbica estabelece um padrão neural, é necessária uma conexão límbica para revisá-lo" (Lewis, Amini e Lannon, 2001, p. 177).

2. Para uma magnífica exposição da empatia numa variedade de diferentes escolas, consulte Bohart e Greenberg (1997).

3. Atualmente, descobertas como "ressonância límbica", "neurônios-espelho", "osciladores adaptáveis", "*mindsight*" e "comunicação de hemisfério direito para hemisfério direito" respaldam a base neurobiológica da empatia. A ressonância límbica é "uma sinfonia de intercâmbio mútuo e adaptação interna por meio da qual dois mamíferos entram em sintonia com os estados interiores um do outro" (Lewis, Amini e Lannon, 2001, p. 63). Os neurônios-espelho são neurônios acionados em ressonância com o comportamento do outro, permitindo que se sinta a experiência do outro sem apresentar de fato o comportamento (Winerman, 2005). Os osciladores adaptáveis são mecanismos neurológicos que

podem respaldar a ressonância e o sincronismo entre as pessoas, permitindo a participação "em um aspecto da experiência do outro" e a "vivência parcial a partir do centro do outro" (Stern, 2004, pp. 80-1). *Mindsight* é um termo que significa a "capacidade de detectar que outra pessoa tem a mente focada na atenção, uma intenção e um estado emocional", que é mediada pelo "córtex orbitofrontal direito" (Siegel, 1999, pp. 200-01). Finalmente, Allan Schore (2003) acredita que a comunicação entre os hemisférios direitos do cérebro das pessoas é essencial ao reconhecimento do estado interior do outro, à ressonância empática, ao apego e ao desenvolvimento do sistema do self.

4. Jerold D. Bozarth defendeu uma relação muito mais estreita entre as três condições de Rogers, numa perspectiva bem parecida com a que estamos sugerindo com nosso termo "empatia espiritual". Diz ele: "Na teoria centrada no cliente, a empatia é um conceito inteiramente integrado às condições da congruência e da consideração positiva incondicional" e "A aceitação empática e incondicional é, em essência, a mesma experiência" (Bozarth, 1997, p. 98).

5. A profunda conexão entre a empatia e o altruísmo foi estudada como a "hipótese da empatia-altruísmo" (Batson, *et al.*, 2005).

6. Todos os casos e exemplos apresentados neste livro estão extremamente camuflados: o nome do cliente não é verdadeiro, o sexo do cliente e do terapeuta pode ou não estar correto, há elementos de alguns casos que foram extraídos de outros casos (também de maneira camuflada), os casos em si não são necessariamente dos autores e os diálogos citados podem ser paráfrases dos originais. Em outras palavras, qualquer semelhança com um determinado indivíduo será mera coincidência.

7. Sim, existem resistências que não são provocadas pelos terapeutas. Mas essas resistências são apenas alguma parte do cliente (um medo, uma raiva, uma necessidade, uma subpersonalidade) que precisa aflorar no processo contínuo de seu desabrochar.

Por exemplo, podemos ver em Cindy uma resistência a renunciar a seu estresse. Mas essa resistência não é algo que se precise eliminar ou deixar para trás; ela é simplesmente uma parte de Cindy que não deseja perder o estresse como motivador para não ser abandonada pelo pai e vista como um "fracasso". Em vez de tentar derrubar essa resistência, é importante explorá-la, tentar um contato empático com essa parte dela que tem medo. Portanto, esse tipo de resistência não é visto como um obstáculo ao processo, e sim como a *próxima etapa* no processo.

Em nosso trabalho, raramente usamos o termo "resistência" para esse tipo de dinâmica porque ele não só tem uma conotação pejorativa como dificulta a percepção do que de fato está acontecendo: o afloramento de um aspecto inconsciente da pessoa que constitui a próxima etapa da jornada.

8. Os praticantes de diversas disciplinas espirituais às vezes tendem a tratar os padrões de sobrevivência — "desejos e aversões" — como meros erros da consciência, em vez de estruturas profundamente arraigadas da personalidade que se destinam a proteger e administrar as feridas da infância. Isso pode levá-los a tratar a si mesmos e aos outros com uma atitude não empática, autoritária, na esperança de que essas "ilusões" simplesmente possam ser rompidas ou dissipadas. A praticante e professora Judith Blackstone assim verbaliza essa preocupação:

> A falta de uma compreensão psicológica refinada às vezes resulta numa falta de compaixão diante desses estados, como se pode ver na atitude de alguns clientes de psicoterapia que também são praticantes de religiões asiáticas. Eles aprenderam que, como afinal não são "verdade", os desejos e aversões devem simplesmente ser erradicados ou ignorados. Porém, como sabe a maioria dos psicoterapeutas, a compaixão e a aceitação são necessárias à revelação das lembranças de vulnerabilidade e sofrimento da infância que estão incutidas nos comportamentos de transferência. (Blackstone, 2007, p. 65)

Aqui, o aspirante espiritual se vê diante do mesmo dilema de resistência ou submissão que se coloca a qualquer um que enfrente a exigência de ruptura na continuidade do ser imposta por um centro unificador de sobrevivência.

9. Em um estudo sobre empatia, os participantes relataram uma maior capacidade de "diligência pessoal", um "senso redefinido de self" e uma "sensação renovada de estar no mundo", o que levou o pesquisador a concluir: "Quando sentem que estão sendo compreendidas por 'aquilo que são', as pessoas têm a possibilidade de reagir sendo quem realmente são, sabendo melhor quem realmente são e passando a aceitar e amar quem realmente são" (Myers, 2003, p. 101).

CAPÍTULO QUATRO
MORTE E RENASCIMENTO DO TERAPEUTA

1. O psicanalista Alfred Margulies (1989) reconhece essa mesma morte e esse mesmo renascimento do terapeuta na empatia, investigando esse processo não apenas na psicanálise (Freud) e na psicologia existencial (Ellenberger, May), como também na fenomenologia (Husserl, Merleau-Ponty) e no processo criador (Keats, Shakespeare). Diz ele:

O analista exige de si mesmo a subjugação dos modos habituais de interação humana, uma abstinência imposta pelas exigências do método.

Essa negação do self pelo terapeuta envolve uma espécie de autoagressão: provocar a própria submersão, submeter-se a não saber e a se pôr de lado (p. 14).

e

Havens e eu (1981) escrevemos alhures a respeito de dois grandes passos rumo à meta de compartilhar do mundo do outro. O primeiro passo é uma proscrição: "deixar de lado expectativas ou pressuposições, evitar conclusões sobre o paciente" (p. 423). O segundo passo é a empatia, a "projeção imaginativa da própria consciência em outro ser" (*Webster's New Collegiate Dictionary, 5ª ed.*), (pp. 15-6).

2. Essa ideia de que aquilo que os seres humanos realmente temem é a aniquilação ou o não ser e que o alardeado "medo da morte" na verdade é uma projeção desse medo na morte física foi expresso no campo da psicologia transpessoal (Loy, 1992). Porém a "aniquilação" a que esses autores se referem parece ser apenas uma percepção da transcendência-imanência do "eu", a constatação de que "eu" não sou um objeto da consciência, "eu" sou uma "não coisa" que não pode ser apreendida.

Antes diríamos que o medo da aniquilação é um produto direto da ferida primal e que esse medo pode então ser projetado na morte física *ou* no vazio do "eu" (ou em alguma outra coisa inteiramente diferente, como fobias e ilusões paranoides). O terror da aniquilação não é um erro mental; é o produto de forças opressivas do ambiente que afetam profundamente psique e soma. Isso não é uma ilusão fácil de dissipar e só pode se curar por uma jornada de amor empático guiada pelo Self, uma jornada cuja ocorrência não pode ser apressada pelo desígnio humano.

3. Bohart e Tallman o dizem da seguinte forma:

Um contexto compartilhado de compreensão permite ao terapeuta sugerir, com sensibilidade e oportunidade, uma técnica e ao cliente, perceber como usá-la e qual a sua relevância para aquilo em que ele está concentrado. Em essência, o terapeuta está dando ao cliente a ferramenta certa na hora certa para que este possa dedicar-se à sua busca. (Bohart e Tallman, 1997, p. 406)

4. A importância para os terapeutas desse "aprender a não saber" também foi descrita na abordagem da atenção plena à psicoterapia (Germer, Siegel e Fulton, 2005, pp. 70-2).

5. Maureen O'Hara (1997) propõe um bom argumento para a psicologia passar do foco numa compreensão "egocêntrica" da empatia (que é o foco nas pessoas envolvidas) a um estudo da empatia "sociocêntrica" ou "relacional" que reconheça a unidade fundamental na qual as pessoas

vivem, agem e são. Ela cita o biólogo britânico J. B. S. Haldane: "Se a cooperação de alguns bilhões de células do nosso cérebro pode produzir nossa consciência, a ideia de que a cooperação da humanidade, ou de parte dela, possa determinar o que Compte chama de 'Grande Ser' se torna ainda mais plausível" (p. 316). Bryan Wittine descreve basicamente a mesma dinâmica:

> Na medida em que virmos nossos clientes egoicamente, tenderemos a vê-los como indivíduos separados, diferentes de nós. Porém, na medida em que despertarmos para a identidade transpessoal, vivenciaremos também nossa unidade essencial com todos os seres humanos e todas as coisas vivas. Portanto, aos olhos do terapeuta que trilha um caminho de realização do self, a pessoa que está sentada à sua frente não é apenas uma constelação de características pessoais; ela também se torna uma expressão individualizada do Self que compartilhamos. (Wittine, 1993, pp. 168-69)

CAPÍTULO CINCO
RESSONÂNCIA EMPÁTICA

1. Como afirmam Bohart e Greenberg, a exploração empática "pode levar a interpretações sensíveis que ajudem os clientes a acessar a experiência inconsciente" e "inclui uma apreensão ressonante das 'arestas' ou aspectos implícitos da experiência de um cliente para ajudar a criar novo sentido" (Bohart e Greenberg, 1997, p. 5). Com ainda mais precisão, ao falar na abordagem empática e centrada no cliente de Rogers, esses autores afirmam que Rogers estava fortalecendo duas capacidades dos clientes: "(a) a capacidade de escutar o self com empatia e admitir aspectos da experiência antes renegados e (b) a capacidade de refletir sobre o self (análoga ao ego observador na teoria psicanalítica)" (p. 433).

2. Nosso conceito de ressonância empática é bem semelhante ao proposto por Bohart e Rosenbaum (1995):

Neste modelo, empatia é *ressonância*. Embora outros autores possam ter falado da empatia como ressonância, eles sempre equipararam ressonância a "ter os mesmos sentimentos que o cliente". Entretanto, esse sentido de "ressonância" é mais estreito do que aquele que a palavra pressupõe. Podemos entrar em ressonância com a experiência de outra pessoa *sem* ter os mesmos sentimentos.

Por isso, ressonância é um conceito mais amplo do que tem sido proposto até agora para empatia. A ressonância se baseia metaforicamente na ideia de duas cordas ressoando uma com a outra. Em geral, usaremos metáforas artísticas para expressar o que queremos dizer. Por ser uma questão de ressonância, a empatia exige que "entremos na mesma sintonia" que o cliente, que "vibremos juntos". Ela não é *nem* o processo de "imaginar-se no outro", tentar cognitivamente perceber o mundo como ele o percebe, *nem* a tentativa de sentir o que ele sente ou de intuir seus sentimentos. *Ambas* as coisas *se voltam para o conteúdo*. Elas recorrem a um modelo de empatia que é como "cobrir a distância" entre dois indivíduos isolados, monádicos, cujos mundos são fundamentalmente desconhecidos um para o outro, e essa perspectiva tem sido questionada por muitos, inclusive teóricos da abordagem centrada no cliente (Barrett-Lennard, 1993; Bohart, 1993; O'Hara, 1984; p. 20).

3. Do ponto de vista da neurociência, a ressonância empática foi descrita como uma ressonância de "estados de espírito" que é mediada pelo hemisfério direito do cliente e do terapeuta:

Terapeuta e paciente entram numa ressonância de estados de espírito que permite a criação de um sistema diádico corregulador. Esse sistema é capaz de surgir em estados diádicos cada vez mais complexos por meio da sintonia entre os dois indivíduos. As sutis expressões não verbais do estado de espírito da paciente são percebidas pelo terapeuta, que reage a elas não apenas com palavras, mas também com uma mudança em seu próprio estado de espírito. Desse modo, há uma ressonância direta entre o estado emocional primário, psicobiológico, da paciente e o do terapeuta. Essas expressões não verbais são mediadas pelo hemisfério direito de uma das pessoas e percebidas pelo hemisfério direito da outra. Assim, o aspecto essencialmente não verbal da psicoterapia (e talvez de todas as relações emocionais) pode ser concebido como uma ressonância de hemisfério direito para hemisfério direito entre duas pessoas. (Siegel, 1999, p. 298)

4. Tomamos emprestado o conceito de confluência à terapia da gestalt:

Uma percepção e o objeto percebido, uma intenção e sua realização, uma pessoa e outra, são confluentes quando não há reconhecimento de nenhum limite entre os dois elementos, quando não há nenhuma discriminação dos pontos de diferença ou alteridade que os distinguem. (Perls, Hefferline e Goodman, 1951, p. 118)

5. A emergência da ferida primal é bastante comum também em outros relacionamentos íntimos. Muitos novos amantes, por exemplo, após um maravilhoso período de proximidade, têm surpresas desagradáveis e acabam ficando chocados com as mudanças na relação: "Antes eu o adorava, mas agora as piadas dele me dão vontade de estrangulá-lo", "Por algum motivo, agora o sexo me parece uma invasão e me deixa com raiva" ou até "Devo ter cometido um erro terrível quando decidi ficar com ele: são pequenas coisas que ele faz que simplesmente me deixam louca". O que está errado aqui? O que houve com o calor, a intimidade, o romance do relacionamento? Não há nada de errado: isso faz parte do calor, da intimidade e do romance! (Errada é a sociedade que não nos prepara para isso.)

6. O tipo de interação terapêutica aqui descrito nos traz à mente estas sábias palavras de Heinz Kohut:

Se há uma lição que aprendi na minha vida de analista, é a seguinte: o que meus pacientes me dizem provavelmente é verdade; muitas vezes, quando acreditei que estava certo e que meus pacientes estavam errados, o que afinal se revelou, embora quase sempre só depois de uma longa busca, é que *a minha* noção de correção era superficial, enquanto *a deles* era profunda. (Kohut, 1984, pp. 93-4)

7. Alguns poderiam considerar esse caso uma "identificação projetiva" (Klein) na qual as sensações de abandono e subjugação do cliente foram projetados na terapeuta e, por isso, ela vivenciou essas sensações. Mas isso não explicaria o fato de as feridas da *própria* terapeuta estarem sendo energizadas. É verdade que a *intensidade* dos sentimentos da terapeuta era função da ressonância empática com o cliente: a grande energia da ferida do cliente produziu uma ressonância de grande energia na ferida da terapeuta, gerando uma intensidade que ultrapassa a da ferida da terapeuta sozinha. Porém, para que haja alguma ressonância, é preciso que exista um ressoador: no caso, as feridas da terapeuta. Para uma forte crítica da própria noção de identificação projetiva, consulte Stolorow *et al.* (1987).

8. Também há ocasiões em que a própria terapia constitui um fracasso empático, provocando no cliente uma reação negativa à situação terapêutica. Por exemplo, houve um homem que teve dificuldade em permanecer na sala durante sua primeira sessão de terapia, saindo e voltando várias vezes. Quando começou a confiar um pouco no terapeuta, ele revelou que achava sua vinda à terapia um fracasso, uma admissão de que estava doente, uma perda de seu bem-estar.

Para a psicanálise, essa reação é simplesmente a resistência do ego em abrir mão da ilusão de controle autossuficiente, uma "ferida narcísica" (Kohut, 1978). Para a psicossíntese, sim, é verdade que a entrada em terapia muitas vezes significa um titubear da personalidade de sobrevivência e a emergência da ferida primal (o que representa uma boa causa para a aversão à terapia), mas as raízes dessa aversão bem podem ser mais profundas que isso.

Essas raízes mais profundas podem ser encontradas nas noções de doença e tratamento que o termo "terapia" implica. Essas noções constituem um fracasso da empatia porque não refletem de imediato a saúde na vida dos clientes. Os clientes vivem e podem, inclusive, prosperar apesar de tudo o que lhes aconteceu, e essa saúde parece se perder quando eles se tornam "pacientes em tratamento de uma doença mental". Assim, uma reação negativa à terapia como a que se descreve aqui pode ser causada por um fracasso empático que se inscreve no próprio conceito de terapia.

Além disso, se o problema do cliente se revelar produto de uma ferida da infância, há na situação terapêutica uma injustiça inerente que às vezes é expressa pelos clientes: "Não é justo que eu tenha que fazer esse trabalho se foram os outros que me fizeram essas coisas." Esse é um argumento bastante válido, e tentar imediatamente rebatê-lo dizendo: "Mas agora ele cabe a você; portanto, é melhor ir começando" pode ser nosso meio de contornar a enormidade dessa injustiça — o que, no fundo, é fugir do sombrio mistério da incompletude e da maldade do mundo.

Lembre-se: a empatia espiritual vê a pessoa — o "eu" — que está presente nos dons e na ferida, na alegria e no sofrimento, no êxtase e na agonia. Precisamos ser capazes de empatia ao longo de toda a faixa experiencial, dos altos aos baixos, abrindo-nos tanto para o inconsciente superior quanto para o inconsciente inferior. O foco exclusivo nos dons ou na ferida pode ser vivido como um fracasso da empatia se os clientes se sentirem reduzidos a uma coisa ou outra, ou acharem que uma ou outra não está recebendo o devido quinhão.

9. Aqui, Gina O'Connell Higgins fala à psicologia do exterior ao discorrer sobre as muitas formas de diagnósticos psicológicos: "Já que tantas formas de aflição têm origem num ataque, precisamos voltar o foco para o que é perturba*dor* para as pessoas, em vez de categorizar obsessivamente os que são perturba*dos*" (Higgins, 1994, p. 13, itálico no original).

A percepção do mundo mais amplo que aflora no cliente em terapia foi chamada de "canal do mundo" por Amy Mindell:

> O canal do mundo vem à tona quando nos sentimos atraídos pelos animais e pelo meio natural, pelo mundo ou por seus problemas, pelas condições climáticas, por outros países, pela política, pelas guerras, por líderes políticos ou qualquer coisa maior que um indivíduo ou um relacionamento. Comentários como "o mundo é estranho" ou "acontece tanta coisa no mundo que sinto vontade de chorar" indicam a presença do canal do mundo. (Mindell, 1996, p. 75)

Mindell diz ainda que se tais reações forem levadas a sério na terapia, talvez os clientes consigam discernir um apelo à ação no mundo e reagir a esse apelo com base em sua percepção.

10. Evidentemente, é possível que um terapeuta intervenha de modo não empático por ter sido treinado numa escola de psicologia que não reconhece nas qualidades transpessoais dessas experiências aspectos saudáveis da pessoa que devem ser integrados. Segundo essas escolas, poderíamos interpretar tais experiências como regressivas e como ameaça à saúde mental. Nesse caso, o terapeuta poderia ser levado a um fracasso da empatia sem estar sendo necessariamente motivado por uma ferida pessoal. Porém isso traz à baila a questão mais ampla da teoria psicológica como centro unificador: na verdade, essa teoria pode de fato incorporar o fracasso empático se, por exemplo, interpretar mal ou patologizar dimensões importantes da experiência humana.

CAPÍTULO SEIS
AMOR, PODER E ÉTICA

1. Essa ideia de os terapeutas colocarem seu poder a serviço do cliente é bastante semelhante ao que Glenn Larner chama de "terapia da desconstrução", na qual "os terapeutas podem ser poderosos, mas sacri-

ficam-se pelo bem do outro", assim permitindo que o poder do outro aflore" (Larner, 1999, p. 41). Diz ele:

> A psicoterapia da desconstrução está envolvida no processo de compromisso ético nas relações "eu-tu"... O poder terapêutico é equilibrado pela postura ética diante do outro, no colocar o outro antes de si próprio, no reconhecer o outro como sujeito em si mesmo. (p. 47)

2. Gillian Proctor propõe uma análise mais refinada do poder terapêutico ao ressaltar que o desequilíbrio de poder na relação terapêutica tem três aspectos: (1) "o poder inerente aos papéis de terapeuta e cliente", (2) "o poder decorrente das posições estruturais de terapeuta e cliente na sociedade" e (3) "o poder decorrente das histórias pessoais de terapeuta e cliente e suas experiências de poder e impotência" (Proctor, 2002, pp. 7-8).

3. Isso não implica que uma relação diferente não possa se desenvolver quando um determinado terapeuta e um determinado cliente se encontrarem muitos anos depois do término de uma terapia (verifique qual a lei e a ética que regem sua licença profissional); implica simplesmente que não se deve transigir a nenhuma dessas expectativas no decorrer da terapia. Mesmo assim, esse tipo de relação pós-terapia sempre será influenciado pela relação anterior:

> A realidade da terapia é que nem você nem seu ex-cliente jamais superarão seus anteriores papéis, e esses papéis inevitavelmente influenciarão e distorcerão qualquer outro tipo de amizade que vocês tentarem construir.
>
> Mas... Espere aí! Você realmente gosta desse cliente. Então isso tudo significa que você tem de desistir da possibilidade de vir a tê-lo algum dia como amigo? Lamentavelmente, acreditamos que sim. E isso nos traz de volta ao ponto de partida, a tristeza genuína do término: para o terapeuta também é um fim. (Moursund e Kenny, 2002, p. 116)

4. A psicóloga clínica Gillian Proctor é responsável por alguns dos textos mais completos e perceptivos na área do uso do poder na terapia. Ela analisa esse dilema moral como um choque entre "os princípios éticos concorrentes da autonomia e da beneficência", ressaltando que a autonomia precisa prevalecer sobre a beneficência, como na abordagem centrada na pessoa, de Rogers:

> Rogers questionou o poder inerente ao papel do terapeuta de muitas formas revolucionárias. Sua teoria centrada na pessoa se baseia no princípio do respeito a cada indivíduo e a sua autonomia. Trata-se de uma teoria radical da terapia e uma heresia para a compreensão psiquiátrica da doença mental. A teoria da aflição psicológica se baseia na opressão internalizada; o efeito da terapia centrada na pessoa é reduzir o poder que terceiros tiveram sobre os clientes e, assim, aumentar seu próprio senso de poder pessoal, ou *"poder que vem de dentro"*. (Proctor, 2002, p. 84)

> O princípio ético fundamental por trás da terapia centrada na pessoa [...] é a autonomia do cliente, e não o princípio moral da beneficência (fazer o que se julga ser o melhor para o cliente) empregado por muitos outros modelos de terapia. Grant (2004, p.157) argumenta que a prática dessa terapia é compatível com a ética do "respeito ao direito dos outros de determinar seu próprio caminho na vida". (Proctor, 2005, p. 283)

5. Mas observe também que os terapeutas que buscam combater a opressão doutrinando os clientes para que assumam uma identidade que resista à injustiça social também estão cedendo à opressão. Aqui os clientes continuam objetificados e sem permissão para ser eles mesmos, só que agora estão sendo induzidos a cultivar uma personalidade de sobrevivência de ativista social. A pessoa ainda é um objeto, mesmo que um objeto socialmente ativo. A única coisa que permite a um cliente encontrar o próprio caminho é a empatia espiritual. Só o amor empático pode alimentar a semente da autenticidade; só o amor empático é libertador.

CAPÍTULO OITO
ESTÁGIO UM DA PSICOSSÍNTESE: EXPLORAÇÃO

1. À medida que faz a transição do estágio zero para o estágio um, o cliente pode começar a perguntar-se como uma determinada compulsão ou dependência atua em sua vida. Nesse ponto, é bastante apropriado perguntar-lhe se deseja explorar essa compulsão ou dependência. Caso o cliente concorde, o terapeuta pode fornecer-lhe informações sobre o problema, recomendar livros, sugerir grupos de autoajuda ou até mencionar programas de reabilitação.

Mas é preciso ter cuidado: tais sugestões não devem ser uma atuação de nossa própria necessidade de consertar ou salvar o cliente, de nossa própria "codependência". Nesse caso, até a melhor das intenções constituirá simplesmente uma objetificação do cliente, ou seja, um fracasso da empatia. Em vez disso, essas intervenções precisam surgir naturalmente de alguma preocupação expressa pelo cliente, algum desejo proveniente de seu próprio mundo, para que as sugestões encontrem a pessoa em seu próprio caminho. Por exemplo: "Você diz que toda vez que briga com sua namorada, o álcool é um fator. Gostaria de examinar melhor seu uso do álcool?"

CAPÍTULO DEZ
ESTÁGIO TRÊS DA PSICOSSÍNTESE: CONTATO COM O SELF

1. Nosso uso do termo *indução* inspirou-se em Aldous Huxley, que postulou uma base neurobiológica para o fenômeno:

> O que se chama "indução" não se restringe aos níveis inferiores do cérebro e do sistema nervoso. O fenômeno ocorre também no córtex e é a base física daquela ambivalência de sentimento que constitui uma característica tão impressionante da vida psicológica do homem. Todo positivo suscita seu correspondente negativo. À visão de algo vermelho, segue-se uma imagem residual verde. Os grupos musculares opostos envolvidos em qual-

quer ação automaticamente colocam-se em jogo uns aos outros. E, num nível superior, encontramos coisas como um ódio acompanhando o amor, um desdém gerado pelo respeito e pela admiração. Resumindo, o processo indutivo age em toda parte. (Huxley, 1952, p. 187)

Mais próximo de nosso uso do termo está o que se encontra na física da indução eletromagnética, na qual o movimento de um ímã numa bobina induz a formação de uma corrente elétrica num fio metálico:

Surgiu a questão da possibilidade de se produzir eletricidade a partir do magnetismo. Quando essa questão foi respondida, o mundo nunca mais foi o mesmo. Aquela descoberta transformou a civilização ocidental. Em 1831, o norte-americano Joseph Henry e o escocês Michael Faraday descobriram independentemente que quando se mergulha um ímã numa bobina de fio metálico, se induz uma corrente elétrica. Pode-se fazer a corrente elétrica fluir por um fio metálico com o simples movimento de aproximar e afastar um ímã da bobina. O fenômeno é chamado de *indução eletromagnética*. (Hewitt, 1977, pp. 364-65)

Em nosso modelo de indução, o movimento do Self induz o fluxo de energia na personalidade.

2. Em termos da teoria do apego, Bowlby diria que aquilo que é "defensivamente excluído" da formação do falso self "são os sinais, provenientes tanto de dentro quanto de fora da pessoa, que ativariam seu comportamento de apego e permitiriam a ambos amar e ser amados" (Bowlby, 1988, p. 35). É justamente desse potencial para amar e ser amado que as estruturas de sobrevivência estão se defendendo, pois é nele que está a ferida. Em resumo, permitir que o amor entre em nossa vida é conscientizar-nos da penosa falta de amor em nossa vida (e talvez no mundo).

3. Podemos ver os padrões que reagem assim ao contato com o Self como aqueles que causam uma "repressão do sublime" (Haronian, 1974), incitam a "dessacralização", isto é, a desconfiança na "possibilidade de

valores e virtudes" (Maslow, 1971) e formam "defesas transpessoais" (Ferrucci, 1982; Wilber, 1980). Entretanto, esses padrões não estão se defendendo do Self em si, mas sim da revelação da ferida primal pelo contato com o Self. Veja também a discussão em nosso primeiro livro (Firman e Gila, 1997).

4. Quando tinha 12 anos de idade, C. G. Jung cometeu o erro de acreditar que há em Deus um lado sombrio ou mau, erro que depois influenciaria sua ideia de que o Self também tem um lado sinistro. Depois de muito lutar contra esse "pensamento proibido", o jovem Jung decidiu que, ainda que fosse mau, esse pensamento era a vontade de Deus, de modo que não lhe restava opção senão permitir-se tê-lo:

> Reuni toda a coragem que tinha, como se estivesse prestes a saltar no fogo do inferno, e deixei o pensamento vir. Vi diante de mim a catedral, o céu azul. Deus está sentado em Seu trono de ouro, pairando acima do mundo e, de baixo do trono, cai um monte de excremento sobre o telhado novinho em folha, arrebenta-o e rompe em mil pedaços as paredes da catedral. (Jung, 1963, p. 39)

Embora tivesse sentido um tremendo alívio por deixar de reprimir esse pensamento, Jung julgou a experiência "uma vergonha", "algo perverso, mau e sinistro" (p. 41). Aparentemente, tem de haver um lado mau num Deus cujo desígnio determina um pensamento desses.

Porém, se compreendermos o fenômeno da indução, aqui não está em jogo absolutamente nenhum lado mau de Deus. Na verdade, as imagens de Jung são um maravilhoso exemplo de indução: a hipocrisia e a superficialidade das estruturas religiosas com que Jung estava lutando (a catedral) estavam sendo dissipadas pela relação com Deus. Não era Deus "fazendo o mal", mas sim a verdade de Deus dissipando as ilusões e a superficialidade da religião popular da época.

É certo que, se quisermos, podemos culpar a verdade por dissipar nossas ilusões, mas isso é muito diferente de achar que a verdade tenha um lado mau. Infelizmente, esse tipo de interpretação errônea de Deus influenciou parte do pensamento posterior de Jung acerca do Self. Além disso, à luz da indução, podemos entender melhor muitas escrituras sagradas que parecem representar o Divino como punitivo ou destrutivo: talvez elas sejam simplesmente tentativas de descrever a dor que podemos sentir quando nossas ilusões forem questionadas e dissipadas pela aproximação de uma Verdade mais profunda.

Até mesmo os grandes emblemas da Divindade supostamente punitiva, o "mundo subterrâneo" e o "inferno", podem ser entendidos à luz da indução, como fez em termos sucintos o grande místico Meister Eckhart: "Mas em verdade vos digo que nada queima no inferno!" (Eckhart, 1981, p. 183). Esse "nada" é a ilusão da separação de Deus, e essa ilusão, como a "catedral" de Jung, de fato é incinerada pela verdade de nossa união com o Divino. Convém lembrar que isso não é "castigo de Deus", mas sim uma simples descrição do que acontece com a ilusão diante da verdade.

5. Essa intervenção pode ser vista como uma abordagem da psicossíntese ao que se conhece na terapia cognitivo-comportamental como "bloqueio do pensamento" (Rimm e Masters, 1979), na qual se interrompem pensamentos perturbadores para dar lugar ao processo de raciocínio desejado pelo cliente. Mas isso só é feito quando há um entendimento e um trabalho prévios com esse cliente a respeito de subpersonalidades e desidentificação.

6. O senso de inutilidade e a vergonha derivam da *personalidade negativa*, que recebe as críticas e a condenação do *centro unificador negativo*. Essas são as "relações objetais negativas" cindidas que formam a arquitetura do inconsciente inferior. (Veja a nota 12, Capítulo 3.)

Isso não quer dizer, aliás, que um centro unificador autêntico não possa dar uma orientação franca e direta em tom rígido e autoritário. A diferença é que o centro unificador autêntico sempre terá empatia, dando ao receptor a sensação de ser visto, compreendido e amado, mesmo quando o que ele disser for difícil de ouvir.

CAPÍTULO ONZE
ESTÁGIO QUATRO DA PSICOSSÍNTESE: REAÇÃO AO SELF

1. Assagioli (Assagioli, 2013, p. 35) chamou o estágio quatro de "Psicossíntese: a formação ou reconstrução da personalidade em torno do novo centro". Ler isso aqui poderia sugerir que esse estágio então se volta apenas para a integração da personalidade. Porém convém lembrar que ele apresenta seus estágios como um meio de curar essa "enfermidade fundamental do homem" e de realizar "uma harmoniosa integração interior, uma verdadeira realização do Self e um relacionamento correto com os outros" (p. 35). Assim, fica claro que ele entende essa "reconstrução da personalidade" em termos bem mais amplos do que a expressão poderia deixar supor inicialmente e que inclui a reação aos estímulos mais profundos do Espírito em todas as esferas de nossa vida, o que constitui a natureza de nossa expansão desse estágio aqui.

2. Eis aqui declarações de Assagioli que não deixam dúvida quanto ao que pensava a respeito da união entre o "eu", ou self pessoal, e o Self:

A harmonização, comunhão, unificação e fusão das duas vontades tem sido — e é — a profunda aspiração e, poderíamos dizer, a maior necessidade da humanidade, ainda que muitas vezes passe despercebida. Ela tem sido sentida e expressa de diversas formas, conforme os diversos conceitos de Realidade defendidos pelos diferentes tipos de seres humanos. Essencialmente, ela significa sintonia e participação voluntária nos ritmos da Vida Universal. Na filosofia indiana, ela se chama *sattva*, a *guna* do ritmo e da reação harmoniosa ao anseio divino. A essa atitude, os chineses chamam *wu-wei*, ou identificação com o *tao*. Para os estoicos e Spinoza, ela era a aceitação voluntária de nosso "destino". Para aqueles em cuja natureza há devoção ou para os que têm uma concepção religiosa da fé, é a relação e a unificação final entre a vontade do homem e a vontade de Deus. (Assagioli, 1973b, p. 130)

E também:

A experiência íntima do Eu espiritual, e sua estreita associação com — e penetração do — eu pessoal, confere àqueles que a têm um sentido de grandeza e de expansão interna, a convicção de participarem, de alguma forma, da natureza divina. Na tradição religiosa e nas doutrinas espirituais de todas as épocas encontramos numerosas confirmações disso — algumas delas expressas em termos audaciosos. Na Bíblia, encontramos a sentença explícita: "Eu vos digo, Vós sois deuses e todos vós sois filhos do Supremo." Santo Agostinho declara: "Quando a alma ama alguma coisa, torna-se semelhante a ela; se amais coisas terrestres, ela torna-se terrestre, mas se amar a Deus, poderemos perguntar, não se tornará Deus?" A expressão mais extrema da identidade do espírito humano em sua pura e real essência com o Espírito Supremo está contida no ensinamento central da filosofia Vedanta: "Tat Twam Asi" (Tu és Aquele) e "Aham evam param Brahman" (Em verdade, eu sou o Brâmane Supremo). (Assagioli, 2013, p. 58)

E, finalmente, uma advertência crucial e apaixonada para lembrarmos o lado "eu" do paradoxo eu-Self:

Seja qual for o modo como se conceba a relação entre o Eu individual e o Eu universal, quer sejam considerados idênticos ou semelhantes, distintos ou unidos, é de suma importância reconhecer claramente, e conservar sempre presente na teoria e na prática, a diferença que existe entre o Eu em sua natureza essencial — aquilo que tem sido chamado a "Fonte", o "Centro", o "Ser mais profundo", o "Ápice" de nós próprios — e a pequena personalidade ordinária, o pequeno "eu" ou ego, do qual estamos normalmente conscientes. Ignorar essa distinção vital acarreta consequências absurdas e perigosas. (Assagioli, 2013, pp. 58-9)

3. Assagioli (2013) alude a esses dois diferentes aspectos da reação quando se refere a dois diferentes "métodos" ou "tipos" encontrados

nesse estágio. O primeiro tipo enfatiza o lado da vontade pessoal na relação eu-Self: "Algumas pessoas têm uma visão nítida de seu propósito desde o início. São capazes de formar um quadro claro de si mesmas, tal como pretendem vir a ser" (p. 40). Essas seriam possivelmente as pessoas que têm um forte senso de identidade e perseguem sua meta consciente e deliberadamente. Assagioli adverte ainda contra um desequilíbrio nessa reação, afirmando que os que adotam esse método devem evitar o excesso de rigidez e estar "dispostos a modificá-lo ou ampliá-lo — e mesmo a mudá-lo completamente à medida que experiências ulteriores, novas perspectivas ou novos esclarecimentos indicarem ou exigirem essa mudança" (p. 41).

O segundo tipo de reação enfatiza o lado da vontade transpessoal na relação eu-Self. Nesse caso, as pessoas tendem a "viver espontaneamente, seguindo indicações e intuições, em vez de planos definidos", e "deixam-se guiar pelo Espírito interior ou pela vontade de Deus, deixando ao critério d'Ele a decisão sobre o que devem vir a ser" (p. 40). Assagioli aconselha cautela também para esse tipo de reação ao dizer que "devem prevenir-se contra a possibilidade de se tornarem excessivamente passivos e negativos, aceitando como intuições e inspirações superiores certas sugestões que, na realidade, são determinados por forças, desejos e anseios inconscientes" (p. 41), o importante processo de discernimento discutido anteriormente no estágio de contato.

Assagioli considera os dois tipos igualmente válidos quando diz: "Mas é conveniente conhecer, apreciar e usar ambos, em certa medida, para evitar as limitações e os exageros de cada método, corrigindo e enriquecendo um com os elementos tomados do outro" (p. 41).

Na verdade, a crítica e as advertências de Assagioli quanto às "limitações" e "exageros" de cada um destinam-se a não deixar de lado um dos tipos. O excesso de preocupação com a vontade pessoal pode deixar as pessoas tão enredadas na ação e na meta a ponto de perder a visão maior original. Por outro lado, a ênfase na vontade transpessoal pode torná-las passivas e dóceis, levando-as a deixar de adotar medidas ativas no sentido de respaldar e expressar a visão.

4. A identificação transpessoal já foi chamada de "paixão pelo sublime" (Haronian, 1983), "negação dualística" (Firman, 1991) e "*bypass* espiritual" (Welwood, 2000). Agir a partir desse tipo de personalidade de sobrevivência é um grande meio de sobreviver à ferida primal. Porém, como acontece com todos os demais padrões de sobrevivência, este também pode se tornar destrutivo com o passar do tempo. Por exemplo, ao que tudo indica, as identificações transpessoais estão por trás de muitos tipos problemáticos de personalidade "espiritualizada", do elitista farisaico ao sonhador místico irrealista, ao líder espiritual que abusa de seus seguidores e ao fanático religioso disposto a lançar mão de qualquer meio para atingir sua visão de um mundo perfeito.

CAPÍTULO DOZE
A PSICOSSÍNTESE COMO UMA PSICOLOGIA DO AMOR

1. Aqui está um comovente comentário de Christina Grof, uma pioneira da psicologia transpessoal, sobre sua recuperação do alcoolismo:

> Prestes a começar uma vida nova, inicialmente fiquei triste ao relembrar o que pareciam dias, meses e anos sem fim de desperdício de tempo e produtividade durante minha carreira de alcoólatra. Mas então comecei a mudar de foco e a ver que os sombrios anos de alcoolismo na verdade haviam sido um estágio importante em minha jornada espiritual. Eu recebera lições, oportunidades e dádivas que só poderia ter recebido por meio dessa experiência. (Grof, 1993, p. 4)

Referências

Adler, Alfred. 1957. *Understanding Human Nature*. Nova York: Fawcett.

Anônimo. 1970. *Transpersonal Qualities*. Redwood City, Califórnia: Psychosynthesis Institute.

_____. 1973. *The Cloud of Unknowing and the Book of Privy Counseling*. Organizado por W. Johnston. Garden City, N.Y.: Image Books.

Assagioli, Roberto. 1931. *Psicanalisi e Psicosintesi*. Roma: Istituto di Cultura e di Terapia Psichica.

_____. "Psychoanalysis and Psychosynthesis." *The Hibbert Journal* 32, nº 2 (1934): pp. 184-201.

_____. 1965. *Psychosynthesis: A Manual of Principles and Techniques*. Nova York: Hobbs, Dorman and Company.

_____. 1973a. Comunicação pessoal, 28 de novembro.

_____. 1973b. *The Act of Will*. Nova York: Penguin.

_____. 1973c. The Conflict Between the Generations and the Psychosynthesis of the Human Ages. PRF Issue Nº 31. Nova York: Psychosynthesis Research Foundation.

_____. 2000. Reimpressão. *Psychosynthesis: A Collection of Basic Writings*. Amherst, Mass.: Synthesis Center. Edição original, *Psychosynthesis: A Manual of Principles and Techniques*. Nova York: Hobbs, Dorman and Company, 1965. [*Psicossíntese — As Bases da Psicologia Moderna e Transpessoal*, 2ª edição, publicada pela Editora Cultrix, São Paulo, 2013.]

Balint, Michael. 1968. *The Basic Fault: Therapeutic Aspects of Regression*. Londres: Tavistock/Routledge.

Barrett-Lennard, Godfrey T. "The Phases and Focus on Empathy." *British Journal of Medical Psychology* 66 (1993): pp. 3-14.

_____. 1997. The Recovery of Empathy — Toward Others and Self. In *Empathy Reconsidered: New Directions in Psychotherapy*, orgs. A. C. Bohart e L. S. Greenberg, pp. 103-21. Washington, D.C.: American Psychological Association.

Batson, C. Daniel, Nadia Ahmad, David A. Lishner e Jo-Ann Tsang. 2005. Empathy and Altruism. In *Handbook of Positive Psychology*, orgs. C. R. Snyder e S. J. Lopez, pp. 485-98. Oxford: Oxford University Press.

Binswanger, Ludwig. 1958. The Existential Analysis School of Thought. In *Existence: A New Dimension in Psychiatry and Psychology*, orgs. R. May, E. Angel e H. Ellenberger, pp. 191-213. Nova York: Basic Books.

Blackstone, Judith. "Intersubjectivity and Nonduality in the Psychotherapeutic Relationship." *Journal of Transpersonal Psychology* 38 (2006): pp. 25-40.

_____. 2007. *The Empathic Ground; Intersubjectivity and Nonduality in the Psychotherapeutic Process*. Albany: State University of New York Press.

Bohart, Arthur C. "Introduction to 'The Growing Edge in Humanistic and Experimental Therapies'." *Journal of Humanistic Psychology* 33 (1993): pp. 9-11.

_____. 2002. A Passionate Critique of Empirically Supported Treatments and the Provision of an Alternative Paradigm. In *Client-Centered and Experiential Psychotherapy in the 21st Century: Advances in Theory, Research, and Practice*, orgs. J. C. Watson, R. N. Goldman e M. S. Warner, pp. 258-77. Ross-on-Wye, Reino Unido: PCCS Books.

Bohart, Arthur C. e Leslie S. Greenberg, orgs. 1997. *Empathy Reconsidered: New Directions in Psychotherapy*. Washington, D.C.: American Psychological Association.

Bohart, Arthur C., e Robert Rosenbaum. "The Dance of Empathy: Empathy, Diversity, and Technical Eclecticism." *The Person-Centered Journal* 2, nº 1 (1995): pp. 5-29.

Bohart, Arthur C., e Karen Tallman. 1997. Empathy and the Active Client: An Integrative, Cognitive-Experiential Approach. In *Empathy Reconsidered:*

New Directions in Psychotherapy, orgs. A. C. Bohart e L. S. Greenberg, pp. 393-415. Washington, D.C.: American Psychological Association.

Bollas, Christopher. 1987. *The Shadow of the Object: Psychoanalysis of the Unthought Known*. Londres: Free Association Books.

_____. 1989. *Forces of Destiny: Psychoanalysis and Human Idiom*. Londres: Free Association Books.

Boorstein, Seymour, org. 1980. *Transpersonal Psychotherapy*. Palo Alto, Califórnia: Science and Behavior Books.

Bowlby, John. 1973. *Separation: Anxiety and Anger*. Vol. II, *Attachment and Loss*. Nova York: Basic Books.

_____. 1980. *Loss: Sadness and Depression*. Vol. III, *Attachment and Loss*. Nova York: Basic Books.

_____. 1988. *A Secure Base: Parent-Child Attachment and Healthy Human Development*. Nova York: Basic Books.

Bozarth, Jerold D. 1997. Empathy from the Framework of Client-Centered Theory and the Rogerian Hypothesis. In *Empathy Reconsidered: New Directions in Psychotherapy*, orgs. A. C. Bohart e L. S. Greenberg, pp. 81-102. Washington, D.C.: American Psychological Association.

_____. 2002. Empirically Supported Treatments: Epitome of the 'Specificity Myth'. In *Client-Centered and Experiential Psychotherapy in the 21st Century: Advances in Theory, Research, and Practice*, orgs. J. C. Watson, R. N. Goldman e M. S. Warner, pp. 168-81. Ross-on-Wye, Reino Unido: PCCS Books.

Buber, Martin. 2002. Reimpressão. *Between Man and Man*. Londres: Routledge. Edição original: Londres: Routledge & Kegan Paul, 1947.

_____. 1958. *I and Thou*. Tradução de R. G. Smith. Nova York: Scribner's.

Bucke, Richard. 1901. *Cosmic Consciousness*. Reimpressão, Nova York: E. P. Dutton, 1967.

Carter-Haar, Betsie. "Identity and Personal Freedom." *Synthesis* 1, nº 2 (1975): pp. 56-91.

Cassell, Eric J. 2005. Compassion. In *Handbook of Positive Psychology*, orgs. C. R. Snyder e S. J. Lopez, pp. 434-45. Oxford: Oxford University Press.

Cassidy, Jude e Phillip R. Shaver, orgs. 1999. *Handbook of Attachment: Theory, Research, and Clinical Applications*. Nova York: Guilford Press.

Cortright, Brant. 1997. *Psychotherapy and Spirit: Theory and Practice in Transpersonal Psychology*. Albany: State University of New York Press.

Cozolino, Louis J. 2002. *The Neuroscience of Psychotherapy*. Nova York: W. W. Norton.

_____. 2006. *The Neuroscience of Human Relationships*. Nova York: W. W. Norton. Citação de D. O. Hebb, 1949. *The Organization of Behavior: A Neuropsychological Theory*. Nova York: Wiley.

Deikman, A. 1982. *The Observing Self*. Boston: Beacon Press.

deRopp, Robert S. 1968. *The Master Game*. Nova York: Delacorte Press.

Djukic, Dragana. "No Need to Change the Egg Diagram." *Psicosintesi* 14, nº 2 (1997): pp. 38-40.

Eckhart, Meister. 1981. Sermão 5b: In hoc apparuit charitas dei in nobis. In *Meister Eckhart: The Essential Sermons, Commentaries, Treatises, and Defense*, orgs. E. Colledge e B. McGinn, pp. 181-85. Nova York: Paulist Press.

Epstein, Mark. 1995. *Thoughts Without a Thinker*. Nova York: Basic Books.

Fairbairn, W. Ronald D. 1986. Reimpressão. *Psychoanalytic Studies of the Personality*. Londres: Routledge. Edição original, Londres: Tavistock Publications, 1952.

Ferrucci, Piero. 1982. *What We May Be*. Los Angeles: Jeremy P. Tarcher.

_____. 2005. Conversa com o autor. Capolona, Itália, 29 de maio.

Firman, John. 1991. *"I" and Self: Re-Visioning Psychosynthesis*. Palo Alto, Califórnia: Psychosynthesis Palo Alto.

Firman, John e Ann Gila. 1997. *The Primal Wound: A Transpersonal View of Trauma, Addiction, and Growth*. Albany: State University of New York Press.

_____. 2000. *Psychosynthesis: An Essential Text*. Palo Alto, Califórnia: Psychosynthesis Palo Alto.

_____. 2002. *Psychosynthesis: A Psychology of the Spirit*. Albany, N.Y.: State University of New York Press.

Firman, John e Ann Russell (colaboradora). 1994. *Healing the Human Spirit: A Psychosynthesis View of Wounding, Healing, and Growth*. Palo Alto, Califórnia: Psychosynthesis Palo Alto.

Firman, John e James Vargiu. 1996. Personal and Transpersonal Growth: The Perspective of Psychosynthesis. In *Transpersonal Psychotherapy*, org. S. Boorstein, pp. 117—42. Albany: State University of New York Press.

Frankl, Viktor E. 1962. *Man's Search for Meaning, Touchstone*. Nova York: Simon and Schuster.

_____. 1967. *Psychotherapy and Existentialism*. Nova York: Washington Square Press.

Freud, Sigmund. Turnings in the Ways of Psycho-Analytic Therapy. In *Collected Papers, Vol. 2*. Organizado por E. Jones, pp. 392-402. 1919. Reimpressão, Londres: Hogarth Press, 1948.

_____. *A General Introduction to Psychoanalysis*. 1924. Reimpressão, Nova York: Washington Square Press, 1968.

Gaylin, W. 2000. *Talk Is Not Enough: How Psychotherapy Really Works*. Boston: Little, Brown.

Germer, Christopher K., Ronald D. Siegel e Paul R. Fulton. 2005. *Mindfulness and Psychotherapy*. Nova York: Guilford Press.

Grof, Christina. 1993. *The Thirst for Wholeness: Attachment, Addiction, and the Spiritual Path*. Nova York: Harper San Francisco.

Hall, Calvin S. e Gardner Lindzey. 1978. Organismic Theory. In *Theories of Personality*, pp. 241-77. Nova York: Wiley.

Haronian, Frank. "The Repression of the Sublime." *Synthesis* 1, nº 1 (1974): pp. 125-36.

_____. "Interview with Frank Haronian." *Psychosynthesis Digest* 2, nº 1 (1983): pp. 17-31.

Hendrick, Susan e Clyde Hendrick. 2005. Love. In *Handbook of Positive Psychology*, orgs. C. R. Snyder e S. J. Lopez, pp. 472-84. Oxford: Oxford University Press.

Herman, Judith Lewis. 1992. *Trauma and Recovery*. Nova York: Basic Books.

Hewitt, Paul G. 1977. *Conceptual Physics*. 3ª ed. Boston: Little, Brown.

Higgins, Gina O'Connell. 1994. *Resilient Adults: Overcoming a Cruel Past*. São Francisco: Jossey-Bass.

Hillman, James. 1996. *The Soul's Code: In Search of Character and Calling*. Nova York: Random House.

Horowitz, Mark. 2005. *The Whole and Human Systems: Some Thoughts on the Dilemma*. Boston: Texto não publicado.

Huxley, Aldous. 1952. *The Devils of Loudun*. Nova York: Carroll and Graf.

James, William. *The Varieties of Religious Experience*. 1902. Reimpressão. Introdução de Reinhold Niebuhr. Nova York: Collier Books, 1961. [*As Variedades da Experiência Religiosa*, publicado pela Editora Cultrix, São Paulo, 1992.] (fora de catálogo)

Jung, C. G. 1954. *The Development of Personality, Bollingen Series XX*. Princeton: Princeton University Press.

_____. 1960. *The Structure and Dynamics of the Psyche*. 2ª ed. In *The Collected Works of C. G. Jung*. Vol. 8. Princeton: Princeton University Press.

_____. 1963. *Memories, Dreams, Reflections*. Nova York: Vintage Books.

_____. 1969. *The Archetypes and the Collective Unconscious*. 2ª ed. In *The Collected Works of C. G. Jung*. Vol. 9, p. 1. Princeton: Princeton University Press.

_____. 1971. *Psychological Types*. In *The Collected Works of C. G. Jung*. Vol. 6, Princeton: Princeton University Press.

Kernberg, Otto. 1992. *Borderline Conditions and Pathological Narcissism*. Northvale, N.J.: Jason Aronson.

Klein, Melanie. 1975. *Envy and Gratitude and Other Works 1946-1963*. Nova York: Free Press.

Kohut, Heinz. 1971. *The Analysis of the Self*. Vol. 4, *The Psychoanalytic Study of the Child*. Madison, Conn.: International Universities Press.

_____. 1977. *The Restoration of the Self*. Madison, Conn.: International Universities Press.

_____. 1978. *The Search for the Self: Selected Writings of Heinz Kohut: 1950-1978*. Vol. 2. Madison, Conn.: International Universities Press.

_____. 1984. *How Does Analysis Cure?* Organizado por A. Goldberg. Chicago: University of Chicago Press.

_____. 1985. *Self Psychology and the Humanities*. Nova York: W. W. Norton.

_____. 1991. *The Search for the Self: Selected Writings of Heinz Kohut: 1978-1981*. Vol. 4. Madison, Conn.: International Universities Press.

Kretschmer, Wolfgang. Meditative Techniques in Psychotherapy. In *Psychosynthesis: A Collection of Basic Writings*, de Roberto Assagioli, pp. 268-78. Amherst, Mass.: Synthesis Center, 2000. Publicado originalmente em *Zeitschrift fur Psychotherapie und Medizinische Psychologie* 1, nº 3 (1951).

Larner, G. 1999. Derrida and the Deconstruction of Power as Context and Topic in Therapy. In *Deconstructing Psychotherapy*, org. I. Parker, pp. 39-53. Londres: Sage. Citado em Gillian Proctor, *The Dynamics of Power in Counselling and Psychotherapy: Ethics, Politics and Practice*. Ross-on-Wye, Reino Unido: PCCS Books, 2002, p. 95.

Laski, Marghanita. 1968. *Ecstasy: A Study of Some Secular and Religious Experiences*. Nova York: Greenwood Press.

Levine, Stephen. 1982. *Who Dies?* Garden City, N.Y.: Anchor Books.

Lewis, C. S. 1960. *The Four Loves*. San Diego, Califórnia: Harcourt Brace Jovanovich.

Lewis, Thomas, Fari Amini e Richard Lannon. 2001. *A General Theory of Love*. Nova York: Vintage Books.

Loy, David. "Avoiding the Void: The Lack of Self in Psychotherapy and Buddhism." *The Journal of Transpersonal Psychology* 24, nº 2 (1992): pp. 151-79.

Marabini, Enrico e Sofia Marabini. "Why Change the Egg Diagram?" *Psicosintesi* 13, nº 1 (1996): pp. 41-4.

Margulies, Alfred. 1989. *The Empathic Imagination*. Nova York: W. W. Norton.

Marlin, Brigid. 1989. *From East to West: Awakening to a Spiritual Search*. Londres: Fount Paperbacks.

Maslow, Abraham. 1954. *Motivation and Personality*. Nova York: Harper and Row.

_____. 1962. *Toward a Psychology of Being*. Princeton: D. Van Nostrand. Citando Anônimo, "Finding the real self. A letter with a foreword by Karen Horney", *American Journal of Psychoanalysis* 9 (1949): p. 3.

_____. 1971. *The Farther Reaches of Human Nature*. Nova York: Viking Press.

Masterson, James F. 1981. *The Narcissistic and Borderline Disorders*. Nova York: Brunner/Mazel.

May, Rollo. 1969. *Love and Will*. Nova York: Dell Publishing.

_____. 1977. *The Meaning of Anxiety*. Nova York: Pocket Books.

_____. 1980. Reimpressão. *The Art of Counseling*. Nashville, Tenn: Abingdon. Edição original, N.p.: Whitmore and Stone, 1939.

May, R., E. Angel e H. Ellenberger, orgs. 1958. *Existence: A New Dimension in Psychiatry and Psychology*. Nova York: Basic Books.

McGuire, William, org. 1974. *The Freud/Jung Letters*. Vol. XCIV, *Bollingen Series*. Princeton: Princeton University Press.

Meriam, Chris W. 1994. *Digging up the Past: Object Relations and Subpersonalities*. Palo Alto, Califórnia: Psychosynthesis Palo Alto.

Mindell, Amy. "Discovering the World in the Individual: The World Channel in Psychotherapy." *Journal of Humanistic Psychology* 36, nº 3 (1996): pp. 67-84.

Moursund, Janet e Richard G. Erskine. 2004. *Integrative Psychotherapy: The Art and Science of Relationship*. Pacific Grove, Califórnia: Brooks/Cole.

Moursund, Janet e Maureen C. Kenny. 2002. *The Process of Counseling and Therapy*. 4ª ed. Upper Saddle River, N.J.: Prentice Hall.

Myers, Sharon. "Relational Healing: To Be Understood and to Understand." *Journal of Humanistic Psychology* 43, nº 1 (2003): pp. 86-104.

Neumann, Erich. 1973. *The Child: Structure and Dynamics of the Nascent Personality*. Tradução de R. Manheim. Londres: Maresfield Library.

O'Hara, Maureen. 1984. Person Centered Gestalt: Toward a Holistic Synthesis. In *Client-Centered Therapy and the Person-Centered Approach: New Directions in Theory, Research and Practice*, orgs. R. F. Levant e J. Shepherd. pp. 203-21. Nova York: Praeger.

_____. 1997. Relational Empathy: Beyond Modernist Egocentrism to Postmodern Holistic Contextualism. In *Empathy Reconsidered: New Directions in Psychotherapy*, orgs. A. C. Bohart e L. S. Greenberg, pp. 295-319. Washington, D.C.: American Psychological Association.

O'Regan, Miceal. 1984. Reflections on the Art of Disidentification. In *Yearbook IV*, org. J. Evans, pp. 44-9. Londres: Institute of Psychosynthesis.

Peck, M. Scott. 1978. *The Road Less Traveled*. Nova York: Simon and Schuster.

Perls, Frederick, Ralph Hefferline e Paul Goodman. 1951. *Gestalt Therapy*. Nova York: Dell.

Piaget, Jean. 1976. *The Child and Reality*. Nova York: Penguin Books.

Piaget, Jean, e Bärbel Inhelder. 1967. Reimpressão. *The Child's Conception of Space*. Tradução de F. J. Langdon e J. L. Lunzer. Nova York: W.W. Norton. Edição original, Nova York: W.W. Norton, 1939.

Polster, Erving. 1987. *Every Person's Life Is Worth a Novel*. Nova York: W. W. Norton.

_____. 1995. *A Population of Selves: A Therapeutic Exploration of Personal Diversity*. São Francisco: Jossey-Bass.

Proctor, Gillian. 2002. *The Dynamics of Power in Counselling and Psychotherapy: Ethics, Politics, and Practice*. Ross-on-Wye, Reino Unido: PCCS Books.

_____. 2005. Clinical Psychology and the Person-Centered Approach: An Uncomfortable Fit? In *Person-Centered Psychopathology*, orgs. S. Joseph e R. Worsley, pp. 276-92. Ross-on-Wye, Reino Unido: PCCS Books. Citando B. Grant, "The Imperative of Ethical Justification in Psychotherapy: The Special Case of Client-Centered Therapy", *Person-Centered and Experiential Psychotherapies* 3 (2004): pp. 152-65.

Quiñones Rosado, Raúl. 2007. *Consciousness-in-Action: Toward an Integral Psychology of Liberation and Transformation*. Caguas, Porto Rico: ilé Publications. Citando J. Lester e Carol Johnson. 1990. Training of Trainers Intensive Program Manual. Amherst, Mass.

Rimm, David C., e John C. Masters. 1979. *Behavior Therapy: Techniques and Empirical Findings*. 2ª ed. Nova York: Academic Press.

Rinpoche, Guru. 1975. *The Tibetan Book of the Dead: The Great Liberation Through Hearing in the Bardo*. Tradução de F. Fremantle e C. Trungpa. Berkeley: Shambhala.

Rogers, Carl. 1951. *Client-Centered Therapy: Its Current Practice, Implications, and Theory*. Boston: Houghton Mifflin.

_____. 1961. *On Becoming a Person: A Therapist's View of Psychotherapy*. Boston: Houghton Mifflin.

_____. 1980. *A Way of Being*. Boston: Houghton Mifflin.

Rowan, John. 1990. *Subpersonalities: The People Inside Us*. Londres: Routledge.

Sanders, Pete. 2005. Principled and Strategic Opposition to the Medicalisation of Distress and All of Its Apparatus. In *Person-Centered Psychopathology*, orgs. S. Joseph e R. Worsley, pp. 21-42. Ross-on-Wye, Reino Unido: PCCS Books.

Schaub, Bonney Gulino e Richard Schaub. 2003. *Dante's Path: A Practical Approach to Achieving Inner Wisdom*. Nova York: Gotham Books.

Schore, Allan N. 2003. *Affect Regulation and the Repair of the Self*. Nova York: W. W. Norton.

Schumacher, E. F. 1977. *A Guide for the Perplexed*. Nova York: Harper and Row.

Schwartz, Richard C. 1995. *Internal Family Systems Therapy*. Nova York: Guilford Press.

Scotton, Bruce W., Allan B. Chinen e John R. Battista. 1996. *Textbook of Transpersonal Psychiatry and Psychology*. Nova York: Basic Books.

Shlien, John. 1997. Empathy in Psychotherapy: A Vital Mechanism? Yes. Therapist's Conceit? All too Often. By Itself Enough? No. In *Empathy Reconsidered: New Directions in Psychotherapy*, orgs. A. C. Bohart e L. S. Greenberg, pp. 63-80. Washington, D.C.: American Psychological Association.

Shor, Ronald E. e Martin T. Orne, orgs. 1965. *The Nature of Hypnosis: Selected Basic Readings*. Nova York: Holt, Rinehart and Winston.

Siegel, Daniel J. 1999. *The Developing Mind: How Relationships and the Brain Interact to Shape Who We Are*. Nova York: Guilford Press.

Sliker, Gretchen. 1992. *Multiple Mind: Healing the Split in Psyche and World*. Boston: Shambhala.

Smith, Huston. 1976. *Forgotten Truth: The Primordial Tradition*. Nova York: Harper and Row.

Sorokin, Pitirim A. 1954. *The Ways and Power of Love: Types, Factors, and Techniques of Moral Transformation*. Boston: Beacon Press.

Sperry, Len e Edward P. Shafranske. 2005. *Spiritually Oriented Psychotherapy*. Washington, D.C.: American Psychological Association.

Stern, Daniel N. 1985. *The Interpersonal World of the Infant*. Nova York: Basic Books.

_____. 2004. *The Present Moment in Psychotherapy and Everyday Life*. Nova York: W. W. Norton.

Stolorow, Robert D., Bernard Brandchaft e George E. Atwood. 1987. *Psychoanalytic Treatment: An Intersubjective Approach*. Hillsdale, N.J.: Analytic Press.

Stone, Hal e Sidra Winkelman. 1985. *Embracing our Selves*. Marina del Rey, Califórnia: Devorss and Company.

Suzuki, Shunryu. 1970. *Zen Mind, Beginner's Mind*. Nova York: Weatherhill.

Tart, Charles. 1987. *Waking Up*. Boston: Shambhala.

Terr, L. 1990. *Too Scared to Cry*. Nova York: Harper and Row.

Vargiu, J. 1973. *The Superconscious and the Self*. Redwood City, Califórnia: Psychosynthesis Institute.

Vargiu, James. "Subpersonalities." *Synthesis* 1, nº 1 (1974): pp. 52-90.

Walsh, R. "Initial Meditative Experiences: Part II." *The Journal of Transpersonal Psychology* 10, nº 1 (1978): pp. 1-28.

Walsh, Roger N. e Frances Vaughan, orgs. 1980. *Beyond Ego: Transpersonal Dimensions in Psychology*. Los Angeles: J. P. Tarcher. [*Além do Ego — Dimensões Transpessoais em Psicologia*, publicado pela Editora Cultrix, São Paulo, 1991.] (fora de catálogo)

Washburn, Michael. 1994. *Transpersonal Psychology in Psychoanalytic Perspective, Philosophy of Psychology*. Albany: State University of New York Press.

Watkins, John G. e Helen H. Watkins. 1997. *Ego States: Theory and Therapy*. Nova York: W. W. Norton.

Welwood, John. 2000. *Toward a Psychology of Awakening: Buddhism, Psychotherapy, and the Path of Personal and Spiritual Transformation*. Boston: Shambhala.

Whitfield, Charles L. 1991. *Co-dependence: Healing the Human Condition*. Deerfield Beach, Flórida: Health Communications.

Wilber, Ken. 1980. *The Atman Project*. Wheaton, Ill.: Theosophical Publishing House. [*O Projeto Atman*, publicado pela Editora Cultrix, São Paulo, 2000.] (fora de catálogo)

Wilson, Timothy D. 2002. *Strangers to Ourselves: Discovering the Adaptive Unconscious*. Cambridge, Mass.: Harvard University Press.

Winerman, Lea. "The Mind's Mirror." *Monitor on Psychology* 36, nº 9 (2005): p. 48.

Winnicott, D. W. 1987. *The Maturational Processes and the Facilitating Environment*. Londres: Hogarth Press e the Institute of Psycho-Analysis.

_____. 1988. *Playing and Reality*. Londres: Penguin Books.

Wittine, Bryan. 1993. Assumptions of Transpersonal Psychotherapy [Pressupostos da Psicoterapia Transpessoal, p. 160-65]. In *Paths Beyond Ego: The Transpersonal Vision*, orgs. R. Walsh e F. Vaughan, pp. 165-71. Los Angeles: Jeremy P. Tarcher/Perigee. [*Caminhos Além do Ego — Uma Visão Transpessoal*, publicado pela Editora Cultrix, São Paulo, 1997.]

Yalom, Irvin D. 1980. Introduction. In *A Way of Being*, Carl Rogers, vii-xii. Boston: Houghton Mifflin.

Yeomans, Thomas. 1999. *Soul on Earth: Readings in Spiritual Psychology*. Concord, Mass.: Concord Institute.